Fortgeltung des Zwölftafelrechts

Europäische Hochschulschriften
Publications Universitaires Européennes
European University Studies

**Reihe II**
**Rechtswissenschaft**

Série II Series II
Droit
Law

**Bd./Vol. 3882**

PETER LANG
Frankfurt am Main · Berlin · Bern · Bruxelles · New York · Oxford · Wien

Andreas Flach

# Fortgeltung des Zwölftafelrechts

PETER LANG
Europäischer Verlag der Wissenschaften

**Bibliografische Information Der Deutschen Bibliothek**
Die Deutsche Bibliothek verzeichnet diese Publikation in der Deutschen Nationalbibliografie; detaillierte bibliografische Daten sind im Internet über <http://dnb.ddb.de> abrufbar.

Zugl.: Freiburg (Breisgau), Univ., Diss., 2003

D 25
ISSN 0531-7312
ISBN 3-631-52307-6



www.peterlang.de

*Meiner Frau*

# Vorwort

Die Arbeit wurde im Wintersemester 2003/2004 von der Rechtswissenschaftlichen Fakultät der Albert-Ludwigs-Universität Freiburg im Breisgau als Dissertation angenommen. Für den Druck habe ich sie überarbeitet.

Mein besonderer Dank gilt meinem verehrten Doktorvater, Herrn Prof. Dr. Detlef Liebs. Seine zahlreichen Anregungen und seine vorbildliche Betreuung haben zum erfolgreichen Abschluss maßgeblich beigetragen. Danken möchte ich außerdem Herrn Prof. Dr. Elmar Bund für die zügige Erstellung des Zweitgutachtens.

Herzlich danke ich schließlich meiner lieben Frau. Ohne ihre Geduld und Ermutigung hätte ich diese Arbeit nicht vollenden können.

Frankfurt am Main, im Dezember 2003 *Andreas Flach*

# Inhaltsverzeichnis

*Viertes Kapitel*

**Geldbußen und Leibesstrafen**

# Einleitung

Das Zwölftafelgesetz überdauerte das Ende der römischen Republik, obwohl es auf die Verhältnisse des fünften Jahrhunderts v. Chr. zugeschnitten war. Als Grundlage der römischen Rechtsordnung bewährte es sich namentlich darin, dass es die Rechtsgleichheit verbriefte.[1] Von bäuerlichem Gemeinsinn und Menschenverstand geprägt, gab es Antworten auf die Rechtsfragen einer Zeit des gesellschaftlichen Umbruchs und wirtschaftlichen Aufschwungs. Damals hatte Rom eine Stufe seiner staatlichen Entwicklung erreicht, auf der es sich aufdrängte, die mündliche Rechtsüberlieferung zu verschriften.

Die namhafteren griechischen Poleis und ihre Tochterstädte in Unteritalien waren ihm darin vorangegangen. Doch ist strittig, wieweit sich die Zehn Männer, die das Gesetzeswerk ausarbeiten sollten, von griechischen oder großgriechischen Satzungen und Gebräuchen anregen ließen. Viele Stimmen warnen davor, das Ausmaß solcher äußeren Einflüsse zu überschätzen.[2]

Zur Vorsicht mahnt, dass die Aussagen der Quellen in verschiedene Richtungen weisen. Während Tacitus meinte, man habe herangezogen, was sich irgendwo hervorragend bewährt habe, und daraus die Zwölf Tafeln zusammengestellt,[3] ging Pomponius davon aus, dass ihre Verfasser auf eine Art Gewohnheitsrecht zurückgreifen konnten, das sich seit der Abschaffung des Königtums

---

[1] Liv. 3,34,3. 56,9. 61,6. 63,10. 67,9; Tac. ann. 3,27,1.

[2] So etwa *G. Ciulei*, Die XII Tafeln und die römische Gesandtschaft nach Griechenland, Zeitschrift der Savigny-Stiftung für Rechtsgeschichte, Rom. Abt. 64 (1944), 350–354, *E. Ruschenbusch*, Die Zwölftafeln und die römische Gesandtschaft nach Athen, Historia 12 (1963), 250–253, *M. Ducos*, L'influence grècque sur la Loi des Douze Tables, Paris 1978, 31–68. 77–78, *P. Siewert*, Die angebliche Übernahme solonischer Gesetze in die Zwölftafeln. Ursprung und Ausgestaltung einer Legende, Chiron 8 (1978), 331–344, *E. Ferenczy*, Römische Gesandtschaft im Perikleischen Athen, Oikumene 4 (1983), 37–41, und *F. Wieacker*, Römische Rechtsgeschichte, Erster Abschnitt, München 1988, 301–304.

[3] Tac. ann. 3,27,1: ... *creatique decemviri et accitis quae usquam egregia compositae duodecim tabulae, finis aequi iuris.*

herausgebildet habe.[4] Was er vom Ausland entlehnt sah, hat Tacitus nicht ausgeführt. Wenn er die geläufigste Meinung teilte, muss ihm vorgeschwebt haben, dass insbesondere Solons Gesetzgebung auf die der Zehn Männer einwirkte. Zu dem Einfluss, der ihr zugeschrieben wurde, äußerte sich die Nachwelt jedenfalls genauer. Cicero führte darauf die Beschränkung des Begräbnisaufwands, Gaius die Regelung der Grenzabstände und des Vereinsrechts zurück.[5]

Cicero legte sich in der Frage, ob sich im Zwölftafelgesetz solonische Einflüsse niederschlugen, allerdings entschiedener fest als Gaius. Während Cicero es als sicher hinstellte, dass die Zehn Männer den Begräbnisaufwand nach solonischem Vorbild beschnitten, schwächte Gaius seine Aussagen über mögliche Einflüsse solonischen Rechts mit *quodammodo*, *dicitur* und *videtur* ab.[6]

Doch obwohl schwer abzuschätzen ist, in welchem Verhältnis die Zehn Männer fremdes, geschriebenes Recht übernahmen und heimisches, ungeschriebenes aufzeichneten, scheint doch soviel festzustehen: Auf den Zwölf Tafeln stellten sie bewährte Rechtsregeln zusammen, auf deren Anerkennung sich Patrizier und Plebejer leicht verständigen konnten. Nach dem Willen des Gesetzes, das sie dem römischen Volk gaben, sollte der patrizische Dieb nicht glimpflicher als der plebejische davonkommen, der patrizische Gläubiger keine härteren Zwangsmaßnahmen als der plebejische ergreifen dürfen, um seine Ansprüche durchzusetzen. Wenn sie dem ständischen Machtgefälle nachgegeben und in derartigen Fällen den Patrizier besser als den Plebejer gestellt

[4] Pomp. dig. 1,2,2,3: *exactis deinde regibus lege tribunicia omnes leges hae exoleverunt iterumque coepit populus Romanus incerto magis iure et consuetudine aliqua uti quam per latam legem, idque prope {viginti} <LX> annis passus est.*

[5] Cic. leg. 2,59: *iam cetera in XII minuendi sumptus sunt lamentationisque fune<b>ris, translata de Solonis fere legibus. ‚hoc plus‘, inquit, ‚ne facito: rogum ascea ne polito.‘* Gaius dig. 10,1,13: *sciendum est in actione finium regundorum illud observandum esse, quod ad exemplum quodammodo eius legis scriptum est, quam Athenis Solonem dicitur tulisse.* Gaius dig. 47,22,4: *sodales sunt, qui eiusdem collegii sunt ... his autem potestatem facit lex pactionem quam velint sibi ferre, dum ne quid ex publica lege corru<m>pant. sed haec lex videtur ex lege Solonis tran<s>lata esse.*

[6] Gaius dig. 10,1,13 und 47,22,4.

hätten, wäre eine Einigung mit den Plebejern schon daran gescheitert. Im Rechtsverhältnis zwischen römischen Bürgern mit zweierlei Maß zu messen, hätte in dem überschaubaren bäuerlichen Gemeinwesen, dessen Bevölkerung nach den glaubhaftesten Schätzungen zwischen 10.000 und 20.000 Personen zählte,[7] die Grundlagen des gesamtgesellschaftlichen Gerechtigkeits- und Zusammengehörigkeitsgefühls untergraben.

Dessen müssen sich die Zehn Männer bewusst gewesen sein, die das Volk mit der Aufgabe betraute, die Rechtssätze, die fortan gelten sollten, auszuarbeiten und nach Fallgruppen zu ordnen. Jedenfalls stellten sie sich ihrer Verantwortung für das Gemeinwohl so vorbildlich und erfolgreich, dass ihre Gesetzessammlung auf breite Zustimmung stieß.

Wie lange dieses Gesetzeswerk fortgalt und fortwirkte, bleibt trotzdem erstaunlich. Um die Mitte des fünften Jahrhunderts in Kraft gesetzt, war es auf den Rechtsalltag eines beinahe noch dörflichen Rom zugeschnitten, dessen Bevölkerung von bäuerlichem Geist durchdrungen war. In der Verfolgung und Vergeltung von Straftaten wurde die Selbsthilfe nur so weit verbindlich geregelt, wie gesamtgesellschaftliche Belange davon berührt waren. Die Wege, die zu den Grundstücken zurückzulegen waren, über deren Grenzverlauf zwei Nachbarn stritten, waren noch kurz genug, dass dem Gerichtsherrn zugemutet werden konnte, sich persönlich an Ort und Stelle zu begeben. Die Bußen wurden noch in Stück Vieh oder in Pfund Brockengeld, *aes rude*, verhängt, das die Viehwährung in Gestalt von Rindern und Schafen nach und nach verdrängte. Die von Aberglauben durchsetzte Gläubigkeit prägte das Rechtsempfinden der Zeit noch so stark, dass der Gesetzgeber bösartige Zauberei, die den Rechtsfrieden empfindlich zu stören schien, mit der höchsten Strafe geahndet sehen wollte. Bevor Rom zu einer Großstadt mit Wohnblocks heranwuchs, erlaubte

[7] *W. Kunkel*, Römische Rechtsgeschichte. Eine Einführung, Köln – Graz [6]1972, 13 („kaum 10.000 oder 12.000"); *C. Ampolo*, Le condizioni materiali della produzione. Agricoltura e paesaggio agrario, Dialoghi di archeologia, N. S. 2 (1980), 28–30 („fra i 20.000 e i 30.000 abitanti"); *G. Alföldy*, Römische Sozialgeschichte, Wiesbaden [3]1984, 17 („an die 10.000 oder 15.000"); *F. Kolb*, Die Stadt im Altertum, München 1984, 146 (im 6. Jahrhundert „einige tausend", „noch gegen Ende des 4. Jahrhunderts ... höchstens 20.000"); *K. Bringmann*, Geschichte der römischen Republik. Von den Anfängen bis Augustus, München 2002, 35 („unter Einschluß der Frauen und Kinder ... 15.000 bis 20.000 Personen").

es die geringe Siedlungsdichte noch, zwischen Hauswand und Grundstücksgrenze einen Mindestabstand von zweieinhalb Fuß vorzuschreiben.

Zeitgebundene Regelungen und Normen wie diese mussten, wenn sie sich überholt hatten, dem Wandel der Zeitverhältnisse und des Zeitgeistes angepasst oder ganz fallengelassen werden. Der Notwendigkeit, darauf Rücksicht zu nehmen, haben sich die beiden Organe, die das römische Recht hauptsächlich fortbildeten, Volk und Prätor, denn auch nicht verschlossen.[8] Doch wurde das Zwölftafelgesetz nie aufgehoben. Davon hielt die Römer in ihrer Mehrheit eine Denkweise ab, nach der dem Wort *novus* der Beigeschmack des Unerhörten, Umstürzlerischen anhaftete. Dieser Denkweise trugen die Rechtswissenschaftler etwa dadurch Rechnung, dass sie alten Begriffen und Formeln neue Bedeutungen unterlegten, die sich an den Vorstellungen oder Verhältnissen ihrer Zeit ausrichteten.

Oft war das Wortgut der Zwölf Tafeln allerdings schon so veraltet und sein Hintergrund schon so weit entrückt, dass die antiken Erklärer einzelne Ausdrücke oder ganze Sätze missverstanden. Wie dieses Gesetzeswerk fortwirkte, kann folglich nur dann genau erfasst werden, wenn geklärt ist, welche Aussagen seine Reste nach eingehender Prüfung ihres Wortlauts erlauben.

Der Gang der Untersuchung ist damit vorgezeichnet: Zunächst wird zu erörtern sein, wie die Zehn Männer die Fragen des Rechtsalltags, auf die ihre Sammlung von Rechtssätzen Antwort geben sollte, geregelt hatten. Dann gilt es auszuloten, wieweit die Nachwelt Sinn und Inhalt der bis zu ihrer Zeit fortgeltenden oder fortwirkenden Regelungen durchschaute. Schließlich wird zu fragen und zu klären sein, wie lange und weshalb die einen unverändert oder abgewandelt fortbestanden, während die anderen aufgehoben oder in stillschweigender Übereinkunft nicht mehr angewandt wurden.

---

[8] *M. Kaser / R. Knütel*, Römisches Privatrecht, München [17]2003, 26–30.

## *Erstes Kapitel*

# Klageverfahren und Gerichtsverfassung

## I. Die *legis actio*

Das Zwölftafelgesetz ist wortkarg, das jeweilige Subjekt seiner Haupt- oder Nebensätze auch in Zweifelsfällen oft nicht benannt, nicht einmal jeder Subjektswechsel angezeigt. Davon wurden nicht wenige Wissenschaftler, die sich mit den verstreuten Resten dieses Gesetzeswerks beschäftigten, bisweilen in die Irre geführt.

Die Römer nahmen an der Kürze, die es auszeichnete, keinen Anstoß, sondern neigten eher dazu, mit Ehrfurcht auf die Hinterlassenschaft ihrer Vorfahren zurückzublicken. Wie es scheint, bereitete es ihnen auch keine Mühe, aus dem Zusammenhang zu erschließen, wen der Gesetzgeber jeweils meinte. Jedenfalls weist nichts darauf hin, dass die antiken Erklärer der Zwölf Tafeln darin schwankten oder darüber stritten, ob in einem Rechtssatz der Gerichtsherr, der Kläger oder der Beklagte gemeint war.

Zunächst hielt als Rechtsnachfolger des Königs der Oberbefehlshaber des Heeres, der *magister populi* als *praetor maximus*, Gericht.[9] Einem Hoheitsträger, der sich im Frieden vorwiegend dieser Aufgabe zu widmen hatte, wurde die Rechtsprechung erst 367 v. Chr. übertragen, als die Konsulatsverfassung

---

[9] Dass die Rechtsnachfolge des etruskischen Königs der Oberbefehlshaber des Heeres antrat, folgt aus der alten Kultsatzung, nach der – so Livius 7,3,5–6 – der jeweilige *praetor maximus* an den Iden des September einen Nagel in die rechte Wand des kapitolinischen Jupitertempels einzuschlagen hatte; zum Stand der Forschung vgl. *Bringmann*, Geschichte der römischen Republik, 9–12.

eingeführt wurde.[10] Die Rangbezeichnung für den Gerichtsherrn veraltete aber nicht. *Praetor* wurde der Amtsträger, dem die Rechtsprechung zukam, nach wie vor betitelt.[11] Dabei blieb es nicht etwa, weil *verba praeire* ein hervorstechendes Wesensmerkmal seines Amtes gewesen wäre.[12] Vielmehr wurde er so betitelt, weil er genau so wie der *praetor maximus* der Anfänge von Amts wegen befugt war, im Krieg als Heeresbefehlshaber und im Frieden als Gerichtsherr aufzutreten. Dem Herkommen verpflichtet, verliehen die Römer ihm eine Rangbezeichnung, die durch die Einführung des neuen Doppelamtes an der Spitze von Heer und Staat frei geworden war.

Zur Zeit der Zwölf Tafeln fielen offenbar noch nicht so viele und so verwickelte Rechtsstreitigkeiten an, dass es sich aufgedrängt hätte, die Rechtsprechung an einen Hoheitsträger zu überweisen, der vorwiegend dafür abgestellt war. Damals vereinigte noch der ranghöchste Amtsträger, der *magister populi*,[13] als Rechtsnachfolger des Königs Heerführung, Staatslenkung und Gerichtstätigkeit in seiner Hand, ohne dass ihn Vielfalt und Vielzahl seiner Aufgaben überfordert hätten.[14] In Zweifelsfällen mögen ihn als Gerichtsherrn die *pontifices* beraten haben, während er in den alltäglichen Rechtsfragen nur zu prüfen brauchte, ob der Kläger die richtige Spruchformel gewählt hatte. Wenn

---

[10] *J. Bleicken*, Zum Begriff der römischen Amtsgewalt: auspicium – potestas – imperium, Nachrichten der Akademie der Wissenschaften in Göttingen, Philol.-hist. Klasse 1981, 280–287 = Gesammelte Schriften, Band 1, Stuttgart 1998, 324–331; so auch wieder *J. M. Rainer*, Einführung in das römisches Staatsrecht. Die Anfänge und die Republik, Darmstadt 1997, 1. 3. 37–38. 59–69, und *Bringmann*, Geschichte der römischen Republik, 23. 34. 62–63.

[11] *W. Kunkel / R. Wittmann*, Staatsordnung und Staatspraxis der römischen Republik, Zweiter Abschnitt, München 1995, 296.

[12] So jedoch *G. Luzzatto*, Il verba praeire delle più antiche magistrature romano-italiche. Spunti per la valutazione dell'imperium, Eos 48,1, 1956 (Symbolae Raphaeli Taubenschlag dedicatae), 439–471, und wieder, ohne den Aufsatz seines Vorgängers zu erwähnen, *A. Giovannini*, Les origines des magistratures romaines, Museum Helveticum 41 (1984), 16–18.

[13] Zum Nachweis und Gebrauch dieser Rangbezeichnung vgl. jetzt *Rainer*, Römisches Staatsrecht, 58–59.

[14] *Kunkel / Wittmann*, Staatsordnung und Staatspraxis, 294–296.

der Kläger sich in der Wortwahl vertat, verlor er den Prozess, und zwar endgültig.[15]

In den vielen Fällen, die leicht zu klären waren, konnte sich der Gerichtsherr auf die Rolle des Schlichters beschränken, der das Verhandlungsergebnis amtlich bestätigte. Den geringsten Zeitaufwand forderte ihm ein Rechtsstreit ab, wenn es gelang, ihn dort gütlich beizulegen, wo beide Parteien Anspruch auf dieselbe Sache oder denselben Grund und Boden erhoben. In diesem Fall hatte der Gerichtsherr lediglich das Ergebnis ihrer Einigung am jeweiligen Gerichtsort zu „verkünden", *orare*: REM UBI PAGUNT, ORAT{I}O.[16] Dem Kläger konnte diese Rolle nicht zufallen,[17] da er ja wie der Beklagte Partei war. Wenn der Gerichtsherr das Ergebnis der Schlichtung öffentlich bekanntgab, war weniger zu befürchten, dass der Rechtsstreit wiederaufflammte. Sobald der Gerichtsherr von Amts wegen festgestellt hatte, wie die Verhandlung ausgegangen war, konnte keine der beiden Parteien mehr daran rütteln.

Gerichtsort brauchte nicht der Markt- oder der Versammlungsplatz im Herzen der Stadt zu sein. Das Ergebnis der Einigung sollte der Gerichtsherr vielmehr dort verkünden, „wo", *ubi*, sich Kläger und Beklagter über die Streitsache verständigten. Solange Rom eine Gemeinde der kurzen Wege war, konnte dem Gerichtsherrn zugemutet werden, sich am Standort des Streitgegenstands einzufinden, wenn es nötig oder zweckmäßig erschien. Bei Grenzstreitigkeiten etwa wird es zunächst eher die Regel als die Ausnahme gewesen sein, dass der Gerichtsherr auf dem Grund und Boden Recht sprach, der den Zwist zwischen den Nachbarn ausgelöst hatte.

Wurde der Rechtsstreit nicht „so", *ita*, beigelegt,[18] dann musste er auf dem Komitium oder dem Forum verhandelt werden und der Kläger dafür Sorge tra-

---

[15] Gaius inst. 4,11.

[16] Rhet. Her. 2,20; Prisc. gramm. 10,32 = Gramm. Lat. 2, p. 523–524.

[17] So aber (*M. Humbert*), *A. D. E. Lewis*, *M. H. Crawford*, in: *M. H. Crawford* [Hrsg.], Roman Statutes, Band 2, London 1996, 594.

[18] Quint. inst. 1,6,11: *nos praeter auctoritatem oratorum atque historicorum analogia quoque dictum tuebamur. nam cum legeremus in XII tabulis ,ni ita pagunt', inveniebamus simile huic ,cadunt'; inde prima positio, etiamsi vetustate exoleverat, apparebat ,pago' ut ,cado', unde non erat dubium sic ,pepigi' nos dicere ut ,cecidi'.*

gen, dass das Verfahren dort abgewickelt werden konnte. Wenn der Kläger es ordnungsgemäß einleitete und der Beklagte weder Ausflüchte suchte noch Widerstand leistete, lief es nach folgendem Grundmuster ab: Der Kläger lud den Beklagten vor Gericht, der Beklagte kam der Ladung des Klägers nach und begleitete ihn zum Gerichtsort. In dem Spruchformelverfahren, das der Gerichtsherr dort, auf dem Markt- oder dem Versammlungsplatz der Gemeinde, eröffnete, fasste der Kläger den Rechtsfall, der entschieden werden sollte, in einer Klagformel zusammen[19] und antwortete der Beklagte mit einer förmelnden Erwiderung. Je nachdem, wie das Zwölftafelgesetz die Rollen verteilt sah, bestimmte es entweder, dass er, der Kläger, oder dass sie, der Kläger und der Beklagte, ihn umreißen sollten. Beide Fassungen stehen zur Wahl. Nach der einen endete der Satz, der die sogenannte *causae coniectio* regelte, mit dem Singular *conicito*,[20] nach der anderen, die allerdings zu *coniciunt* verschrieben wurde, mit dem Plural *coniciunto*.[21] Lautete er NI ITA PAGUNT, IN COMITIO AUT IN FORO ANTE MERIDIEM CAUS<S>AM CONICIUNTO,[22] setzten die Zwölf Tafeln die förmelnde Erwiderung des Beklagten der *causae coniectio* des Klägers gleich. Lautete er aber NI ITA PAGUNT, IN COMITIO AUT IN FORO ANTE MERIDIEM CAUS<S>AM CONICITO, dann stuften sie die Antwort des Beklagten nicht als eigenständige, der *causae coniectio* des Klägers gleichwertige Klagformel, sondern lediglich als ihr nachgebildete Entgegnung und selbstverständliche Folge des Spruchformelverfahrens, gleichsam ihr Echo, ein. Darauf ist zurückzukommen.

Sobald der Kläger sein Begehren, zu einer Klagformel gerafft, vorgetragen und der Beklagte es ebenso knapp zurückgewiesen hatte, begann der Fall vor

---

[19] *O. Behrends*, Die Causae coniectio der Zwölftafeln und die Tatbestandsdisposition der Gerichtsrhetorik, Zeitschrift der Savigny-Stiftung für Rechtsgeschichte, Rom. Abt. 92 (1975), 162–163.

[20] Rhet. Her. 2,20: *... pacta sunt, quae legibus observanda sunt, hoc modo: ‚rem ubi pagunt, orat{i}o; ni pagunt, in comitio aut in foro ante meridiem causam conicito.‘*

[21] Gell. 17,2,10: *‚sole occaso‘ non insuavi vetustate est, si quis aurem habeat non sordidam nec proculcatam; in duodecim autem tabulis verbum hoc ita scriptum est: ‚ante meridiem causam coniciunt<o>. {c}<t>um perorant<o>, ambo praesentes. post meridiem praesenti litem addicito. si ambo praesentes, sol occasus suprema tempestas esto.‘*

[22] So (*Humbert*), *Lewis*, *Crawford*, in: Roman Statutes 2, 593–594.

dem Gerichtsherrn verhandelt zu werden. „Dann“, *tum*, wenn der Kläger den Sachverhalt umrissen und der Beklagte mit einer förmelnden Erwiderung geantwortet hatte, sollte der Gerichtsherr beiden Parteien Gelegenheit geben, ihren Standpunkt ausführlich darzulegen, *perorare*: {C}<T>UM PERORANT<O> AMBO PRAESENTES.[23]

Nachdem er sie angehört hatte, wird er sie aufgefordert haben, sich auf der Grundlage der Bestimmungen, die er für einschlägig hielt, um eine Einigung zu bemühen. Vermutlich legte er eine Verhandlungspause ein, die sie als Bedenkzeit nutzen konnten. So lässt sich jedenfalls am besten verstehen, weshalb das Zwölftafelgesetz bestimmte, der Gerichtsherr solle den Streitgegenstand, die *lis*, nach Mittag dem zusprechen, der persönlich erschien.[24] Dabei brauchte es sich nicht um den Kläger zu handeln. Wenn der Beklagte seinen Prozessgegner davon zu überzeugen vermochte, dass er ihn grundlos vor Gericht geladen hatte, wird der Kläger ihm das Feld überlassen und der Gerichtsherr dem Beklagten Recht gegeben haben. Den Rechtsstreit konnte er dann schon nach der Mittagspause für beigelegt erklären. Weiterführen musste er die Verhandlung nur, wenn auch nach Mittag beide vor ihm erschienen. Doch sollte weder der Kläger noch sein Prozessgegner sie unvertretbar in die Länge ziehen. Spätestens „der Sonnenuntergang“, der *solis occasus* der jüngeren Fassung,[25] oder vielmehr „die untergegangene Sonne“,[26] der *sol occasus* der älteren,[27] die das

---

[23] Gell. 17,2,10.

[24] Gell. 17,2,10: *‚post meridiem praesenti litem addicito.‘*

[25] Varro ling. 6,5: *suprema summum diei ... hoc tempus XII tabulae dicunt occasum esse solis*. Varro ling. 7,51: *supremum ab superrumo dictum; itaque duodecim tabulae dicunt: ‚solis occasu diei suprema tempestas esto.‘* Macr. Sat. 1,3,14: *inde* – sc. *a medio diei* – *iam supra vocatur tempus occiduum et mox suprema tempestas, hoc est diei novissimum tempus, sicut expressum est in duodecim tabulis: ‚solis occasus suprema tempestas esto.‘* Cens. 24,3: *... est in XII tabulis scriptum sic: ‚solis occasus suprema tempestas esto.‘*

[26] Zum Sprachgebrauch s. etwa Thesaurus Linguae Latinae, Band 9,2, Leipzig 1968–1981, 338, und *P. G. W. Glare* [Hrsg.], Oxford Latin Dictionary, Fascicle V, Oxford 1976, 1231–1232.

[27] Gell. 17,2,10: *‚si ambo praesentes, sol occasus suprema tempestas esto.‘*

altertümliche Latein der Zwölf Tafeln bewahrte,[28] sollte ihr ein Ende setzen: SI AMBO PRAESENTES, SOL OCCASUS SUPREMA TEMPESTAS ESTO.

Der Beklagte sollte freilich nicht darauf hoffen dürfen, den Rechtsstreit so lange hinziehen zu können, bis der Kläger zermürbt aufgab. Wenn er bis Sonnenuntergang den Anspruch seines Prozessgegners abstritt, musste er einen Vindex als Verfechter seiner Belange benennen. Setzte sich *vindex*, wie die Zwölf Tafeln seinen Fürsprecher und Gestellungsbürgen nannten, aus *vis* und *dicere* zusammen,[29] dann hieß er vermutlich deshalb so, weil er in der Ge-

---

[28] Gell. 17,2,10: *‚sole occaso' non insuavi vetustate est ... ; in duodecim autem tabulis verbum hoc ita scriptum est: ‚ante meridiem causam coniciunt<o>. {c}<t>um perorant<o>, ambo praesentes. post meridiem praesenti litem addicito. si ambo praesentes, sol occasus suprema tempestas esto.'*

[29] So *J. Partsch*, Besprechung zu: *O. Lenel*, Das Edictum perpetuum (Leipzig $^{2}$1907), Zeitschrift der Savigny-Stiftung für Rechtsgeschichte, Rom. Abt. 30 (1909), 500, *A. Walde / J. B. Hofmann*, Lateinisches etymologisches Wörterbuch, Band 2, Heidelberg $^{3}$1954, 793, *R. Düll*, Vom vindex zum iudex, Zeitschrift der Savigny-Stiftung für Rechtsgeschichte, Rom. Abt. 54 (1934), 99–100. 114–115. 120–122, *M. Kaser*, Das altrömische ius, Göttingen 1949, 194–195, und *M. Staszków*, „Vim dicere" im altrömischen Prozeß, Zeitschrift der Savigny-Stiftung für Rechtsgeschichte 80 (1963), 83–92, während *F. Leifer*, Zum römischen vindex-Problem, Zeitschrift für vergleichende Rechtswissenschaft 50 (1936), 6–17, *C. Gioffredi*, Diritto e processo nelle antiche forme giuridiche romane, Rom 1955, 91–95, *G. Broggini*, Vindex und Iudex. Zum Ursprung des römischen Zivilprozesses, Zeitschrift der Savigny-Stiftung für Rechtsgeschichte, Rom. Abt. 76 (1959), 139–140, und *O. Behrends*, Das Vindikationsmodell als „grundrechtliches" System der ältesten römischen Siedlungsorganisation. Zugleich ein Beitrag zu den ältesten Grundlagen des römischen Personen-, Sachen- und Obligationenrechts, in: Libertas. Grundrechtliche und rechtsstaatliche Gewährungen in Antike und Gegenwart, Symposion aus Anlaß des 80. Geburtstages von Franz Wieacker, hrsg. von *O. Behrends* und *M. Dießelhorst*, Ebelsbach 1991, 4–17, aus unterschiedlichen Gründen bestritten, dass der Vindex *vim dicit*. *Leifer*, *Broggini* und *Behrends*, die sich auf *Otto Schrader* beriefen, leiteten die erste Silbe von dem Stamm *veni*, dem Wortstock des indogermanischen Begriffes für die Zugehörigkeit zu einem Verband, her, *Gioffredi*, der sich auf *Giacomo Devoto* stützte, von dem Präfix *ve-*, das, des Wohlklangs wegen zu *ven-* erweitert und zu *vin-* abgetönt, eine Verneinung ausdrücke. Doch setzte sich keine der beiden Worterklärungen durch. Die zweite lehnten *M. Kaser*, Labeo 1 (1955), 316–317, und *F. Wieacker*, Zeitschrift der Savigny-Stiftung für Rechtsgeschichte, Rom. Abt. 74 (1957), 421, in ihren Besprechungen zu: *C. Gioffredi*, Diritto e processo nelle antiche forme giuridiche romane (Rom 1955), ebenso entschieden ab, wie *W. Kunkel*, Untersuchungen zur Entwicklung des römischen Kriminalverfahrens in vorsullanischer Zeit, Abhandlungen der Bayerischen Akademie der Wissenschaften, Phil.-hist. Klasse, Neue Folge, Heft 56, München 1962, 112, *D. V. Simon*, Begriff und Tatbestand der ‚Iniuria' im altrömischen Recht, Zeitschrift der Savigny-Stiftung für Rechtsgeschichte, Rom. Abt. 82 (1965), 138–140, und *O. Szemerényi*, Etyma Latina III. Latin *vindex*, *vindicit*, *vindicta*,

richtsverhandlung „Gewalt ansagen“[30] oder vielleicht eher „Stärke bekunden“ sollte. Der Gegenseite trat er jedenfalls zum nächsten Gerichtstermin entgegen, haftete aber zugleich dafür, dass die Forderung des Klägers, sollte er obsiegen, befriedigt wurde. In der Wahl des Vindex hatte der Beklagte den Rechtsgrundsatz zu wahren, dass ein *proletarius* zum Gestellungsbürgen nehmen durfte, wen er wollte, während ein *adsiduus* ihn in seinen Reihen suchen musste: ADSIDUO VINDEX ADSIDUUS ESTO; PROLETARIO {IAM} CIVI {C}<Q>UI<S>QUIS VOLET VINDEX ESTO.[31] Dahinter verbarg sich nicht etwa, dass rückwärtsgewandtes Standesdenken oder fortschrittliches Klassenkämpfertum gesiegt hätte. Der *proletarius* wurde damit so wenig bevorzugt wie der *adsiduus* benachteiligt. In den Anforderungen an den Vindex unterschied der Gesetzgeber nur deswegen zwischen ihnen, weil der *proletarius civis* als grundbesitzloser Bürger keine Rechtsstreitigkeiten um Grund und Boden auszufechten hatte. Über den Verlauf von Grundstücksgrenzen oder Eigentumsansprüche auf eine *superficies* konnten sich vielmehr nur grundbesitzende Bürger, *adsidui cives*, vor Gericht auseinandersetzen.

Vom Grundmuster wich der Verfahrensablauf von Anbeginn ab, wenn der Beklagte dem Kläger die Aufgabe, die ihm im Rahmen der gesetzlich geregelten Selbsthilfe zukam, schon im Vorfeld der Verhandlungen vor dem Gerichtsherrn erschwerte. Den härtesten Widerstand, den der Beklagte leisten konnte, vermochte der Kläger zwar nicht zu brechen, aber zu überwinden. Weigerte sich der Beklagte, der Ladung des Klägers Folge zu leisten, dann sollte der Kläger sich nach einem Zeugen umsehen, der es vor Gericht bestätigte, und den, der sich dazu bereit fand, alsdann zum Zeugen nehmen: SI IN IUS VOCAT, I<T>O. NI <I>T, ANTESTAMIN<O>. IGITUR EN CAPITO.[32] Der Wortlaut des Geset-

---

*provincia*, Greek *(w)anaks*, and West European *Veneti* from the point of view of semasiology, in: *H. Geckeler / B. Schlieben-Lange / J. Trabant / H. Weydt* [Hrsg.], Logos Semantikos. Studia linguistica in honorem Eugenio Coseriu (1921–1981), Band 3, Berlin 1981, 308. 310–313, die eine wie die andere Herleitung verwarfen.

[30] So zuletzt wieder *A. Bürge*, Römisches Privatrecht. Rechtsdenken und gesellschaftliche Verankerung. Eine Einführung, Darmstadt 1999, 47–48.

[31] Diese Fassung wiederhergestellt aus Gell. 16,10,5.

[32] Porph. Hor. sat. 1,9,74–78. Während Porphyrio den Akkusativ Singular des Demonstrativpronomens *is* als *en* las, meinten (*Humbert*), *Lewis* und *Crawford*, in: Roman Statutes 2,

zes ermächtigte ihn nicht etwa dazu, den Beklagten zu ergreifen, wenn er nicht mitkommen wollte. Nach dem Zusammenhang und dem passendsten, von alters her geläufigen Sprachgebrauch des Wortes *capere* zu urteilen, sollte der Kläger vielmehr jemanden, der sich in der Nähe aufhielt, zum Zeugen nehmen. Diese Deutung zogen die Herausgeber der ‚Roman Statutes' mit Recht der herkömmlichen vor,[33] wonach *capere* besagt, dass der Kläger den widerspenstigen Beklagten mit einer Art Polizeigriff am Nacken packte.[34] Für die Mindermeinung, die sie vertreten, bietet das lateinische Schrifttum beweiskräftige Belege wie *de istac sum iudex captus*,[35] *iamne ea causa pontifex capiar? si volo augurium optime tenere, equis me ob rem eam augurem capiat?*,[36] *de hac re quod locuta es olim, quom illum generum cepimus*,[37] *hunc cape consiliis socium*,[38] *C. Flaccus flamen captus a P. Licinio pontifice maximo erat*,[39] *te mihi patronam capio*,[40] *cape ... iudicem*,[41] *arbitrum aequom ceperim*[42] oder *legiones, quae Marcellum sibi ducem ceperant, ad eum concurrerunt*.[43]

Wenn der Beklagte es ablehnte, den Kläger zum Gerichtsort zu begleiten, hatte der Kläger kurzum jemanden als Zeugen beizubringen, der die Frage des Gerichtsherrn, ob der Beklagte zur Verhandlung zu kommen sich geweigert

---

578. 584, diese Wortform zu *im* abändern zu müssen. Darauf schienen ihnen Zeugnisse wie Macr. Sat. 1,4,19 hinzudeuten. Doch nötigen sie nicht dazu, sich für *im* zu entscheiden. Festus, Pauli exc., s. v. *eum*, p. 67 *Lindsay*, ermutigt vielmehr dazu, *en* zu belassen.

[33] (*Humbert*), *Lewis*, *Crawford*, in: Roman Statutes 2, 585.

[34] *O. Behrends*, Der Zwölftafelprozeß. Zur Geschichte des römischen Obligationenrechts, Göttinger Rechtswissenschaftliche Studien, Band 92, Göttingen 1974, 17–18. 43.

[35] Plaut. Merc. 736.

[36] Cato orat. 197 *Malcovati*, ORF, $^{2}$1955.

[37] Ter. Hec. 537.

[38] Verg. Aen. 5,712.

[39] Liv. 27,8,5.

[40] Ter. Eun. 887.

[41] Plaut. Most. 557.

[42] Plaut. Truc. 629.

[43] Bell. Alex. 60,1.

habe, obwohl der Kläger ihn ordnungsgemäß vor Gericht geladen habe, auf dem Komitium oder dem Forum bejahte. Gab ihm der Zeuge, den der Kläger aufbot, diese Antwort, dann wird er nach dem Grundsatz, dass die Partei, die nicht erschien, den Rechtsanspruch und Klagegrund der anderen damit anerkannte, den Streitgegenstand dem Kläger zugesprochen haben.

Der Rechtsprechung sollte sich der Beklagte ebenso wenig entziehen können, wenn er sich zwar nicht geradezu weigerte, der Ladung des Klägers nachzukommen, aber nur vortäuschte, sich ihr nicht widersetzen zu wollen. Diesen Ausweg versperrte das Zwölftafelgesetz mit der Bestimmung, dass der Kläger Hand auf den Beklagten legen sollte, wenn der Beklagte Ausflüchte suchte oder stehenblieb: SI CALVITUR PEDEMVE STRUIT, MANUM ENDO IACITO.[44]

Unstrittig ist, dass das – offenbar mit dem Rechtsbegriff *calumnia*, „Verleumdung“, verwandte[45] – Deponens *calvi* soviel wie „Ausflüchte suchen“, „sich auf Finten verlegen“ heißt. Schon im Altertum stimmten die Erklärer darin überein, dass es von dem gängigeren Wort *frustrari* vertreten werden könne.[46] Weit klaffen aber ihre Meinungen in der Frage auseinander, wie der bildhafte Ausdruck *pedem struere* aufzufassen sei. Die Bedeutungen, die der Grammatiker Festus zur Wahl stellt, reichen von „rückwärts gehen“, „in eine andere Richtung gehen“, „fliehen“, „den Schritt beschleunigen“ bis hin zu „den Schritt verlangsamen wie jemand, der mühsam Fuß vor Fuß setzt, gemächlich geht, trödelt“.[47] Die Spannweite ihrer Auskünfte zeigt, dass die Nachwelt

---

[44] Festus, s. v. *struere*, p. 408. 410 *Lindsay.*

[45] *A. Walde / J. B. Hofmann*, Lateinisches etymologisches Wörterbuch, Band 1, Heidelberg $^{3}$1938, 143.

[46] Nonius, s. v. *calvitur*, p. 10 *Lindsay*: *‚calvitur‘ dictum est ‚frustatur‘; tractum a calvis mimicis, quod sint omnibus frustatui* ... und Gaius dig. 50,16,233 pr.: *Gaius libro primo ad legem duodecim tabularum: ‚si calvitur‘ {e}<u>t moretur et frustretur. inde et calumniatores appellati sunt, quia per fraudem et frustrationem alios vexarent litibus.*

[47] Festus, s. v. *struere*, p. 408. 410 *Lindsay*: *‚struere‘ antiqui dicebant pro ‚adicere‘, ‚augere‘, unde industrios quoque. M. Cato: ‚iure, lege, libertate, re publica communiter uti oportet, gloria atque honore, quomodo sibi quisque struxit.‘ aut in XII quod est ‚si calvitur pedemve struit, manum endo iacito‘: alii putant significare retrorsus ire, ali in aliam partem, ali fu<ge>re, ali gradum augere, ali minuere ac <qui> vix pedem pedi praefert, otiose it, remoratur.*

schon nicht mehr sicher sagen konnte, wie die mittlerweile ungebräuchliche Redewendung zu verstehen war.

In den gleichen Bahnen bewegte sich die Forschung, die auf diesem Nährboden gedieh. Bis heute schwankt sie noch immer zwischen den beiden entgegengesetzten Worterklärungen „fliehen“ und „trödeln“. Gegen beide ist einzuwenden, dass sie den durchaus verbreiteten Wörtern *pes* und *struere* Sonderbedeutungen unterlegen, die im lateinischen Schrifttum nirgendwo anzutreffen sind. Soweit es sich überblicken lässt, hat weder *pes* jemals den Sinn von „Schritt“ oder „Schrittlänge“ angenommen noch *struere* den von „vergrößern“ oder gar den von „verkleinern“. Zum Nachweis, dass *pes* mit *gradus* und *struere* mit *minuere* gleichgesetzt werden dürfe, bringt Festus keinen Beleg bei, und die Gegenmeinung, *struere* stehe für *augere*, sucht er mit dem Hinweis auf eine Stelle zu untermauern, die dafür nichts hergibt. Catos Ausspruch *iure, lege, libertate, re publica communiter uti oportet, gloria atque honore, quomodo sibi quisque struxit* erlaubt keineswegs, *struxit* so aufzufassen, als stünde dort *auxit*. Nach diesen Worten sollte ein jeder aus Ruhm und Ehre vielmehr in dem Maße Nutzen ziehen, in dem er sich beides a u f g e b a u t habe.

Wenn aber die beiden Deutungen, die von der Forschung aufgegriffen wurden, daran scheitern, dass der Sprachgebrauch sie nicht abdeckt, so muss nach einer neuen Lösung gesucht werden, die ihm besser Rechnung trägt. Nach diesem Gradmesser bietet es sich am ehesten an, *pedem struere* mit „den Fuß hinstellen“ wörtlich zu übersetzen und als bildhaften Ausdruck für „stehenbleiben“ aufzufassen. Setzte der Beklagte den Fuß so fest wie eine Mauer auf den Boden, so stellte er sich wie ein störrischer Esel „bockbeinig“.[48] Damit zeigte er deutlicher an, dass er zumindest hinhaltenden Widerstand leisten wollte, als wenn er nur den Schritt beschleunigt oder verlangsamt hätte.

---

[48] Dieser Worterklärung kommt am nächsten *Behrends*, Zwölftafelprozeß, 45 Anm. 76: „Der bildliche Ausdruck bedeutet vielleicht angesichts der Beziehung des Wortes zur Baukunst ... den Fuß widerstrebend wie einen Stützbalken aufstellen und bezeichnet jedenfalls gegenüber dem listenreichen *calvere* den körperlichen Widerstand ...“; dass er ihm unterlegt, „kraft Interpretation auch das Losreißen und die Flucht umfaßt“ zu haben, führt freilich von der richtigen Spur wieder ab.

Weder als Finte noch als Weigerung wertete es das Zwölftafelgesetz, wenn der Beklagte erklärte, dass ein Leiden oder Altersschwäche ihn daran hindere, mit dem Kläger zum Gerichtsort zu gehen. Beides, *morbus* und *aevitas*, erkannte es ausdrücklich als „Hinderungsgrund“, *vitium*, an: SI MORBUS AEVITASVE VITIUM ESCIT, QUI IN IUS VOCABIT, IUMENTUM DATO.[49] Dass das Wort *vitium* in diesem Sinne gebraucht werden kann, bestritt *Eduard Fraenkel* grundlos.[50] *Okko Behrends*, *Alfons Bürge* und die Herausgeber der ‚Roman Statutes‘ sind ihm vorschnell darin gefolgt, es als nachträglich eingefügt zu streichen.[51] Zwei schlagende Belege aus spätrepublikanischer Zeit – Cicero, De divinatione 2,43, und Varro, Res rusticae 1,45,2 – sprechen dagegen, es als Fremdkörper zu tilgen.[52]

Ein Gebrechen bzw. sein hohes Alter sollte ein Beklagter freilich nicht dazu ausnutzen, dem Kläger überzogene Bedingungen zu stellen. Wenn er zu betagt oder behindert war, um den Weg zum Gerichtsort zu Fuß zurückzulegen, konnte er von ihm nur fordern, ihm ein Lasttier, *iumentum*, zu stellen.[53] Dazu, ihn auf den Wagen eines Fuhrwerks, ein *plaustrum*, zu setzen[54] oder ihm gar eine gepolsterte Kutsche, *arcera*, herzurichten, war er nicht verpflichtet: SI NOLET, ARCERAM NE STERNITO.[55] Auf ein solches Ansinnen brauchte er nicht

---

[49] Gell. 20,1,25.

[50] *E. Fraenkel*, Zum Texte römischer Juristen, Hermes 60 (1925), 440–443 = Kleine Beiträge zur Klassischen Philologie, Band 2, Rom 1964, 442–445.

[51] *Behrends*, Zwölftafelprozeß, 46; *A. Bürge*, ‚Si nolet arceram ne sternito‘ ‚Ne minore aut si volet maiore vincito‘: Positives zu zwei Negationen in den Zwölf Tafeln, in: Mélanges Felix Wubbe offerts par ses collègues et ses amis à l'occasion de son soixante-dixième anniversaire, Fribourg 1993, 61 Anm. 2; (*Humbert*), *Lewis*, *Crawford*, in: Roman Statutes 2, 587.

[52] Cic. div. 2,43: ... *comitiorum solum vitium est fulmen*; Varro rust. 1,45,2: ... *siquid regio aut tempestas vitii attulit, quo minus ita fiat.*

[53] Klargestellt von *Bürge*, in: Mélanges Wubbe, 61–62.

[54] So Sextus Caecilius nach Gell. 20,1,28: *‚iumentum‘ quoque non id solum significat, quod nunc dicitur, sed vectaculum etiam, quod adiunctis pecoribus trahebatur, veteres nostri ‚iumentum‘ dixerunt.*

[55] Gell. 20,1,25. Das Gegenteil liest *Bürge*, in: Mélanges Wubbe, 72–74, aus dem Wortlaut dieser Bestimmung heraus. Doch wozu hätten die Zwölf Tafeln es dem Beklagten freistellen

einzugehen, ja, sollte er sich gar nicht erst einlassen, weil er sonst leicht in den Verdacht hätte geraten können, einen Mitbürger abgeholt zu haben, den er in seiner augenblicklichen Körperverfassung gar nicht hätte vor Gericht laden dürfen. Denn in einer gepolsterten Kutsche waren nur Menschen zu befördern, die ernstlich erkrankt waren. Solange jemand etwa mit hohem Fieber und Schüttelfrost im Bett lag, durfte er, so stellt Gellius klar,[56] erst dann vor Gericht geladen werden, wenn er wieder genesen war.

Von der Einleitung der Klage bis zum Ende der Verhandlung war der Gang des Verfahrens so durchdacht geregelt, dass die Gerichtsordnung der Zwölf Tafeln nicht so rasch veralten sollte. Der natürliche Wandel der Rahmenbedingungen und der ebenso natürliche Zuwachs an klärungsbedürftigen Verfahrensfragen erforderten es zwar, ihren Inhalt fortzubilden und auszulegen, aber nur in dreierlei Hinsicht:

(1) Nach Meinung der meisten, so behauptete Gaius im 1. Buch seines Kommentars zum Zwölftafelgesetz,[57] durfte niemand „aus seinem Haus heraus" vor Gericht geladen werden und wurde ein Kläger, der sich darüber hinwegsetzte, als ein Eindringling betrachtet, der sich mit Gewalt Zutritt verschaffte. Doch stellte er im selben Buch klar, dass der Beklagte von der Haustür, dem öffentlichen Bad oder Theater weg vor Gericht geladen werden dürfe.[58] Daran gemessen schränkte die spätklassische Rechtswissenschaft den Schutz, den der Beklagte im eigenen Haus genoss, leicht ein: Wenn er Zutritt zu seinem Haus gewähre oder von der Straße aus erblickt werde, lade ihn der Kläger rechtmäßig vor Gericht, schrieb Paulus im 1. Buch seines Kommentars zum prätorischen Edikt.[59]

---

sollen, zwischen Lasttier und Kutsche zu wählen? Natürlich würde er sich für die bequemere *arcera* entscheiden.

[56] Gell. 20,1,26–27.

[57] Gaius nach Dig. 2,4,18.

[58] Gaius nach Dig. 2,4,20.

[59] Paulus nach Dig. 2,4,19.

Demgegenüber brauchte die Bestimmung, nach der der Kläger einen Zeugen beibringen musste, wenn sein Prozessgegner sich weigerte, ihn zum Gerichtsort zu begleiten, weder erläutert noch abgeändert zu werden. Der Bedeutungswandel, den das Deponens *antestari* durchlief, berührte sie in der Sache nicht. Seitdem *circum* die Präposition *an* aus dem lateinischen Sprachschatz verdrängt hatte,[60] geriet zwar in Vergessenheit, dass *antestari* ursprünglich „sich nach einem Zeugen umtun“ bedeutete.[61] Doch lebte das Selbsthilfegebot, das den Kläger dazu verpflichtete, jemanden zum Zeugen zu nehmen, der seine Aussage vor Gericht bestätigte, in der formelhaften Frage *licet (te) antestari?* mit der gleichen Rechtswirkung fort.[62]

(2) Die Grundregel „Wo sie [Kläger und Beklagter] sich in einer Streitsache einigen, soll er [der Gerichtsherr] es [das Verhandlungsergebnis] verkünden“ wurde in dem Maße eingeengt, in dem Rom über die Größe einer mittleren Kleinstadt hinauswuchs. Je weiter es sich ausdehnte, desto weniger war es dem Gerichtsherrn zuzumuten, sich bei allen Grenzstreitigkeiten am Standort des Streitgegenstandes einzufinden. Davon entband ihn die stillschweigende Übereinkunft, der Auseinandersetzung *in iure* ein außergerichtliches Vorgefecht vorzuschalten. Seitdem sich diese Neuerung eingebürgert hatte, legten zwei Nachbarn, die um ein Stück Land stritten, „außergerichtlich“, *ex iure*, zur gleichen Zeit die Hand auf dieselbe Sache und brachten, um ihren Eigentumsanspruch zu versinnbildlichen, zur Verhandlung am Gerichtsort, auf dem Komitium oder dem Forum, zum Beispiel eine Erdscholle mit.[63]

---

60 Ateius Capito bei Macrobius Sat. 1,14,5 = frg. 15 *Strzelecki*.

61 Richtig *R. Klotz*, Handwörterbuch der lateinischen Sprache, Band 1, Braunschweig 1879 (ND Graz 1963), 437.

62 Hor. sat. 1,9,74–77; dazu *A. Kießling / R. Heinze*, Q. Horatius Flaccus, Satiren. Text und Kommentar, Berlin ⁷1959, 155, *E. Paratore*, Ad Hor. Serm. 1.9.35–42 e 74–78, in: Synteleia Vincenzo Arangio-Ruiz, Band 2, Neapel 1964, 828. 834–835. 846–847, und *Behrends*, Zwölftafelprozeß, 15. 17.

63 Gell. 20,10,8–9: *correptio manus in re atque in loco praesenti apud praetorem ex duodecim tabulis fiebat, in quibus ita scriptum est: ‚si qui in iure manum conserunt'. sed postquam praetores propagatis Italiae finibus datis iurisdictionibus negotiis occupati proficisci vindiciarum dicendarum causa <ad> longinquas res gravabantur, institutum est contra duodecim tabulas tacito consensu, ut litigantes non in iure apud praetorem manum*

(3) Wenn der Verfasser der Schrift an Herennius die Urfassung der Zwölf Tafeln mit *ni pagunt, in comitio aut in foro ante meridiem causam conicito* getreu wiedergibt,[64] kam es dem Kläger zu, dem Gerichtsherrn „den Fall zu umreißen", *causam conicere*. Sollte aber die herrschende Meinung zutreffen, die die Herausgeber der ‚Roman Statutes' bekräftigen, dann trugen ihm Kläger und Beklagter in geraffter Form vor, worüber sie stritten.[65] Die Lesart *coniciunt*, auf die sie sich gründet, stammt indessen aus einem Werk der Hohen Kaiserzeit und muss zu *coniciunto* verbessert werden. Die ‚Noctes Atticae', denen sie entnommen ist,[66] verfasste Gellius sehr viel später, im letzten Viertel des zweiten Jahrhunderts n. Chr. Allein mit dem Hinweis auf das Alter der beiden Fassungen ist die Textfrage freilich nicht zu entscheiden. Stand auch Afranius, der in der Zeit der Gracchen lebte und auf den sich ein dritter Zeuge, Nonius, beruft, der Rechtswelt der Zwölf Tafeln weitaus näher als Gellius, so bestätigt er doch nicht zweifelsfrei, dass das Zwölftafelgesetz die *causae coniectio* dem Kläger vorbehalten hätte. Nach seiner Aussage gab sich der Gerichtsherr zumindest nicht mit der Zusammenfassung des Klägers zufrieden: Nachdem der Kläger dem Gerichtsherrn mitgeteilt hatte, er wolle heute vor ihm den Fall umreißen, fragte ihn der Gerichtsherr vielmehr, ob beide Parteien anwesend seien: ‚*causam coícere hodie ad té volo.*' –‚*ambón adestis?*'[67] „Ich meine", fuhr er fort, „dass sie von Nutzen sein werden": ‚*profuturos arbitror.*'[68]

Beider Anwesenheit hielt der Gerichtsherr für nützlich, weil er wissen musste, ob sie sich auf ein Streitprogramm geeinigt hatten, und dem Beklagten Gelegenheit geben wollte, seinen Standpunkt vorzutragen. In welcher Form er sie ihm zu geben gedachte, sagt Afranius nicht, kann aber aus der Kenntnis des

---

*consererent, sed ‚ex iure manum consertum' vocarent, id est alter alterum ex iure ad conserendam manum in rem, de qua ageretur, vocaret atque profecti simul in agrum, de quo litigabatur, terrae aliquid ex eo, uti unam glebam, in ius in urbem ad praetorem deferrent et in ea gleba tamquam in toto agro vindicarent.*

[64] Rhet. Her. 2,20.

[65] (*Humbert*), *Lewis*, *Crawford*, in: Roman Statutes 2, 594–596.

[66] Gell. 17,2,10.

[67] Afranius bei Non., s. v. *coicere = agere*, p. 409 *Lindsay*.

[68] Afranius bei Non., s. v. *coicere = agere*, p. 409 *Lindsay*.

Zwölftafelprozesses erschlossen werden. Im Spruchformelverfahren nahm der Beklagte mit einer förmelnden Erwiderung zu der *causae coniectio* des Klägers Stellung. *Ni pagunt, in comitio aut in foro ante meridiem causam conicito* kann die Urfassung der Zwölf Tafeln nur gelautet haben, wenn sich die *causae coniectio* ursprünglich auf den Vorgang beschränkte, den der Kläger mit den Worten einleitete, heute wolle er vor dem Gerichtsherrn den Fall umreißen. Die förmelnde Erwiderung des Beklagten könnten sie nur dann der *causae coniectio* des Klägers gleichgestellt haben, wenn die fragliche Regelung *ni pagunt, in comitio aut in foro ante meridiem causam coniciunto* gelautet hätte.

Später jedoch scheint die alte Bestimmung zu *ni pagunt, in comitio aut in foro ante meridiem causam coniciunto* abgewandelt worden zu sein. Gaius sagt jedenfalls, dass es beiden Parteien obliege, den Fall zu umreißen.[69] Doch stützt seine Auskunft die herrschende Meinung nur schwach. Zu einer gerafften Darstellung des Sachverhalts, die der sogenannten *causae coniectio* des Klägers gleichkam, wurde dem Beklagten Gelegenheit gegeben, nachdem im römischen Rechtswesen das beweglichere Schriftformelverfahren Einzug gehalten hatte. Vor Gericht übervorteilt zu werden, wenn der Kläger den Fall einseitig umriss oder gar verzerrt darstellte, hatte der Beklagte dennoch nie zu befürchten. Das starre Spruchformelverfahren der Zwölf Tafeln eröffnete dem Beklagten zwei Gelegenheiten, zu der *causae coniectio* des Klägers Stellung zu nehmen. Zunächst forderte ihn der Gerichtsherr auf, der Spruchformel, in die der Kläger sie fasste,[70] förmlich zu widersprechen. Dann gestattete er ihm genauso wie dem Kläger, seinen Standpunkt in der sogenannten *peroratio* ausführlich darzulegen und zu begründen.[71] Die Verantwortung für die Wahl der richtigen Spruchformel trug der Kläger. Verfehlte er sie wissentlich oder unwissentlich, so hatte er den Prozess von vornherein verloren. Dieser Gefahr setzte sich der Beklagte nicht aus, wenn er die zu einer Spruchformel zusammengefasste *causae coniectio* des Klägers förmelnd erwiderte.

---

[69] Gaius inst. 4,15.

[70] *Behrends*, SZ 92 (1975), 162–163.

[71] Gell. 17,2,10.

## II. Die *iudicis arbitrive postulatio*

Im Frieden an der Spitze des Staatsvolkes, des *populus*,[72] im Krieg an der des Heeres als des Volkes in Waffen,[73] mag der ranghöchste Amtsträger, der *magister populi* als *praetor maximus*, auch schon *iudex* genannt worden sein, weil sein Amt die richterliche Gewalt einschloss. So wurden jedenfalls anfangs noch die Konsuln als Versammlungsleiter betitelt, ob sie nun eine Heeres- oder eine Bürgerversammlung einberiefen.[74] Als Rechtsnachfolger des Königs Heerführer, Staatslenker und Gerichtsherr in einem, sprach er freilich nicht unbedingt in dem Sinne Recht, dass er Streitfälle nach eigenem Gutdünken entschieden hätte. Solange er hoffen durfte, die Prozessgegner zu einer gütlichen Einigung überreden zu können, beschränkte sich seine Aufgabe als „Rechtweiser" vielmehr im Wesentlichen darauf, die Einhaltung der Verfahrensregeln zu überwachen und die Beilegung von Rechtsstreitigkeiten mit dem Gewicht, das ihm sein Amt verlieh, von Rechts wegen zu verkünden. Soweit er eine eindeutige Rechts- und Beweislage vorfand, wird es ihm zwar schwerlich verwehrt gewesen sein, auf die Partei einzuwirken, die sich unverkennnbar ins Unrecht gesetzt hatte. In allen Zweifelsfällen aber musste er sich davor hüten, die Rolle des Schlichters mit der des Richters zu vertauschen, der nach eigenem Ermessen Urteile fällte. Löste etwa ein Manzipationsgeschäft einen Rechtsstreit aus, so konnte er ihn leichter beilegen, als wenn eine Stipulation eine Klage nach sich zog. Während er im ersten Fall die fünf Zeugen und den Zuwäger des Brockengeldes, den *libripens*, befragen konnte, musste er im zweiten gewärtigen, dass die Wahrheit schwerer zu ermitteln war, wenn die Aussage des Beklagten der des Klägers widerstritt. Nicht zuletzt deswegen wird das Zwölftafelgesetz angeordnet haben, dass er in diesem Fall, wenn der Kläger einen anforderte, den Parteien einen Einzelrichter, *iudex*, oder Schieds-

---

[72] So die gängige Bedeutung des Wortes *populus* nach der vom allgemeinen Sprachgebrauch abgedeckten Begriffsbestimmung Gaius inst. 1,3: *plebs autem a populo eo distat, quod populi appellatione universi cives significantur, connumeratis et patriciis.*

[73] Dass der *praetor maximus* diese beiden Ämter in seiner Hand vereinigte, bestritt *Giovannini*, MH 41 (1984), 19–21, ohne seinen Standpunkt stichhaltig zu begründen.

[74] Varro ling. 6,88; vgl. Cic. leg. 3,8 und Liv. 3,55,11.

mann, *arbiter*, zu bestellen hatte.[75] Doch können auch andere Vorteile den Ausschlag gegeben haben. Verwies er die Streitsache an einen privaten Schlichter, so wurde nicht nur er selbst als Gerichtsherr entlastet, sondern auch den Parteien eine genaue Prüfung des Sachverhalts in Aussicht gestellt. Und wenn etwa der Beklagte sich zu hoch verschuldet oder der Kläger zu wenig flüssige Mittel zur Verfügung hatte, um ein *sacramentum* hinterlegen zu können, musste er vollends begrüßen, dass ihm das Zwölftafelgesetz den Rechtsweg trotzdem offenhielt.[76]

Schon in spätrepublikanischer Zeit wussten selbst gebildete Römer nicht mehr sicher zu sagen, weshalb die Zwölf Tafeln zwischen *iudex* und *arbiter* unterschieden hatten. Cicero zeigte sich darüber verwundert, wie viele von ihnen „nach so vielen Jahren" noch heute nicht hätten entscheiden können, ob es *dies tertius* oder *dies perendinus, iudex* oder *arbiter*, *res* oder *lis* heißen müsse. Darüber Klarheit zu gewinnen, fiel den Zeitgenossen, von denen er sprach, begreiflicherweise schwer. So weit auch die drei Wortpaare, die er als Beispiele anführte, nach ihrer Herkunft auseinanderlagen, so nahe kam sich ihr Inhalt. Ob man „übermorgen" oder „einen über den anderen Tag" sagte, lief ebenso auf das gleiche hinaus wie, ob man von einer Streitsache oder einem Rechtsstreit, einem Richter oder einem Schiedsmann sprach. Zwischen *iudex* und *arbiter* schwankte die Wortwahl offenbar je nachdem, ob der Gerichtsherr den Sachverständigen, den er auf Anforderung des Klägers bestellte, als Richter oder als Sachwertermittler einschaltete. In vielen Fällen verwuchs die Rolle des *iudex* freilich so fest mit der des *arbiter*, dass er die eine von der anderen künstlich getrennt hätte, wenn er sie an zwei verschiedene Bürger vergeben hätte. Bei Schuldforderungen oder Schadensersatzklagen etwa lag es nahe, dass er die Doppelaufgabe, die Frage der Schuld zu klären und die Höhe der Schuld zu bemessen, ein und derselben Person übertrug. Richter und Schiedsmann

[75] Gaius inst. 4,17a: *p(er) iudici[s p]ostulat[i]one<m> ageba[tur, si] q[u]a de re ut ita ager[et]ur lex ius[si]sse[t], sicu[ti] lex XII [t]abularum de [eo], q(uo)d ex stipu[l]at[i]one petitur. eaq(ue) res talis fere erat. qui agebat, sic dicebat: ‚ex sponsione te mi[h]i X m(ilia) s(e)s(tertiorum) d(are) o(por)tere aio; id postulo ai{e}<a>s an neg{a}<e>s.' ad(ve)rsarius dicebat n(on) o(por)tere. a{u}ctor dicebat: ‚qua{m}<n>ndo tu negas, te, pr(aetor), iudicem sive arbitrum postulo, uti des{t}.'*

[76] *Behrends*, Zwölftafelprozeß, 39–40.

zugleich,[77] musste er als *iudex* entscheiden, ob der Beklagte zur Rechenschaft zu ziehen war, weil er ein Verbot übertreten hatte oder nach dem Zwölftafelgesetz für einen Schaden haftete, und als *arbiter* festsetzen, in welcher Höhe der Beklagte den Kläger zu entschädigen hatte. Bevor er den Streitwert beziffern und die Buße verhängen konnte, musste er mit anderen Worten „Recht sprechen", *iudicare*. Hatte er den Schiedsspruch gefällt, brauchte seine Entscheidung nicht mehr vom Gerichtsherrn verkündet zu werden, sondern konnte er selbst den Streit für beigelegt erklären.[78]

Von der mitunter schwierigen Aufgabe, bei Rechtsstreitigkeiten über den Inhalt mündlicher Vereinbarungen den Sachverhalt aufzuklären und ein Urteil zu fällen, blieb der Stadtprätor ebenso entbunden wie zur Zeit der Zwölf Tafeln der Oberbefehlshaber des Heeres. Obwohl der Prätor nicht mehr wie der Rechtsnachfolger des Königs die oberste Staats- und Befehlsgewalt in seiner Hand vereinigte, sondern vorwiegend auf die Rechtsprechung verwiesen war, brauchte auch er nur das Verfahren mit der Richterbestellung einzuleiten. Den Spruch zu finden und zu fällen, der den Rechtsstreit beilegte, behielt die römische Gerichtsverfassung wie bisher dem *iudex* bzw. *arbiter* vor. Den Grundsatz, dass das Verfahren in die Abschnitte *in iure* und *apud iudicem* zerfiel, überwand erst der kaiserzeitliche Kognitionsprozess,[79] und auch er nicht wirklich, da die Statthalter immer häufiger dazu übergingen, Streitsachen an Hilfsrichter, *iudices pedanei*, zu überweisen.[80]

---

[77] Soweit zuzustimmen ist *A. Magdelain*, Aspects arbitraux de la justice civile archaïque à Rome, Revue internationale des droits de l'antiquité, 3e sér. 27 (1980), 206–217. 230–240. 278–280 (wieder in: Jus, imperium, auctoritas. Études de droit romain, Band 133, Rom 1990, 592–601. 611–619. 650–651); anders *G. Broggini*, Iudex arbiterve. Prolegomena zum Officium des römischen Privatrichters, Köln – Graz 1957, 1–2. 40–44. 86–87. 94–96. 123.

[78] *M. Kaser*, Das römische Zivilprozeßrecht, München 1966, 92; *M. Kaser / K. Hackl*, Das römische Zivilprozeßrecht, München ²1996, 108; *Kaser / Knütel*, Römisches Privatrecht, 486.

[79] *Th. Mayer-Maly*, in: *H. Honsell / Th. Mayer-Maly / W. Selb*, Römisches Recht, Berlin – Heidelberg – New York ⁴1987, 555.

[80] *Kaser*, Römisches Zivilprozeßrecht, 362–363, und *Kaser / Hackl*, Römisches Zivilprozeßrecht, 547–548.

Wenngleich die mit Sklaven und Tagelöhnern betriebene Gutswirtschaft das Kleinbauerntum zurückdrängte, als Rom selbst verstädterte und vom Stadtstaat zur Weltmacht aufstieg, bewahrte der römische Rechtsalltag doch viele seiner ländlichen Grundzüge. Spätestens seit der ersten Hälfte des zweiten Jahrhunderts v. Chr. wurde etwa ein geachteter Bürger, der das Vertrauen beider Parteien genoss, dann als *arbiter* eingeschaltet, wenn ein Redemptor dem Gutseigentümer, mit dem er einen Werkvertrag geschlossen hatte, Schadensersatz leisten sollte. Nach den Mustervereinbarungen, nach denen der ältere Cato die Olivenlese zu versteigern empfahl, sollte der Unternehmer, der die Arbeitskräfte stellte, von dem Gesamtbetrag des vereinbarten Entgelts den Gegenwert der Geräte, die seine Leute durch sein Verschulden entwendet oder zertrümmert hatten, nach dem Ermessen, dem *arbitratus*, eines redlichen Mannes abgezogen bekommen: *si quid redemptoris opera domino damni datum erit, resolvito; id viri boni arbitratu deducetur.*[81] Der kleinbäuerlichen Welt des jungen Rom der Zwölf Tafeln war ein Gutsbetrieb von der Größe, wie sie dem älteren Cato dabei vorgeschwebt haben muss, freilich längst entwachsen. Der Trupp von Tagelöhnern, den der Redemptor in den Monaten der Olivenlese pünktlich und vollzählig beizuschaffen hatte, sollte nach dem Wortlaut seines Vertragsmusters mindestens 50 „Ansässige", *adsidui*, enthalten,[82] weil sesshafte, über eigenen Grund und Boden verfügende Arbeitskräfte nicht so leicht abzuwandern drohten, wenn sie sahen, dass sie sich anderswo teurer verdingen konnten. Um dieser Gefahr soweit wie möglich entgegenzuwirken, verbot

---

[81] Cato agr. 144,3.

[82] Cato agr. 144,4: *adsiduos homines L praebeto.* „Dauernd tätige Männer", wie *O. Schönberger*, Marcus Porcius Cato, Vom Landbau. Fragmente. Alle erhaltenen Schriften, München 1980, 147, übersetzt, sind darunter schwerlich zu verstehen. Dieser Deutung steht entgegen, dass der Redemptor sämtliche Pflücker und Leser, die er im Vertrag zugesagt hatte, vom Anfang bis zum Ende der Olivenernte beschäftigen musste, wollte er vermeiden, dass ihm der Auftraggeber die Lohnkosten für Ersatzkräfte in Rechnung stellte. Die *adsidui*, von denen der ältere Cato spricht, glichen denen der Zwölf Tafeln und denen der römischen Wehrordnung vielmehr darin, dass sie über eigenen Grund und Boden verfügten und damit einen festen Wohnsitz hatten.

ihnen der Vertrag, die *lex oleae legendae*, den Redemptor zu wechseln, wenn sie keinen Arbeitskameraden als Ersatzmann benannten.[83]

*Theodor Mommsen*[84] meinte allerdings, nach Catos Mustervertrag habe keiner der Mitsteigernden von seinem Gebot zurücktreten dürfen, „um zu bewirken, dass die Olivenlese und -presse teurer verdungen werde." Obwohl viele seine Auffassung billigten,[85] seitdem er sie in einer Fußnote seiner Römischen Geschichte geäußert hatte, wird sie dem Sinn der Vorkehrung, die der Auftraggeber traf, kaum gerecht. Weder konnte ein Gutseigentümer, der die Olivenlese versteigerte, Redemptoren, mit denen er noch gar keinen Vertrag geschlossen hatte, daran hindern, ihr Gebot zurückzuziehen, noch voraussetzen, dass sie sich zu seinem Nachteil abgesprochen hatten.[86] Wohl aber konnte er einen Olivenleser oder -pflücker verpflichten, einen Arbeitskameraden als Ersatzmann zu benennen, wenn er abwandern wollte, um sich anderswo teurer zu verdingen. Die Tagelöhner, die auf seinem Gut die Oliven ernten sollten, konnte er vor Beginn der Lese schwören lassen, entweder bis zu ihrem Abschluss für ihn zu arbeiten oder einen Kameraden als Ersatz zu stellen. Auf sie übte er wirksamen Druck aus, wenn er ihnen androhte, ihren Lohn einzubehalten, sollten sie sich weigern, darauf einen Eid zu leisten.[87] Sie waren es, denen

---

[83] Cato agr. 144,4: *ne quis concedat, quo olea legunda et facienda carius locetur, extra quam, si quem socium in praesentiarum dixerit.*

[84] *Th. Mommsen*, Römische Geschichte, Band 1, Berlin $^{10}$1907, 852 Anm. *.

[85] Zunächst *E. I. Bekker*, Ueber die leges locationis bei Cato de re rustica, Zeitschrift für Rechtsgeschichte 3 (1864), 432–433, und *C. Ferrini*, Le origini del contratto di società in Roma, in: Opere di Contardo Ferrini, Band 3, Mailand 1929, 18. 37–48; in neuerer Zeit etwa *M. Kaser*, Das römische Privatrecht, Erster Abschnitt, München $^{2}$1971, 561 Anm. 69, und *Schönberger*, Marcus Porcius Cato, 147. 565.

[86] Mit Recht eingewandt von *R. Goujard*, Caton de l'agriculture, Paris 1975, 295. Dass „jeder Arbeiter Mitunternehmer des Kolonnenvermieters" sei, setzt *Schönberger*, Marcus Porcius Cato, 565, grundlos voraus; verhielte es sich so, dann hätte Catos Mustervertrag über die Olivenverarbeitung, die *lex oleae faciundae*, in c. 145,3 seiner Schrift vom Feldbau schwerlich vorgesehen, dass sich der Gutseigentümer bzw. sein Aufseher ausbedang, dem Redemptor die Beteiligung eines ihnen nicht genehmen Gesellschafters zu versagen.

[87] Cato agr. 144,4–5: *si quis adversum ea fecerit, si dominus aut custos volent, iurent omnes socii; si non ita iuraverint, pro ea olea legunda et faciunda nemo dabit neque debebitur ei, qui non iuraverit.*

„niemand", weder der Gutseigentümer oder sein Verwalter noch der Redemptor, in diesem Fall etwas schuldete.

Auf das großstädtische Rechtsleben des spätrepublikanischen Rom wirkte es sich stärker aus, dass sich die Größenordnungen und Kräfteverhältnisse gegenüber seinen bescheidenen Anfängen merklich verschoben hatten. Die Zusammensetzung der Richterliste, auf die die Prätoren zurückgreifen konnten, seitdem Beweiserhebung und Urteil in die Hände von Geschworenen gelegt waren, veränderte sich im Sog der Machtkämpfe zwischen Optimaten und Popularen bald nach der einen, bald nach der anderen Seite. Gaius Gracchus führte 122 v. Chr. als Volkstribun einen Beschluss der Plebs herbei, der darauf hinauslief, dass auf den Geschworenenbänken nur noch Ritter saßen oder wenigstens die Senatoren ihnen gegenüber in die Minderheit gerieten. Manlius Acilius Glabrio, einer seiner Parteigänger, brachte im selben Jahr und in derselben Eigenschaft den Gesetzesantrag durch, in Repetundensachen die Rechtsprechung Rittern zu überantworten.[88]

Brachte Gaius Gracchus mit seiner *lex iudiciaria* ein Rahmengesetz durch, das die Senatoren von jeglicher Geschworenentätigkeit ausschloss, oder entzog er ihnen lediglich das Recht, an Repetundenprozessen mitzuwirken? Beide Ansichten werden noch heute vertreten.[89] Doch können sich weder die Verfechter der einen noch die der anderen Auffassung auf eindeutige Aussagen einer einhelligen Überlieferung berufen. Dass Gaius Gracchus die Senatoren lediglich in Repetundensachen von den Geschworenenbänken verbannt habe, besagt kein einziger Beleg, und der Gegenmeinung geben die Zeugnisse, die dafür angeführt werden können, vielleicht nur einen trügerischen Rückhalt. Bei der Frage, wie er die ständische Zusammensetzung des Richterverzeichnisses veränderte, widersprechen sich die Quellenangaben über den Inhalt seines Volksbeschlusses jedenfalls durchaus. Doch braucht man es nicht bei dieser

---

88 CIL ²I 583, Z. 12–19 = *K. G. Bruns / O. Gradenwitz*, Fontes iuris Romani antiqui, Tübingen ⁷1909, Pars prima, III.10, Z. 12–19 = *S. Riccobono*, Fontes iuris Romani antejustiniani, Pars prima, Florenz ²1941, III.7, Z. 12–19 = (*A. W. Lintott*), (*H. B. Mattingly*), *M. H. Crawford*, in: *M. H. Crawford* [Hrsg.], Roman Statutes, Band 1, London 1996, Nr. 1, Z. 12–19.

89 Zur Forschungslage s. *Kaser / Hackl*, Römisches Zivilprozeßrecht, 50.

Feststellung bewenden zu lassen. Könnte der unklare Befund nicht damit zu erklären sein, dass die Mehrheit der Gewährsleute ein leicht vergröbertes Bild der Wirklichkeit zeichnete? Auch wenn die Senatoren nicht aus der Liste der *iudices* gestrichen worden sein sollten,[90] wird ihr Stimmengewicht immerhin so stark gesunken sein, dass Varro, Diodor, Velleius Paterculus, Tacitus und Appian der Wahrheit nahe kommen, wenn sie sagen, seitdem dieser Volksbeschluss in Kraft getreten sei, hätten die Ritter die Senatoren auf den Geschworenenbänken abgelöst.[91] Der Gerichtshof, der die sich häufenden Fälle ausbeuterischer Erpressung im Amt zu untersuchen hatte, die *quaestio de repetundis*, war seit 122 v. Chr., als die Plebs die Beschlussvorlage des Volkstribunen Manlius Acilius Glabrio verabschiedet hatte, ohnehin nur noch mit *iudices* aus dem Ritterstand besetzt. Die übrigen Felder der Rechtsprechung mögen viele Senatoren von sich aus geräumt haben, weil sie andere Aufgaben reizvoller und wichtiger fanden oder von den Rittern überstimmt zu werden fürchteten. Sollten sie sich aus diesen Gründen fast ganz daraus zurückgezogen haben, dann hätten die Geschichtsschreiber, die die gesamte Senatorenschaft von Rittern aus dem Richterdienst verdrängt sahen, zwar verallgemeinert, die Sachlage aber nicht grob verzeichnet.

Es mag sein, dass Gaius Gracchus die Richterliste nicht zuletzt deshalb mit Rittern auffüllte, weil er die Personaldecke des Senats für zu dünn und die Mehrheit seiner Mitglieder für überlastet hielt.[92] Aber selbst wenn er sich aus diesem überparteilichen Beweggrund zu seinem folgenreichen Schritt entschlossen haben sollte, warfen ihm seine Gegner doch nicht grundlos vor, mit seinem Vorstoß einen Keil zwischen Senatoren- und Ritterstand getrieben zu haben.[93] An der Zusammensetzung des Richterverzeichnisses schieden sich von nun an die Geister. Daran entzündete sich ein erbitterter Streit, der immer

---

[90] So Plut. C. Gracch. 5,2–3 und – mit abweichenden Angaben über den senatorischen Anteil – Liv. perioch. 60.

[91] Diod. 34/35,25,1, Varro bei Nonius, s. v. *bicipitem*, p. 728 *Lindsay*, Vell. 2,6,3. 13,2. 32.3, Tac. ann. 12,60,3 und App. bell. civ. 1,92.

[92] *Kunkel*, Römisches Kriminalverfahren, 96.

[93] Cic. leg. 3,20; Sall. Iug. 42,1; Varro bei Nonius, s. v. *bicipitem*, p. 728 *Lindsay*; Diod. 37,9. 34/35,27; Plin. hist. nat. 33,34; App. bell. civ. 1,92; Flor. 2,5 (3,17),3.

wieder aufflammte und bis zum Ende der Republik schwelte. Wie leicht die Rechtsprechung in den Strudel politischer Auseinandersetzungen geraten konnte, verriet das durchsichtige Zusammenspiel zwischen den Steuerpächtern der Provinz Asia und ihren Standesgenossen auf den Geschworenenbänken der *quaestio de repetundis*, dem im Jahr 92 Publius Rutilius Rufus[94] zum Opfer fiel.[95] Obwohl ihn die Publikanen nur deshalb der Ausbeutung kleinasiatischer Steuerzahler beschuldigt hatten, weil sie sich dafür rächen wollten, dass er ihnen als unbestechlicher, nach stoischen Lebensgrundsätzen handelnder Legat des Prokonsuls Quintus Mucius Scaevola das Handwerk gelegt hatte,[96] verurteilte ihn der ausschließlich mit Rittern besetzte Gerichtshof für Repetundensachen wegen des ihm zur Last gelegten Vergehens zu einer hohen Geldbuße, die er gar nicht hätte bezahlen können.[97]

Dieser Justizskandal,[98] den ein anderer Verteidiger als Scaevola vielleicht hätte abwenden können,[99] gegen den Rutilius Rufus aber nicht ankämpfte, weil

---

[94] Zu seiner Person, seinem Werdegang und seinem Standort eingehender *G. Süle*, Verurteilung eines Ehrenmannes (Der Fall des Rutilius Rufus), Seminararbeit, Freiburg 1997, 2–8.

[95] Cic. Brut. 115; Cic. Font. 38; Cic. Pis. 95; Liv. perioch. 70; Vell. 2,13,2; Quint. inst. 11,1,12; Dio 28, frg. 97,1–2 *Boissevain*; Oros. hist. 5,17,12–13; Val. Max. 2,10,5. Weitere Belege in: *A. H. J. Greenidge / A. M. Clay / E. M. Gray*, Sources for Roman History (133–70 B. C.), Oxford [2]1960, 126–127, *C. M. Alexander*, Trials in the Late Roman Republic, Toronto – Buffalo – London 1990, 49–50, und *Süle*, Verurteilung eines Ehrenmannes, 37–45.

[96] Zur Amtsführung des Prokonsuls Quintus Mucius Scaevola und seines Legaten Rutilius Rufus s. Diod. 37,5,1–4 und Val. Max. 8,15,6. Welche Missstände Rutilius Rufus in der Provinz Asia vorfand und mit welchen Maßnahmen er sie bekämpfte, haben *E. Badian*, Q. Mucius Scaevola and the Province of Asia, Athenaeum, N. S. 34 (1956), 112–117, und *Süle*, Verurteilung eines Ehrenmannes, 12–18. 52–54, näher ausgeführt.

[97] Dio frg. 97,2 *Boissevain.*

[98] Darüber im Einzelnen *E. S. Gruen*, Roman Politics and the Criminal Courts, 149–78 B.C., Cambridge (Massachusetts) 1968, 204–205, *E. Badian*, Zöllner und Sünder. Unternehmer im Dienst der römischen Republik, Darmstadt 1997, 119–123, und *Süle*, Verurteilung eines Ehrenmannes, 59–68.

[99] *U. Manthe*, Ein Sieg der Rhetorik über die Jurisprudenz. Der Erbschaftsstreit des Manius Curius – eine vertane Chance der Rechtspolitik, in: *U. Manthe / J. von Ungern-Sternberg* [Hrsg], Große Prozesse der römischen Antike, München 1997, 83–84.

er es verschmähte, sich vor parteiischen Richtern zu erniedrigen,[100] löste einen Stimmungsumschwung aus, der den Kräften Auftrieb gab, die darauf hinarbeiteten, dass die Senatoren auf die Geschworenenbänke des in Verruf geratenen Gerichtshofes zurückkehrten. Die Ritter aus dem Verzeichnis der *iudices* zu streichen, die den sich häufenden Bereicherungsklagen nachzugehen hatten, hätte freilich größere Nachteile als Fortschritte mit sich gebracht. Ihr Ausschluss hätte die Gerichtsverfassung auf einen Stand zurückgeworfen, auf dem sie an denselben Strukturmängeln gelitten hätte wie in der vorgracchischen Zeit. Nach wie vor zählte der Senat nur 300 Köpfe, obwohl der Umfang der Amtspflichten, denen seine Mitglieder in ihrer Laufbahn nachzukommen hatten, mit der Größe des Reiches stark gewachsen war. Wie sollten sie da noch die Zeit finden, die sie für die Geschworenentätigkeit benötigten, die nach dem Versagen der über Rutilius Rufus zu Gericht sitzenden Ritter an sie zurückfallen sollte? Dieses Problem wollte Marcus Livius Drusus, dessen gleichnamiger Vater die Gracchen als Volkstribun überboten hatte, um ihre Bodenreform zu untergraben,[101] mit einem ausgewogenen Vermittlungsversuch lösen. 91 v. Chr. unternahm er einen Vorstoß, der darauf zielte, die Spannungen zwischen Senatoren- und Ritterschaft zu entschärfen. Nach der Beschlussvorlage, die er in diesem Jahr als Volkstribun durchbrachte, sollte die Untersuchung von Erpressungsklagen zwar an die Senatorenschaft zurückfallen, die Zahl der Senatsmitglieder aber aus den Reihen der vornehmsten Ritter auf 600 verdoppelt werden.[102] Sein Vorhaben stieß jedoch auf den Widerstand der Gruppe von Senatoren, die es ablehnte, die Vorrechte ihres Standes mit Rittern zu teilen.[103] Wie mit seinem Kolonien- und seinem Bürgerrechtsge-

[100] Oros. 5,17,12–13; Cic. Brut. 115. Dass er mit diesem Verhalten seine Verurteilung geradezu herausforderte, betont *W. Eder*, Strafsachen in Geschworenengerichten. Die Prozesse wegen Erpressung römischer Untertanen und Verbündeter (Repetundenprozesse), in: *Manthe / von Ungern-Sternberg*, Große Prozesse, 25.

[101] Cic. Brut. 109; Cic. fin. 4,66; Plut. C. Gracch. 9,3–4; App. bell. civ. 1,101; Suet. Tib. 3,2.

[102] Cic. Cluent. 153; Ascon. p. 21 *Clark*; Liv. perioch. 70–71; Vell. 2,13,2; App. bell. civ. 1,158; Vir. ill. 66,4; Ampel. 26,4.

[103] Vir. ill. 66,10.

setz,[104] so scheiterte er auch mit seinem Geschworenengesetz, weil die meisten nur nehmen wollten, ohne zu geben.[105]

Seinen Gegnern bot er offene Flanken, in die sie nur hineinzustoßen brauchten. Um seine Beschlussvorlagen durchzubringen, hatte er in mehrfacher Hinsicht gegen geltendes Verfahrensrecht verstoßen: Er versäumte es, die Dreiwochenfrist bis zur Beschlussfassung einzuhalten, missachtete die Auspizien und setzte sich über das Verbot hinweg, Gesetzentwürfe zu einem Bündel, einer *satura lex*, zu verschnüren.[106] Diese Formfehler nahmen seine Gegner zum Vorwand, um sein Vorhaben zu vereiteln.

Sein von staatsmännischem Verantwortungsbewusstsein zeugender Gesamtplan wurde im Verlauf des nächsten Jahrzehnts nur halbherzig und bruchstückhaft umgesetzt. Sulla verwertete davon bloß so viel, wie er mit seinen restaurativen Zielen vereinbaren konnte. 81 v. Chr. stockte er den Senat von 300 auf 600 Mitglieder auf und verlieh ihm in seiner neuen Zusammensetzung das ständische Recht, die Geschworenen zu stellen.[107] Von seinem Vorläufer wich er indessen darin ab, dass er in den Senat nicht nur gebürtige Ritter, sondern auch niedere Dienstgrade bis zum Zenturionenrang hinunter aufnahm.[108]

Wenn er die Geschworenenbänke ausschließlich mit Senatoren besetzen wollte, musste er den Senat auch deshalb vergrößern, weil er weitere Ständige Gerichtshöfe einrichtete, die sich mit den Straftatbeständen Mord und Giftmischerei, Fälschung, unlauterer Wahlkampf, Unterschlagung öffentlicher Gelder

---

[104] Zu Inhalt und Zielrichtung dieser beiden Gesetze s. die Quellenzeugnisse in *Greenidge / Clay / Gray*, Sources for Roman History, 131–133.

[105] App. bell. civ. 1,162–163; Vir. ill. 66,10.

[106] Cic. dom. 41. 50; Cic. leg. 2,14. 31; Ascon. p. 68–69 *Clark*; Diod. 37,10; Flor. 2,5 (3,17),7–8.

[107] Cic. Verr. 1,30. 1,37; Liv. perioch. 89; Vell. 2,32,3; Tac. ann. 11,22,6; App. bell. civ. 1,468.

[108] Cic. Phil. 1,20; Sall. Catil. 37,6. Dazu *E. Gabba*, Ricerche sull'esercito professionale romano da Mario ad Augusto, Athenaeum, N. S. 29 (1951), 262–267, und: Il ceto equestre et il senato di Silla, Athenaeum, N. S. 34 (1956), 124–138.

und Hochverrat, *laesa maiestas*,[109] befassen sollten. Daran rüttelte die Gegenpartei nicht, als sie das politische Gewicht zurückgewann, das sie brauchte, um die Sullanische Staatsordnung aushebeln zu können. Wohl aber veränderte sie die ständische Zusammensetzung des Geschworenenverzeichnisses. 70 v. Chr. brachte Lucius Aurelius Cotta als Prätor den Gesetzesantrag durch, die Richterliste von nun an zu je einem Drittel aus Senatoren, Rittern und Ärartribunen zu bilden. Sein Gesetz, die *lex Aurelia iudiciaria*,[110] blieb in Kraft, bis Caesar es 46 v. Chr. dahin abänderte, dass er die jüngste Dekurie, deren Mitglieder den Rittern und vollends den Senatoren im Rang weit nachstanden, wieder abschaffte.[111] Bereits zwei Jahre später wurde indessen auch Caesars Geschworenengesetz, die *lex Iulia iudiciaria*, aufgehoben. Wahrscheinlich hatte sich bald herausgestellt, dass die Senatoren und Ritter darauf angewiesen waren, in ihrer Geschworenentätigkeit von einer dritten Dekurie entlastet zu werden. Jedenfalls führte Antonius wieder eine dritte ein.[112] Vielleicht wurde sie nach dem Muster der *lex Aurelia iudiciaria* aus Ärartribunen gebildet, gewiss aber aus römischen Bürgern, die sich wie sie im Heer hochgedient hatten, ohne bis zum Rang von Rittern aufgestiegen zu sein.

Mit diesen Änderungen bestand die Sullanische Geschworenenordnung fort, bis Augustus sich 27 v. Chr. entschloss, das Gerichtswesen den Erfordernissen seiner neuen Staatsordnung anzupassen. Die Losung von der *res publica restituta* wies ihm die Richtung, in der er es umgestaltete. Seine wohldurchdachte Reform veränderte das Gerichtswesen kurz zusammengefasst wie folgt[113]:

---

[109] Belege für diesen Sprachgebrauch gesammelt in: *M. Fuhrmann / D. Liebs*, Exempla Iuris Romani. Römische Rechtstexte lateinisch – deutsch, München 1988, 160–165.

[110] Cic. Verr. 2,174. 3,223; Cic. Cluent. 130; Cic. Att. 1,16,3; Cic. Phil. 1,20; Ascon. p. 17 *Clark*, Liv. perioch. 97; Vell. 2,32,3; Plut. Pomp. 22,4; weitere Belege in *Greenidge / Clay / Gray*, Sources for Roman History, 272–273.

[111] Cic. Phil. 1,19; Suet. Iul. 41,2; Dio 43,25,1–2.

[112] Cic. Phil. 1,19–20; 5,15; 13,3.

[113] *K. Bringmann*, Zur Gerichtsreform des Kaisers Augustus, Chiron 3 (1973), 237–244.

Drei Dekurien zu je 1.000 Köpfen wurden aus Senatoren und Rittern gebildet, eine vierte, die über Rechtsfälle von geringerem Streitwert zu entscheiden hatte, aus den sogenannten *ducenarii*, das heißt, Bürgern, deren Mindestvermögen sich auf 200.000 Sesterzen belief, die Untergrenze für die Zugehörigkeit zum Ritterstand somit um die Hälfte unterschritt.[114] Die Mitglieder der ersten drei Dekurien wurden nicht nur als „Auserlesene", *selecti*, vor denen der vierten ausgezeichnet, sondern 32 Jahre später noch dadurch herausgehoben, dass ihnen mit der sogenannten Destination die Vorentscheidung über die Wahl der Konsuln und Prätoren übertragen wurde.[115] Im gleichen Geist wurden Vorkehrungen getroffen, um sie zu entlasten. Zu diesem Zweck wurden die Sollstärke der ersten drei Dekurien auf je 1.000 Mitglieder erhöht, im jährlichen Wechsel je eine der drei vom Richterdienst befreit, die Bagatellfälle an eine vierte Dekurie überwiesen und Senatoren, die Staatsämter bekleideten oder hoheitliche Aufgaben wahrnahmen, von allen richterlichen Verpflichtungen entbunden. An Sitzungstagen des Senats Gericht zu halten, wurde 9 v. Chr. verboten, weil verhindert werden sollte, dass Senatoren ihr Fernbleiben mit Terminüberschneidungen entschuldigten.[116] Auf ihr Standesbewusstsein nahm Augustus ebenso Rücksicht wie auf die Vielzahl ihrer Verpflichtungen. Auf der einen Seite schloss er sie nicht von der Rechtsprechung aus, auf der anderen kam er ihnen mit Zugeständnissen entgegen: Selbst der Sollstärke nach hatten sie nur ein Fünftel der hochrangigen Geschworenen zu stellen, die in der amtlichen Richterliste als Mitglieder der ersten drei Dekurien verzeichnet waren; und in den zehn Monaten des Jahres, in denen Gericht gehalten wurde, konnten sie sich auf amtsbedingte Verhinderungen oder die durch die *lex Poppaea* vom Jahr 9 n. Chr. verbrieften Vergünstigungen des Dreikinderrechts[117] berufen, wenn sie sich dem Richterdienst entziehen wollten. Die tiefen Gräben, die der Streit um die Besetzung der Ständigen Gerichtshöfe

---

[114] Suet. Aug. 32,3.

[115] *J. H. Oliver / R. E. A. Palmer*, Text of the Tabula Hebana, American Journal of Philology 75 (1954), 228; *V. Ehrenberg / A. H. M. Jones*, Documents Illustrating the Reigns of Augustus & Tiberius, Oxford $^{2}$1955, Nr. 94a, Z. 11/12.

[116] Dio 55,3,2.

[117] Suet. Claud. 15,1; Ulp. Vat. frg. 197–198.

gerissen hatte, schüttete er ein für allemal zu. Mit Erfolg band er die Neuordnung des Gerichtswesens dadurch in den frühkaiserzeitlichen Befriedungsprozess ein, dass er sich das Recht vorbehielt, die Geschworenenliste aufzustellen und zu ergänzen.[118]

Seinem Anspruch, die *res publica* wiederhergestellt zu haben, blieb Augustus schon in der Grundsatzfrage treu, ob die Ständigen Gerichtshöfe, die Sulla geschaffen hatte, überhaupt beibehalten werden sollten. Die Haltung, die er dazu einnahm, verstand sich keineswegs von selbst. Nicht zuletzt wegen des umständlichen Verfahrens der Richterbestellung[119] arbeiteten sie schwerfällig; zudem durften sie keine gebündelten Klagen entgegennehmen, sondern nur den Straftatbestand untersuchen, dem der jeweilige Gerichtshof seinen Namen verdankte.[120] Dennoch schaffte Augustus sie nicht nur nicht ab, sondern fügte ihnen weitere hinzu. Mit der *lex Iulia de adulteriis coercendis* führte er eine Quaestio für Ehebruch ein,[121] mit der *lex Iulia de annona* eine Quaestio für Gefährdung von Roms Getreideversorgung,[122] mit der *lex Iulia de vi publica et privata* eine Strafgerichtsbarkeit, die Amtsträger, die das Provokationsrecht missachtet, und Privatleute, die Gewaltverbrechen verübt hatten, zur Rechenschaft zog.[123] Dem Senats- und dem Kaisergericht bereitete er nur in zaghaften

---

[118] Suet. Aug. 32,3.

[119] Darüber im Lichte der *lex Irnitana R. Cardilli*, Designazione e scelta del *iudex unus* alla luce della *lex Irnitana*, Atti della Accademia Nazionale dei Lincei, Classe di scienze morali, storiche e filologiche 389, 1992, Rendiconti, Serie 9, Volume 3, 43–73.

[120] *Th. Mommsen*, Römisches Strafrecht, Leipzig 1899, 254; *J. Bleicken*, Senatsgericht und Kaisergericht. Eine Studie zur Entwicklung des Prozeßrechtes im frühen Prinzipat, Göttingen 1962, 44–45; *W. Kunkel*, Besprechung zu: *J. Bleicken*, Senatsgericht und Kaisergericht (Göttingen 1962), Zeitschrift der Savigny-Stiftung für Rechtsgeschichte, Rom. Abt. 81 (1964), 365 = Kleine Schriften, Weimar 1974, 330.

[121] *W. Kunkel*, Über die Entstehung des Senatsgerichts, Sitzungsberichte der Bayerischen Akademie der Wissenschaften, Phil.-hist. Klasse 1969, Heft 2, 34. 64 = Kleine Schriften, 296. 322–323; *A. Mette-Dittmann*, Die Ehegesetze des Augustus. Eine Untersuchung im Rahmen der Gesellschaftspolitik des Princeps, Historia Einzelschriften, Heft 67, Stuttgart 1991, 76–90.

[122] *W. Kunkel*, Quaestio, Paulys Realencyclopädie der classischen Altertumswissenschaft, Band 24, Stuttgart 1963, 771.

[123] *Kunkel*, RE 24, 771–772.

Ansätzen den Boden. Die kaiserliche Strafgerichtsbarkeit bahnte er dadurch an, dass er sich 30 v. Chr. zusätzlich zum *ius auxilii* des Volkstribunen das Recht verleihen ließ, „angerufen ein Urteil zu sprechen";[124] die senatorische dadurch, dass er den Senat zur Klärung des Straftatbestands einschaltete, wenn peinliche Enthüllungen den Ruf seines Hauses oder das Ansehen von Mitgliedern des Senates zu schädigen drohten.[125] Aus diesen Anfängen entwickelten Tiberius das Senats- und Claudius das Kaisergericht, während die ordentliche Rechtsprechung der Ständigen Gerichtshöfe im gleichen Maße an Boden verlor.[126] Seit Beginn des Prinzipats ohnehin entpolitisiert, wurde die Frage, wieweit Senatoren auf den Geschworenenbänken der *quaestiones perpetuae* Platz nehmen sollten, nun vollends bedeutungslos.

## III. Das *sacramentum* im Spruchformelverfahren

Götterglaube und Götterfurcht haben das römische Recht noch durchdrungen, als nicht mehr Priester es aus dem Gedächtnis überlieferten, nach Gutdünken auslegten und nach Bedarf fortbildeten, sondern die Dezemvirn es schon aufgezeichnet hatten, um es als Gemeingut einer ständisch gegliederten Gesellschaft zu bewahren und als Fundament einer sich über Standesschranken hinwegsetzenden Rechtsgleichheit bekanntzumachen. Darin wurzelte die *legis actio sacramento in rem*, deren Hergang und Hintergrund *Joseph Georg Wolf* und *Max Kaser* mit folgenden Sprachbeobachtungen und Sacherklärungen erhellten[127]:

---

[124] Dio 51,19,6–7.

[125] *Kunkel*, SBAW 1969,2, 33–37.

[126] Darüber zuletzt *Verf.*, Das iudicium quinquevirale im Werdegang senatorischer Strafgerichtsbarkeit, Zeitschrift der Savigny-Stiftung für Rechtsgeschichte, Rom. Abt. 113 (1996), 359–363.

[127] *J. G. Wolf*, Zur legis actio sacramento in rem, in: Römisches Recht in der europäischen Tradition. Symposion aus Anlaß des 75. Geburtstages von Franz Wieacker, hrsg. von *O. Behrends*, *M. Dießelhorst* und *W. E. Voß*, Ebelsbach 1985, 1–39; *M. Kaser*, Zur ‚legis

Wenn jemand die Herausgabe eines Sklaven forderte, bediente er sich der Spruchformel: HUNC EGO HOMINEM EX IURE QUIRITIUM MEUM ESSE AIO. SECUNDUM SUAM CAUSAM, SICUT DIXI, ECCE TIBI VINDICTAM INPOSUI.[128] Nach der Zeichensetzung, die der Sinn ebenso nahelegt wie das Notenwerk des Valerius Probus mit der Sigle S(ECUNDUM) S(UAM) C(AUSAM) S(ICUT) D(IXI) E(CCE) T(IBI) V(INDICAVI), endete ihr erster Satz mit AIO und lautet sie verdeutscht: „Dass dieser Sklave nach dem Recht der Quiriten mir gehört, behaupte ich. Gemäß seinem Rechtsverhältnis zu mir, wie gesagt, habe ich – schau her! – ihm den Vindizierstab aufgelegt." Mit der *vindicta* oder *festuca* berührte er den Sklaven, um damit zu versinnbildlichen, dass er ihn als sein Eigentum in Anspruch nahm.[129] Als die *causa*, von der er seinen Eigentumsanspruch ableitete, betrachtete er das Rechtsverhältnis, in dem nach seiner Aussage – *uti dixi* – der Sklave zu ihm als seinem Herrn stand. *Ecce tibi*, „Schau her!", forderte er seinen Prozessgegner auf, um dessen Aufmerksamkeit auf den symbolischen Rechtsakt der Stabauflegung zu lenken.

Daraufhin stellte sein Prozessgegner die gleichlautende Gegenbehauptung auf, der Sklave gehöre ihm, und versinnbildlichte seinen Eigentumsanspruch gleichfalls mit der rituellen Handlung, dass er ihm die Vindicta auflegte: *adversarius eadem similiter dicebat et faciebat.*[130] Nun, da beide ihren Eigentumsanspruch mit derselben Aussage erhoben und derselben Handbewegung bekräftigt hatten, forderte der Gerichtsherr mit den Worten *mittite ambo hominem!* beide auf, den Sklaven loszulassen, auf dem beider Hand ruhte. Damit schloss er das gerichtliche Vorspiel der sogenannten *manus consertio*[131]

---

actio sacramento in rem', Zeitschrift der Savigny-Stiftung für Rechtsgeschichte, Rom. Abt. 104 (1987), 53–84.

[128] Gaius inst. 4,16.

[129] Darüber eingehender *J. G. Wolf*, Die *manumissio vindicta* und der Freiheitsprozeß. Ein Rekonstruktionsversuch, in: Libertas. Grundrechtliche und rechtsstaatliche Gewährungen in Antike und Gegenwart, Symposion aus Anlaß des 80. Geburtstages von Franz Wieacker, hrsg. von *O. Behrends*, Ebelsbach 1991, 65–67. 75–79.

[130] Gaius inst. 4,16.

[131] Darüber am aufschlussreichsten Cic. Mur. 26: *cum hoc fieri bellissime posset: ,fundus Sabinus meus est' – ,immo meus', deinde iudicium noluerunt. ,fundus', inquit, ,qui est in agro qui Sabinus vocatur'. satis verbose; cedo, quid postea? ,eum ego ex iure*

ab, das nicht etwa ein Handgemenge, sondern einen beidseitigen Zugriffsakt szenisch nachstellte. Zu einem Zweikampf wurde es nur deshalb umgedeutet,[132] weil *manum conserere* dazu verleitete, mit *manus conserere* im Sinne von „handgemein werden“ verwechselt zu werden.

Nach diesem Vorgefecht führten die beiden Prozessgegner die Rechtsauseinandersetzung mit einer formelhaften Wechselrede fort, die darin einmündete, dass der eine den anderen zu einer Eideshaftung in Höhe von 500 oder (wenn der Streitwert unter 1.000 As lag) von 50 Pfund Kupfererzbrockengeld herausforderte, weil er auf den Sklaven einen unberechtigten Eigentumsanspruch erhoben habe: QUANDO TU INIURIA VINDICAVISTI, D AERIS SACRAMENTO TE PROVOCO.[133] Beide mussten ihre Aussage beschwören. Nur einer von beiden konnte die Wahrheit gesagt haben, da die eine Behauptung die andere ausschloss. Wer von beiden die Unwahrheit gesagt hatte, hatte einen Meineid geleistet. Den Betrag, mit dem sie für diesen Fall hafteten, mussten sie am *pons sublicius*, der über den Tiber führenden Pfahlbrücke, hinterlegen,[134] die der „Knüppeldammbauer“, wie der *pontifex* nicht erst nach ihr hieß,[135] zu überwachen hatte. Zurück erhielt den Betrag von 500 bzw. 50 Pfund nur die Partei, die bewies, keinen Meineid geleistet, sondern die Wahrheit gesagt zu haben. Die andere, die der eidlichen Falschaussage überführt wurde, hatte den Anspruch auf Rückgabe des Geldes, mit dem sie haftete, um ihren Frevel zu sühnen, verwirkt. Nach dem Ergebnis der Beweisaufnahme hatte sie mit ihrem Schwur Unheil auf sich heraufbeschworen. Leichtfertig hatte sie die Götter gebeten, sie zu strafen, wenn sie die Unwahrheit gesagt hatte. Zum Ausgleich dafür verfiel

---

*Qu{e}<iritium> meum esse aio'. quid tum? ,inde ibi ego te ex iure manu<m> consertum voco'* und Gell. 20,10,7: *nam de qua –* sc. *actione civili – disceptatur in iure <in re> praesenti, sive ager sive quid aliud est, cum adversario simul manu prendere et in ea re <s>o<lle>mnibus verbis vindicare, id est ,vindicia'.*

[132] So zuletzt wieder *Bürge*, Römisches Privatrecht, 66.

[133] Gaius inst. 4,16.

[134] Varro ling. 5,180.

[135] *D. Liebs*, Römisches Recht, Göttingen $^{5}$1999, 27–28.

ihnen das *sacramentum*, die zu einer Meineidsbuße verdinglichte Eideshaftung.[136]

Dieser sakrale Hintergrund wäre verblasst, wenn die Nachwelt das *sacramentum*, das davon abschrecken sollte, den Eid zu entweihen,[137] zu einer Art Wetteinsatz umgedeutet hätte.[138] Wenn sie es so aufgefasst hätte, müsste ihr das Bewusstsein dafür verlorengegangen sein, dass es einen religiösen Kern barg. Zu wetten, dass der Prozessgegner mit einem Meineid Unheil auf sich heraufbeschworen habe, würde ein neues Rechtsdenken bekunden, das von dem Ursprung des Begriffes *sacramentum* abführte. Diese Sicht hätte sich nur durchsetzen können, wenn die Nachfahren vergessen hätten, dass ein „Sühnemittel", das gegebenenfalls den Göttern verfiel,[139] sich nicht dazu eignete, als Wetteinsatz zu dienen. Sollte sich der Sinn, den ihm die Römer gaben, im Laufe der Zeit so stark gewandelt haben? Näher liegt, dass erst die rechtsgeschichtliche Forschung das *sacramentum* zu einer Art Wetteinsatz umdeutete.[140]

Der Quellenbefund spricht jedenfalls kaum dafür, eine Verweltlichung dieses Begriffes anzunehmen. Weder Varro noch Gaius äußerten sich in dem Sinne, dass die Prozessgegner um den Betrag, mit dem sie hafteten, gewettet hätten. Die religiöse Wurzel des *sacramentum* kannte Varro als Altertumsforscher gut genug, um wahrzunehmen, weshalb sie diesen Betrag an der holzgezimmerten Tiberbrücke hinterlegen mussten, die der Aufsicht des *pontifex*

---

[136] Festus, s. v. *sacramentum*, p. 468 *Lindsay*: *sacramentum aes significat, quod poenae nomine penditur, sive eo quis interrogatur, sive contendit{ur}. id in aliis rebus quinquaginta assium est, in alis rebus quingentorum inter eos, qui iudic(ium) inter se contenderent ... sacramenti autem nomine id aes dici coeptum est, quod et propter aerari inopiam et sacrorum publicorum multitudinem consumebatur id in rebus divinis.*

[137] Festus, Pauli exc., s. v. *sacramentum*, p. 467 *Lindsay*: *sacramentum dicitur quod iurisiurandi sacratione interposita geritur.*

[138] Dies zu *Kaser / Hackl*, Römisches Zivilprozeßrecht, 85.

[139] Festus, Pauli exc., s. v. *sacramentum*, p. 467 *Lindsay*: *sacramentum dicitur quod iurisiurandi sacratione interposita geritur.*

[140] So zuletzt wieder *Kaser / Knütel*, Römisches Privatrecht, 465; zum Stand des Meinungsstreits s. etwa *Kaser / Hackl*, Römisches Zivilprozeßrecht, 85.

unterstand. Davon, dass sie um das Haftgeld stritten, nicht davon, dass sie um das Haftgeld wetteten, spricht er in seiner Schrift über die lateinische Sprache: *si is ea pecunia, quae in i{n}<u>dicium venit in litibus, sacramentum a sacro; qui{s} petebat et qui infi{c}<t>iabatur, de aliis rebus uterque quingenos aeris ad pontem deponebant, de aliis rebus item c e r t <a t> o alio legitimo numero assum.*[141] Der Texteingriff, *certo* zu *certato* zu verbessern, drängt sich auf, weil Varro sonst aus unerfindlichen Gründen mitten im Satz den Faden verloren hätte. Wenn er von einer „bestimmten anderen gesetzlich festgelegten Anzahl von Assen" gesprochen hätte, hätte er in der Bahn, die das vorausgehende *quingenos aeris ad pontem deponebant* vorzeichnet, mit *certum alium legitimum numerum assum* fortfahren müssen.

Gaius bestätigt, dass um das *sacramentum* nicht gewettet, sondern gestritten wurde: *poena autem sacramenti aut quingenaria erat aut quinquagenaria. nam de rebus mille aeris plurisve quingentis assibus, de minoris vero quinquaginta assibus sacramento contendebatur; nam ita lege XII tabularum cautum erat.*[142] Das Wort *contendere* gebraucht er hier im gleichen Sinne, wie Varro *certare* verwandte.

Der Wandel des Rechtslebens berührte das *sacramentum* allerdings. Die Geldbuße, die für die Eideshaftung bereitgestellt werden musste, fiel später nicht mehr an die *pontifices*, sondern an die Staatskasse, das Aerarium: *qui iudicio vicerat, suum sacramentum e sacro auferebat, victi ad aerarium redibat.*[143] Dabei blieb es, bis nach dem Ende der Republik, aber vor der Zeit des Gaius das *sacramentum* einer Vertragsstrafe, der *sponsionis et restipulationis poena*, wich, die nicht an die Staatskasse abzuführen war. Der Zusicherungs- und Gegenverpflichtungsbetrag war vielmehr der Partei zu entrichten, die vor Gericht obsiegte.[144]

---

141 Varro ling. 5,180.

142 Gaius inst. 4,14.

143 Varro ling. 5,180; vgl. Gaius inst. 4,13.

144 Gaius inst. 4,13: *nam qui victus erat, summam sacramenti praestabat poenae nomine, eaque in publicum cedebat praedesque eo nomine praetor<i> daba<n>tur, non ut nunc sponsionis et restipulationis poena lucro cedit adve{te}<rs>ari<i>, qui vicerit {ut}.*

Die *legis actio sacramento in rem* galt fort, bis Augustus 17 v. Chr. im Zuge seiner Gesetzgebung über die *iudicia privata* die Legisaktionen abschaffte;[145] bevor sie endgültig aus dem Rechtsleben verschwand, waren ihr die Verfahren *per sponsionem* und *per formulam petitoriam* an die Seite getreten.[146] Wie sie ablief, wirkte schon auf Cicero befremdlich; spottete er doch über ihre umständliche Formelsprache und starre Abfolge.[147] Seitdem es genügte, eine Scholle Erde zur Gerichtsstätte zu bringen, ersparte der Prätor den Parteien lediglich, den Weg zum Grundstück und zurück zu gehen. Auf sein *ite* und *redite* hin brauchten sie das Forum nur mehr für einen Augenblick zu verlassen.

## IV. Die *provocatio*

Die Vorgeschichte der *provocatio* zum Schutz vor magistratischer Willkür wurde durch den Umstand verdunkelt, dass die Nachwelt dazu neigte, den Ursprung dieses Grundrechts in die Anfänge der römischen Republik vorzuverlegen. Nach spätrepublikanischer Lesart, der Cicero, Dionysios von Halikarnass, Livius, Valerius Maximus, Plutarch und Pomponius mittelbar oder unmittelbar verpflichtet waren,[148] verabschiedeten die Zenturiatkomitien bereits im Jahr 509 ein Gesetz, wonach ein Hoheitsträger nur im Felde, nicht in der Bannmeile von Rom, einen römischen Bürger töten oder auspeitschen lassen durfte, ohne von dem Gesamtvolk, dem *populus*, dazu ermächtigt worden zu sein.

Diese Darstellung verdient kein Vertrauen, weil sie voraussetzt, dass Konsuln die Rechtsnachfolge des Königs angetreten hätten und ihre Macht beschnitten werden sollte. Wenn in so früher Zeit bereits ein Provokationsgesetz

---

[145] Gaius inst. 4,30; dazu *Kaser / Hackl*, Römisches Zivilprozeßrecht, 161–162.

[146] *Kaser*, SZ 104 (1987), 66.

[147] Cic. Mur. 26.

[148] Cic. rep. 2,53; Dion. Hal. ant. 5,19,4–5 und 5,70,2; Liv. 2,8,2 und 3,20,7; Val. Max. 4,1,1; Plut. Popl. 11,3; Pompon. dig. 1,2,2,16 und 1,2,2,23.

ergangen wäre, das in die gleiche Richtung wie die späteren gezielt hätte, hätte es nur bestimmen können, dass gegen Strafurteile des *praetor maximus* das Volk angerufen werden konnte.

Die Rückspiegelung neuerer Rechtsentwicklungen war in der jüngeren Annalistik verbreitet, und die Anachronismen wucherten fort. Livius, der sich zumeist auf diese Schicht der römischen Geschichtsschreibung stützte, setzte ihre Geschichtsklitterung fort und verbreitete sie weiter. Nach seiner Aussage brachte ein Volkstribun namens Marcus Duillius 60 Jahre später, 449 v. Chr, in der Versammlung der Plebs den Beschlussantrag durch, römischen Bürgern das Grundrecht zu gewähren, gegen Entscheidungen der Konsuln Berufung einzulegen.[149] Obwohl nur Livius von einem solchen Vorstoß berichtet, fand er doch zumindest den Nährboden, auf dem seine Darstellung gedieh, in dem Werk eines seiner Vorläufer vor. Zweifel an ihrer Glaubwürdigkeit weckt einmal, dass die Konsulatsverfassung, die er wieder in Kraft gesetzt glaubte, erst 367 v. Chr. in Kraft trat und Beschlüsse der Plebs das gesamte Staatsvolk erst banden, seitdem die *lex Hortensia* vom Jahr 287 *plebiscita* in den Rang von Gesetzen erhoben hatte.[150] Zudem ist das Provokationsgesetz von 449, das wie das von 509, dem sagenumwobenen Gründungsjahr der römischen Republik, die *lex Valeria de provocatione* von 300 v. Chr. vorweggenommen haben soll, von zwei spätrepublikanischen Fabeln umrankt: dem Sturz selbstherrlich schaltender Dezemvirn und der Wahl eines Valeriers mit einem Horatier zu Konsuln. Die Nachwelt sah schlechte Nachfolger, die gute Vorgänger in der Arbeit am Zwölftafelgesetz ablösten, am Werk, weil sie in der elften und zwölften Tafel Verstöße gegen den Grundsatz der Rechtsgleichheit ausmachte. Zugleich muss sich ihr Blickfeld auf das Ziel verengt haben, das Ende des Dezemvirats so dicht wie möglich an das des Königtums anzunähern, wenn sie einen Horatier mit einem Valerier zum ersten Konsulpaar nach dem Sturz der Dezemvirn zusammenstellte. Wie im Jahr 509 nach der Vertreibung des „überheblichen“ Königs Tarquinius, so sollen diese beiden hochangesehenen Adelsgeschlechter im Jahr 449 nach der Entmachtung selbstherrlicher Dezem-

[149] Liv. 3,54,15.

[150] Darüber zuletzt *M. Elster*, Die Gesetze der mittleren römischen Republik, Darmstadt 2003, 121–124.

virn das Konsulpaar gestellt haben, das den Staat in eine bessere Zukunft führte.[151]

Die Geschichtsschreiber, die die frühesten Provokationsgesetze zum Schutz vor magistratischer Willkür in die Jahre 509 und 449 legten, griffen der Zeit weit vor. Das erste, welches das römische Volk sich gab, um der Gefahr des Amtsmissbrauchs seiner Hoheitsträger entgegenzuwirken, trat erst 300 v. Chr. in Kraft.[152] Die in diesem Jahr verabschiedete *lex Valeria de provocatione* eröffnete die Reihe von Gesetzen, die das Züchtigungsrecht von Amtsinhabern mit *imperium* einschränkten. Soweit hat sich die neuere Forschung auf eine herrschende Meinung geeinigt.[153]

Wie aber vereinbart sich mit diesem Ergebnis der Quellenkritik, dass Cicero im 2. Buch seiner Schrift über den Staat versichert: *provocationem autem etiam a regibus fuisse declarant pontificii libri, significant nostri etiam augurales, itemque ab omni iudicio poenaque provocari licere indicant XII tabulae*

---

[151] Liv. 2,2,11; 2,8,4–5; Dion. Hal. ant. 5,12,3; 5,19,2; Zon. 7,12,3; 7,13,1. – Liv. 3,55,1; Dion. Hal. ant. 11,45,1; Zon. 7,19,1.

[152] Liv. 10,9,3.

[153] Soweit einig etwa *J. Bleicken*, Ursprung und Bedeutung der Provocation, Zeitschrift der Savigny-Stiftung für Rechtsgeschichte, Rom. Abt. 76 (1959), 346–347. 357 mit Anm. 67 = Gesammelte Schriften 1, 367–368. 378 mit Anm. 67, *Kunkel*, Römisches Kriminalverfahren, 28, *J. Martin*, Die Provokation in der klassischen und späten Republik, Hermes 98 (1970), 74–75, *P. A. Brunt*, Social Conflicts in the Roman Republic, London 1971, 53, *M. Bianchini*, Sui rapporti fra ‚provocatio' ed ‚intercessio', in: Studi in onore di Gaetano Scherillo, Band 1, Mailand 1972, 108, *M. Elster*, Studien zur Gesetzgebung der frühen römischen Republik – Gesetzesanhäufungen und -wiederholungen, Frankfurt am Main – Bern 1976, 164–167, *L. Amirante*, Sulla *provocatio ad populum* fino al 300, Iura 34 (1983), 20–21, *K. A. Raaflaub*, From Protection and Defense to Offense and Participation: Stages in the Conflict of the Orders, in: *K. A. Raaflaub* [Hrsg.], Social Struggles in Archaic Rome, Berkeley – Los Angeles – London 1986, 201–202, und *A. Magdelain*, De la coercition capitale du magistrat supérieur au tribunal du peuple, Labeo 33 (1987), 146–147, während *R. Develin*, *Provocatio* and Plebiscites. Early Roman Legislation and the Historical Tradition, Mnemosyne, 4. Ser. 31 (1978), 45–60, *F. Serrao*, Lotte per la terra e per la casa a Roma dal 485 al 441 a. C., in: Legge e società nella repubblica romana, Neapel 1981, 134–137, und *A. Pesch*, De perduellione, crimine maiestatis et memoria damnata, Diss. Trier 1993, 81–86, die Quellenaussagen über die *leges Valeriae de provocatione* von 509 und 449 zu verteidigen suchten.

*conpluribus legibus ...?*[154] Dass er behauptet, schon gegenüber den Königen habe ein römischer Bürger das Grundrecht der *provocatio* in Anspruch nehmen können, weckt von vornherein Misstrauen, weil er sich zum Beleg auf eine Quelle von zweifelhaftem Wert, die Bücher der *pontifices*, beruft. Auf geweißte Tafeln geschrieben, hat ihre Urfassung den Brand Roms vom Jahr 387 v. Chr. schwerlich überdauert; und sollten die Flammen sie verschont oder die Nachfahren sie aus dem Gedächtnis wiederhergestellt haben, wird Cicero gleichwohl nicht mehr sie, sondern nur noch die Ausgabe zu Gesicht bekommen haben, die der Pontifex maximus Publius Mucius Scaevola im letzten Drittel des zweiten Jahrhunderts v. Chr. in 80 Büchern herausgebracht hatte.[155] Der Wortlaut dieser Priesterbücher, der sogenannten *annales maximi*, braucht sich aber nicht mit dem der geweißten Tafeln gedeckt zu haben. Zumindest ist nicht auszuschließen, dass Publius Mucius Scaevola die Aufzeichnungen seiner Amtsvorgänger aus archivalischen Geschichtswerken der älteren Annalistik, die Dichtung und Wahrheit vermengt hatten, arglos oder vielleicht sogar gezielt ergänzte.[156]

Schwerer wiegt, dass Cicero behauptet, mehrere Bestimmungen des Zwölftafelgesetzes hätten den Rechtsschutz der *provocatio* verbrieft. Wenn er, wie er glaubhaft versichert, als Knabe den Wortlaut dieses grundlegenden Gesetzeswerkes auswendig lernen musste,[157] kann er sich darin kaum getäuscht haben. Doch fragt es sich, ob seine Verfasser unter *provocatio* dasselbe verstanden wie die Römer des zweiten und ersten Jahrhunderts. Solange der ranghöchste Amtsträger auf dem Komitium oder Forum Gericht hielt, hatten Prozessgegner nicht so sehr Rechtsbeugungen des Gerichtsherrn als Voreingenommenheit oder Bestechlichkeit des *iudex* bzw. *arbiter* zu fürchten, den er bestellte.

---

[154] Cic. rep. 2,54.

[155] Serv. auct. zu Verg. Aen. 1,373; *T. R. S. Broughton*, The Magistrates of the Roman Republic, Band 1, New York 1951 (ND Ann Arbor 1968), 532.

[156] Damit rechnen *J. Rüpke*, Livius, Priesternamen und die *annales maximi*, Klio 75 (1993), 176–178, und *A. Mehl*, Römische Geschichtsschreibung, Stuttgart 2001, 38–39, während *R. Drews*, The Disappearance of the *Annales maximi*, Classical Philology 83 (1988), 297, nur feststellt, dass schon Cicero die Annalen der Oberpontifices nicht mehr in ihrer Urfassung gelesen haben könne.

[157] Cic. leg. 2,59.

Verständigten sich beide Parteien in seinem Beisein, so hatte er lediglich das Ergebnis der gütlichen Einigung von Amts wegen zu verkünden. Musste er auf Verlangen des Klägers einen Richter oder Schiedsmann benennen, konnte er den Urteils- oder Schiedsspruch des Mannes, den er als *iudex* oder *arbiter* einsetzte, nicht umstoßen. Wenn der Kläger oder der Beklagte sich mit der Entscheidung des Schlichters, der ihren Rechtsstreit beilegen sollte, nicht abfinden mochte, eröffneten die Zwölf Tafeln dieser Partei nur den Rechtsweg, die Volksversammlung anzurufen. Ciceros nachdrückliche Aussage *ab o m n i iudicio poenaque provocari licere indicant XII tabulae conpluribus legibus* braucht weder angezweifelt noch abgeschwächt oder eingeschränkt zu werden. Solange kein Hoheitsträger eigens für die Rechtspflege abgestellt war und die Mitwirkung der Prozessgegner den breiten Raum einnahm, den ihr das Zwölftafelgesetz einräumte, konnte *pro-vocare* nur „vor die Öffentlichkeit laden" heißen. Das Grundwort *vocare* mit „laden" zu übersetzen, entspricht dem Eingangssatz der Zwölf Tafeln, *si in ius vocat*; die Vorsilbe *pro-* mit „vor die Öffentlichkeit" wiederzugeben, legen Zusammensetzungen wie *pro-ducere*, „vor die Öffentlichkeit führen", „feilbieten", *pro-ferre*, „vor die Öffentlichkkeit tragen", „veröffentlichen", oder *pro-dere*, „vor die Öffentlichkeit bringen", „bekanntmachen", nahe.

In der Sache räumte die Urform der *provocatio* der Partei, die sich durch den Spruch des *iudex* oder *arbiter* benachteiligt fühlte, damit das Recht ein, ihr Anliegen der versammelten Gemeinde vorzutragen. Schlug ein vom Ausgang des Verfahrens enttäuschter Kläger oder Beklagter diesen Weg ein, so genügte es nach dem Willen des Gesetzes nicht, die von den Patriziern beherrschten *comitia curiata* oder die Versammlung der Plebejer, das *concilium plebis*, einzuberufen. Über den Fall abschließend befinden und abstimmen musste vielmehr die zum *comitiatus maximus* zusammentretende Gesamtbürgerschaft. Solange die römische Bevölkerung kaum mehr als 10.000 stimmberechtigte Bürger zählte und keiner von ihnen einen weiten Weg zurücklegen musste, um zur Stadtmitte zu gelangen, brauchte dazu kein großer Aufwand getrieben zu werden.

Der *comitiatus maximus* war ohnehin immer dann einzuschalten, wenn über Leib und Leben eines römischen Bürgers entschieden werden musste. Soviel gibt her, dass Cicero in der Fassung, in der ihm das Zwölftafelgesetz vorlag, den Grundsatz DE CAPITE CIVIS NISI PER MAXIMUM COMIT<I>ATUM ... NE FERUNTO verankert fand.[158] Nur mit Vorbehalten kann ihm dagegen gefolgt werden, wenn er den *comitiatus maximus* mit den *comitia centuriata* gleichsetzt. Es mag zwar sein, dass schon der *comitiatus maximus* in Hundertschaften gegliedert war. Schwerlich aber zählte er bereits 193 Zenturien. Denn wenn das römische Heer, nach dessen Aufbau die Vollversammlung gegliedert war, zur Zeit der Zwölf Tafeln schon die Stärke von 19.300 Mann erreicht hätte, müsste Roms Gesamtbevölkerung nach dem gängigen Schlüssel, dass die wehrfähigen Jahrgänge ungefähr ein Viertel aller Männer, Frauen und Kinder eines Gemeinwesens ausmachten, auf die zweifellos zu hohe Zahl von ungefähr 80.000 Einwohnern geschätzt werden.

Den *comitiatus maximus* konnte der ranghöchste Amtsträger zur Entscheidung von Rechtsfällen einberufen und leiten, ohne sich selbst für befangen erklären zu müssen. Ob jemand einen anderen vorsätzlich oder unvorsätzlich getötet hatte, hatten die *quaesitores parricidii* zu untersuchen, und ob in Eigentumsfragen dem Kläger oder dem Beklagten Recht zu geben war, hatte ein *iudex* oder *arbiter* zu klären. Der Gerichtsherr musste allenfalls das Ergebnis bekanntgeben, zu dem seine Rechtfindungsgehilfen gelangt waren. Dass er sein Amt zu Rechtsbeugungen missbrauchen könnte, hatten die Rechtsuchenden kaum zu befürchten. Folgerichtig drohten die Zwölf Tafeln die Strafe, wegen Bestechlichkeit zum Tode verurteilt zu werden, nicht ihm, sondern dem von ihm gestellten *iudex* oder *arbiter* an. Nur ihn konnte treffen, dass hingerichtet werden sollte, wer überführt wurde, wegen der Verhandlung einer Sache Geld angenommen zu haben.[159]

Mit dem Grundrecht, das die Provokationsgesetze verbrieften, berührte sich die Form der *provocatio*, die das Zwölftafelgesetz gewährte, von daher kaum. Gesetzliche Vorkehrungen gegen den Amtsmissbrauch von Hoheitsträgern mit Befehlsgewalt brauchten erst getroffen zu werden, nachdem die Konsulatsverfassung in Kraft getreten war: 300 v. Chr. eröffnete die *lex Valeria de provocatione* die Reihe der Provokationsgesetze, und im frühen zweiten Jahrhundert

---

[158] Cic. leg. 3,11.

[159] Gell. 20,1,7.

v. Chr. dehnte die *lex Porcia* den Geltungsbereich der *provocatio* über die Bannmeile von Rom hinaus aus.[160]

Im letzten Jahrhundert der Republik entartete die Provokationsgesetzgebung schließlich in dem Grad, in dem sie zu einem Werkzeug der Politik verkam. Seit 123 v. Chr., als Gaius Gracchus das *plebiscitum de capite civis* durchbrachte, geriet sie in den Strudel der Machtkämpfe zwischen Optimaten und Popularen.

Diesen Volksbeschluss sonderte *Wolfgang Kunkel* aus der Gruppe der Provokationsgesetze aus,[161] obwohl Cicero ihn derselben Gattung wie die *lex Porcia de provocatione* zurechnete.[162] *Kunkel* übersah, dass Gaius Gracchus in zwei Richtungen vorstieß. Auf der einen Seite hat sein Gesetz zwar eingeführt, dass das Volk befragt werden musste, ehe Sondergerichtshöfe zur Verhandlung von Kapitalklagen eingesetzt werden durften.[163] Auf der anderen hat es aber auch das Volk ermächtigt, einen Beamten zur Rechenschaft zu ziehen, der über einen römischen Bürger ohne Gerichtsurteil die Strafe der Verbannung oder gar die Todesstrafe verhängt hatte.[164] Die zweite Stoßrichtung rechtfertigt es durchaus, das *plebiscitum de capite civis*, das Gaius Gracchus neun Jahre nach dem gewaltsamen Ende seines älteren Bruders und der blutigen Verfolgung seiner Anhänger erwirkte, den Provokationsgesetzen zuzuordnen. Dass es in diese Gruppe von Gesetzen einzureihen sei, bestritt *Kunkel* nur deswegen, weil er den Beleg außer Acht ließ, den Plutarch in seiner Biographie des Gaius Gracchus – c. 4,1 – dafür liefert.

Der Missbrauch, die Provokationsgesetzgebung zu einer Waffe im machtpolitischen Kampf zu schmieden, sollte sich mit dem fortschreitenden Verfall der staatlichen Ordnung verschlimmern. 65 Jahre später schärfte der Volkstri-

---

[160] *B. Santalucia, Longius ab urbe mille passuum.* Cittadini e *provocatio* in Italia prima delle *leges Porciae*, in: *L. Capogrossi Colognesi / A. Corbino / L. Labruna / B. Santalucia* [Hrsg.], Le stade del potere, Catania 1994, 92. 99–100. 107–108.

[161] *Kunkel*, Römisches Kriminalverfahren, 141, und: RE 24, 739–740.

[162] Cic. Verr. 6,163.

[163] Cic. Rab. perd. 12; Schol. Gronov. p. 289 *Stangl*.

[164] Plut. C. Gracch. 4,1.

bun Publius Clodius Pulcher das sempronische *plebiscitum de capite civis* von 123 ein, um wie Gaius Gracchus ahnden zu können, dass die Gegenpartei das senatorische Notstandsrecht überdehnt, den Schutz der *provocatio* aufgehoben hatte. Wie der jüngere der beiden Gracchen den Gegenspieler Publius Popillius Laenas dafür belangt hatte, dass er die Anhänger seines älteren Bruders ohne Gerichtsurteil verfolgt und, soweit sie nicht im Straßenkampf gefallen waren, des Landes verwiesen hatte, so zog Clodius als Volkstribun Cicero dafür zur Rechenschaft, dass er angeordnet hatte, die fünf in Rom verhafteten Anhänger des zum Staatsfeind erklärten Aufrührers Catilina als Hochverräter hinzurichten. Gaius Gracchus schmiedete sein Provokationsgesetz mit dem zulässigen Schachzug, dass er es mit rückwirkender Kraft versah, zu einer Waffe gegen den einen der beiden Konsuln des Jahres 132. Sein Plan, sich damit eine Handhabe gegen Publius Popillius Laenas zu verschaffen, wurde zwar durchschaut, konnte aber nicht durchkreuzt werden, da der Rechtsgrundsatz *nulla poena sine lege* sich erst in der neuzeitlichen Rechtswelt der Spätaufklärung, nicht schon in der späten römischen Republik durchsetzte. Die heutige Fassung gab ihm nicht etwa die römische Rechtswissenschaft in ihrem Schrifttum, sondern der deutsche Strafrechtler *Paul Johann Anselm Ritter von Feuerbach* in seinem Lehrbuch des gemeinen in Deutschland gültigen peinlichen Rechts, Gießen 1801, § 20. In der Sache ungefähr den gleichen Standpunkt vertrat allerdings, wie *Hans Ludwig Schreiber* übersah,[165] *Detlef Liebs* aber klarstellte,[166] schon der Spätklassiker Ulpian.[167]

Während Gaius Gracchus sich mit dem *plebiscitum Sempronium de capite civis* eine unanfechtbare Rechtsgrundlage für die Verbannung seines Gegenspielers Publius Popillius Laenas verschaffte, gab sich Clodius die Blöße, dass er gesondert beantragte, Cicero wegen Verletzung des Grundrechts der *provo-*

---

[165] *H. L. Schreiber*, Gesetz und Richter – Zur geschichtlichen Entwicklung des Satzes nullum crimen, nulla poena sine lege, Frankfurt am Main 1976, 17.

[166] *D. Liebs*, Alexander Severus und das Strafrecht, in: Bonner Historia-Augusta-Colloquium 1977/78, Antiquitas, Reihe 4, Band 4, Bonn 1980, 122–123, und: Lateinische Rechtsregeln und Rechtssprichwörter, München $^{6}$1998, 158–159.

[167] Ulp. dig. 50,16,131,1: *poena non irrogatur, nisi quae qua{que} lege vel quo alio iure specialiter huic delicto imposita est.*

*catio* des Landes zu verweisen. Mit diesem Vorstoß drang er zwar durch. Von Dauer war sein Erfolg aber nicht, da dem *plebiscitum Clodium de exilio Ciceronis*, das er dem *plebiscitum Clodium de capite civis* nachschob, der Makel eines Formfehlers anhaftete. Um Vermögen und Stadthaus seines Gegners beschlagnahmen zu können, hatte er das in den Zwölf Tafeln mit den Worten *privilegia ne inroganto* ausgesprochene Verbot[168] missachtet, zu Lasten oder Gunsten einzelner, noch dazu namentlich genannter Personen über Sonderregelungen, *privilegia*, abstimmen zu lassen. An diesem Punkt setzte Cicero an, als er seine Rückkehr aus der Verbannung betrieb.[169] So beharrlich er darauf pochte, dass Clodius mit seinem Zusatzantrag gegen geltendes Gesetzesrecht verstoßen habe, hat er es in seiner Redekampagne doch vermieden, das Provokationsgesetz selbst, das *plebiscitum Clodium de capite civis*, anzufechten. Gegen diesen Volksbeschluss vorzugehen, schien ihm aus gutem Grund nicht ratsam zu sein. Sein Schweigen über die Rechtmäßigkeit eines Provokationsgesetzes, das das gracchische wiederbelebte, kommt dem Geständnis gleich, in seiner Amtszeit als Konsul fünf römische Bürger ohne Gerichtsurteil hinrichten lassen zu haben. Dazu wäre er nicht genötigt gewesen, wenn der Senat im Jahr 63 bereits als Gericht hätte zusammentreten können. Schon deswegen verbietet es sich, die Anfänge der senatorischen Gerichtsbarkeit so früh anzusetzen. *Jochen Bleicken*, der die Gegenmeinung vertritt,[170] übersah, dass sich der Senat zur damaligen Zeit nicht einmal selbst als Gericht verstanden haben kann. Wenn er sich in seiner Gesamtheit oder wenigstens seiner Mehrheit als Gericht betrachtet hätte, dann hätte er die Gefahr, die er im Verzug sah, mit rechtlich unumstrittenen Todesurteilen, die sofort vollstreckt wurden, rasch und wirksam zu bannen vermocht. So aber mussten sich seine Wortführer spitzfindige juristische Konstruktionen ausdenken, als sie in der entscheidenden Senatssitzung dafür eintraten, die in Rom verhafteten Catilinarier augenblicklich hinzurichten.[171]

---

[168] So sein Wortlaut nach Cic. leg. 3,11.

[169] Cic. Att. 3,15,5; Sest. 65; dom. 26. 43. 58. 110.

[170] *Bleicken*, Senatsgericht und Kaisergericht, 21–29.

[171] *Verf.*, SZ 113 (1996), 359–363.

Das Grundrecht, dass ein römischer Bürger den Schutz der *provocatio* in Anspruch nehmen konnte, überdauerte das Ende der Republik. Darauf pochten noch im späten zweiten Jahrhundert n. Chr. die Pächter eines nordafrikanischen Gutssprengels, des Saltus Burunitanus. In einem Schreiben an den Kaiser Commodus beschwerten sie sich darüber, dass ein Trupp, den die Prokuratoren des Verwaltungsbezirks Karthago geschickt hatten, um ihren Widerstand gegen die vertragswidrigen Machenschaften des Großpächters zu brechen, römische Bürger mit Ruten ausgepeitscht und mit Stöcken verprügelt hatte.[172] Dagegen verwahrte sich ihr Wortführer mit besonderem Nachdruck, weil mit dieser Strafmaßnahme das Recht gebeugt sei. Das Rechtsgefälle zwischen römischen und peregrinen Provinzbewohnern, nach dem er noch abstufte, sollte erst ungefähr 30 Jahre später die *constitutio Antoniniana* beseitigen.[173]

---

[172] CIL VIII 10570, col. II,1–20. Zum Hintergrund des Streits vgl. *J. Kolendo*, Le colonat en Afrique sous le Haut-Empire, Paris $^{2}$1991, 68–73, und *D. P. Kehoe*, The Economics of Agriculture on Roman Imperial Estates in North Africa, Hypomnemata, Heft 89, Göttingen 1988, 125.

[173] *Kaser / Knütel*, Römisches Privatrecht, 43.

## *Zweites Kapitel*

# Vollstreckung: Haftung des Diebes und des Verschuldeten

## I. Diebstahlsklage und Haussuchung

### 1. Der Inhalt des Wortes *furtum* in den Zwölf Tafeln

Der römische Begriff für den Diebstahl leitete sich davon her, dass der Dieb, *fur*, „Diebesgut macht“, *furtum facit*, wenn er einen Diebstahl begeht. Mit dem Grundwort *ferre* stammverwandt,[174] bezeichnete *fur* von Hause aus den Straftäter, der fremdes Eigentum „fortträgt“, *furtum* das fremde Eigentum, das er entwendet. So weit, dass die verschiedensten Spielarten der Unterschlagung und des Betrugs darunter gefasst werden konnten, dehnte sich der Geltungsbereich des Wortes *furtum* erst in der jüngeren Republik aus.[175]

In der Regel meinte der Römer zwar den Diebstahl, wenn er von einem *furtum* sprach. Doch lässt sich nicht nur aus der Sprachgeschichte erschließen, sondern auch im Schrifttum nachweisen, dass er mit demselben Begriff das Diebesgut bezeichnete: Cicero, Livius, Horaz, Ovid und Seneca verwandten ihn noch in dieser Bedeutung.[176] Den Ausschlag aber gibt der rechtssprachliche Befund, dass Gaius das *furtum*, das im Hause des Diebes oder eines Dritten gesucht und gefunden wurde, mit „gestohlene Sache“, *furtiva res*, umschreibt:

---

[174] *Walde / Hofmann*, Lateinisches etymologisches Wörterbuch 1, 569.

[175] *Kaser*, Römisches Privatrecht 1, 614; *Liebs*, Römisches Recht, 191–196.

[176] Cic. Verr. 2,58: *quid minus libero dignum quam in conventu maximo cogi a magistratu furtum reddere?* Liv. 6,14,13: *itaque exsequebatur quaerendo ubi tantae rei furtum occultaretur*. Hor. sat. 2,4,78–79: *... puer unctis tractavit calicem manibus, dum furta ligurrit.* Ov. fast. 1,560: *mugitum rauco furta dedere sonum.* Sen. Oed. 716: *fessus per orbem furta sequi Iovis.*

*conceptum furtum dicitur, cum apud aliquem testibus praesentibus furti{b}v{s}a res quaesita et inventa est.*[177]

Wie viele Arten von *furta* das Zwölftafelgesetz unter Strafe stellte, war strittig. Während Servius Sulpicius und Masurius Sabinus *furtum manifestum, furtum nec manifestum, furtum conceptum* und *furtum oblatum* zu vier Gattungen von *furta* erklärten, stufte Labeo nur zwei, *furtum manifestum* und *furtum nec manifestum*, als Gattungen ein. Die beiden anderen, *furtum conceptum* und *furtum oblatum*, betrachtete er als „mit dem *furtum* zusammenhängende Unterarten der Diebstahlsklage".

In diesem Meinungsstreit pflichtete Gaius der zweiten Ansicht bei.[178] Weshalb sie ihm eher einleuchtete, ist unschwer nachzuvollziehen. Zwischen *furta manifesta* und *furta nec manifesta* schied das Zwölftafelgesetz auf einer anderen Ebene als zwischen *furta concepta* und *furta oblata*. Je nachdem, ob der Dieb auf frischer Tat ertappt oder erst durch Beweiserhebung überführt wurde, sprach es von einem *furtum manifestum* oder *nec manifestum*, und je nachdem, ob er das Diebesgut in seinem Haus versteckt oder bei einem Dritten verwahrt hatte, von einem *furtum conceptum* oder einem *furtum oblatum*. Mit dem *furtum manifestum* und dem *furtum nec manifestum* waren das *furtum conceptum* und das *furtum oblatum* lediglich durch den gemeinsamen Nenner verklammert, dass *furtum* in allen vier Wortverbindungen ursprünglich das Diebesgut, nicht den Diebstahl, bezeichnete.

Gellius gebrauchte die Ausdrücke *furtum manifestum, furtum nec manifestum* und *furtum conceptum* allerdings anders, weil er der Entwicklung Rechnung trug, die der Rechtsbegriff *furtum* mittlerweile durchlaufen hatte. Dass die Zehn Männer *furta, quae per lancem liciumque concepta essent*, genauso geahndet hätten, wie wenn sie handhaft wären,[179] konnte er nur sagen, wenn er darunter Diebstähle verstand. Sprachliche Hürden, die nur schwer zu überwinden waren, brauchte er dazu nicht zu nehmen. Von handhaften Dieb-

---

[177] Gaius inst. 3,186.

[178] Gaius inst. 3,183.

[179] Gell. 11,18,9.

stählen zu reden, deckte der Sprachgebrauch ebenso ab, wie er es erlaubte, von einem handhaften Dieb oder von handhaftem Diebesgut zu sprechen;[180] und *concipere*, „erfassen“,[181] vom Diebesgut auf den Diebstahl zu übertragen, war gleichfalls zu vertreten. Zumindest konnten daraus keine Missverständnisse erwachsen.

Die Wortverbindungen *furtum oblatum* und *furtum prohibitum* widerstanden dem Bedeutungswandel, den der Begriff *furtum* von „Diebesgut“ zu „Diebstahl“ durchlief. Diesem Bedeutungswandel konnte der Sinn, in dem die Wendungen von jeher gebraucht wurden, nicht angepasst werden. Das *furtum prohibitum* von „verwehrtes Diebesgut“ zu „verwehrter Diebstahl“ umzudeuten, kam ebenso wenig in Betracht, wie das *furtum oblatum* von „in Verwahrung gegebenes Diebesgut“ zu „in Verwahrung gegebener Diebstahl“ umzudeuten. Beide Ausdrücke zeigen vielmehr, dass das Wort *furtum* von Hause aus das Diebesgut bezeichnete.

Gaius bestätigt, dass dieser Rechtsbegriff noch zu seiner Zeit so aufgefasst und gebraucht wurde. „‚Erfasst‘ wird das Diebesgut genannt,“ schreibt er in seinem Leitfaden des römischen Rechts,[182] „wenn bei einem in Gegenwart von Zeugen eine gestohlene Sache gesucht und gefunden wurde. Denn gegen ihn ist eine eigene Klage eingerichtet worden, mag er auch der Dieb nicht sein, eine,

---

[180] Zum Beleg vgl. Plaut. Asin. 569 *(ubi prensus in furto sies manufesto)*, Cic. Verr. 2,144 *(cum in manifestissimo furto teneare)* und Gell. 11,18,11 *(manifestum autem furtum est, ut ait Masurius, quod deprehenditur, dum fit)* mit Gell. 20,1,7 *(nisi duram esse legem putas, ... quae furem manifestum ei, cui furtum factum est, in servitutem tradit)* und Festus, s. v. *nec*, p. 158 *Lindsay*: *‚nec‘ coniu{ga}<nc>tionem grammatici fere dicunt esse disiunctivam, ut ‚nec legit nec scribit‘, cum, si diligentius inspiciatur, ut fecit Sinnius Capito, intellegi possit eam positam esse ab antiquis pro ‚non‘, ut et in XII est ‚ast ei custos nec escit‘, item ‚si adorat furto, quod nec manifestum erit‘*.

[181] Zu diesem Wortgebrauch s. Varro rust. 1,7,3.

[182] Gaius inst. 3,186–187: *conceptum furtum dicitur, cum apud aliquem testibus praesentibus furti{b}v{s}a res quaesita et inventa est. nam in eum propria actio constituta est, quamvis fur non sit, quae appellatur concepti. oblatum furtum dicitur, cum res furti{b}<v>a tibi ab aliquo oblata sit eaque aput te concepta sit, vel utique, si ea mente data tibi fuerit, <ut> aput te potius quam apud eum, qui dederit, conciperetur. nam tibi, apud quem concepta est, propria adversus eum, qui optulit, quamvis fur non sit, constituta est actio, <quae> appellatur obl{i}<a>ti.*

die als Klage wegen erfassten Diebesguts bezeichnet wird. ‚In Verwahrung gegeben' wird das Diebesgut genannt, wenn eine gestohlene Sache dir von einem in Verwahrung gegeben wurde und sie bei dir ‚erfasst' wurde, oder jedenfalls, wenn sie dir mit der Einstellung gegeben worden ist, dass sie besser bei dir als bei dem, der sie gegeben hat, erfasst werde. Denn für dich, bei dem sie erfasst wurde, ist eine eigene Klage gegen den eingerichtet worden, der sie in Verwahrung gegeben hat, mag er auch der Dieb nicht sein, eine, die als Klage wegen in Verwahrung gegebenen Diebesguts bezeichnet wird."

Mit seiner Wortwahl bringt Gaius klar zum Ausdruck, dass mit *furtum conceptum* erfasstes oder sichergestelltes und mit *furtum oblatum* ausgehändigtes oder in Verwahrung gegebenes Diebesgut gemeint ist. Hätte er *furtum* hier als Diebstahl begriffen, so hätte er den Inhalt dieses Wortes anders umschreiben müssen. Wann von einem *conceptum furtum* zu sprechen ist, hätte er schwerlich mit dem Nebensatz „wenn bei jemandem im Beisein von Zeugen eine gestohlene Sache gesucht und gefunden wurde" erläutert, wenn er unter *furtum* statt des Diebesgutes den Diebstahl verstanden hätte. Nur wenn er die ältere Wortbedeutung zugrunde legte, traf er den Sinn der beiden Rechtsausdrücke *furtum conceptum* und *furtum oblatum*. Denn „sichergestellt" oder „in Verwahrung gegeben" wurde nicht der Diebstahl, sondern das Diebesgut, die *furtiva res* als Gegenstand der Haussuchung.

Diesen selteneren, aber durchaus noch geläufigen Wortgebrauch muss Gaius zugrunde gelegt haben; sonst müsste man annehmen, dass die Bedeutung, in der er das Wort *furtum* gebrauchte, bei *furtum oblatum* und *furtum conceptum* unversehens gewechselt hätte. Wer seine Auskünfte über diese beiden Ausdrücke anders verstand, war zu der Verlegenheitslösung genötigt, den Beiwörtern *conceptum* und *oblatum* Bedeutungen zu unterlegen, die nicht nachzuweisen sind. Weder gestattet der Sprachgebrauch, *furtum conceptum* mit „vol découvert" oder „theft by receiving" zu übersetzen, noch erlaubt er es, *furtum oblatum* mit „recel", „theft by planting" oder „untergeschobener Diebstahl" wiederzugeben.[183] Wohl aber deckt er ab, *furtum conceptum* mit

[183] So jedoch *L. Huchthausen* in: Römisches Recht, Berlin – Weimar $^{3}$1989, 154; *W. M. Gordon / O. F. Robinson*, The Institutes of Gaius, Ithaca 1989, 375; *J. Reinach*, Gaius, Institutes, Paris 1950, 130.

„aufgenommenes“ oder „erfasstes“ und *oblatum* mit „ausgehändigtes“ oder „in Verwahrung gegebenes“ Diebesgut zu verdeutschen.[184] Den Rechtsbegriff *furtum oblatum* mit „recel“, „Hehlerei“, zu übersetzen, verbietet sich nicht nur deswegen, weil *furtum* in dieser Wortverbindung wie gezeigt „Diebesgut“, nicht „Diebstahl“, heißt. Dagegen ist auch einzuwenden, dass man sein Bedeutungsfeld zu sehr verengt, wenn man ihn auf den Straftatbestand der Hehlerei eingrenzt. Wurde Diebesgut einem Dritten in Verwahrung gegeben, dann brauchte, so stellt Gaius vielmehr klar,[185] keineswegs vorausgesetzt zu werden, dass der Dieb es war, der die gestohlene Sache in Verwahrung gab, und dass ihr Empfänger wusste, wem sie in Wahrheit gehörte: *oblatum furtum dicitur, cum res furti{b}<v>a tibi ab aliquo oblata sit eaque aput te concepta sit, vel utique, si ea mente data tibi fuerit, <ut> aput te potius quam apud eum, qui dederit, conciperetur. nam tibi, apud quem concepta est, propria adversus eum, qui optulit, quamvis fur non sit, constituta est actio, <quae> appellatur obl{i}<a>ti.*

Mit anderen Worten: Gebrauchte Gaius den Rechtsbegriff des *furtum* in beiden Wortverbindungen, mit *oblatum* und mit *conceptum*, gleich, dann kann er ihn nur in seiner ursprünglichen Bedeutung – für Diebesgut – verwandt haben; meinte er aber mit *furtum conceptum* „erfasstes Diebesgut“, so muss er einem anderen Wortgebrauch als Gellius gefolgt sein. Denn während Gaius sich unter dem einen wie dem anderen *furtum* Diebesgut vorstellte, muss Gellius *furta*, die mit *lanx* und *licium* erfasst wurden, als Diebstähle begriffen haben. Sonst hätte er nicht davon sprechen können, dass die Zehn Männer auch diese *furta* geahndet hätten, als seien sie handhaft: *ea quoque furta, quae per*

---

[184] Zu *concipere* in der Bedeutung von „aufnehmen“ oder „erfassen“ s. etwa Varro rust. 1,7,3: *hoc licet coniectura videre ex aliquot rebus, ut nuces integras, quas uno modio comprendere possis ... si fregeris, vix sesquimodio concipere possis*; zu *offerre* in der von „aushändigen“ oder „übergeben“ vgl. Apul. met. 4,16,2: *Thrasyseolonis caveam Demochari cum litteris illis adulterinis offerimus* und Papin. dig. 24,2,7: *si paenituit eum, qui libellum <divortii> tradendum {divortii} dedit, isque per ignorantiam mutatae voluntatis oblatus est, durare matrimonium dicendum, nisi paenitentia cognita is, qui accepit, ipse voluit matrimonium dissolvere.*

[185] Gaius inst. 3,187; dazu *D. Daube*, Studies in Biblical Law, Cambridge 1947, 261–273. 303.

*lancem liciumque concepta essent, proinde ac si manifesta forent, vindicaverunt* sc. *decemviri nostri.*[186]

Gellius wird *furtum* in beiden Wortverbindungen nicht nur deshalb im üblichen Sinne verstanden haben, weil ihm die jüngere Wortbedeutung geläufiger war. Dazu musste ihn auch ermutigen, dass das Beiwort *manifestus*, „handhaft", der Straftat genauso gut beigelegt werden konnte wie dem Gegenstand der Straftat und dem Straftäter.[187] Damit, dass er sagte, die Zehn Männer hätten die *furta*, die mit *lanx* und *licium* erfasst würden, ebenso geahndet, wie wenn sie „handhaft" seien, trug er der Sprachentwicklung vertretbar Rechnung. Der gängigere neuere Gebrauch des Wortes *furtum*, dem er mit seiner Wortwahl folgte, nötigte ihn lediglich, *concipere* in einem Sinne zu verwenden, der von dem eigentlichen unerheblich abwich. Daran ist freilich nicht zu rütteln, dass Gaius[188] die Ausdrücke *furtum conceptum* und *furtum oblatum* zutreffend erläuterte. Streng genommen wurden Diebstähle in der Tat so wenig mit *lanx* und *licium* „erfasst", wie sie „in Verwahrung gegeben" wurden, sehr wohl aber gestohlene Sachen, *furtivae res*.

Die *furta per lancem liciumque concepta* stufte das Zwölftafelgesetz als *furta manifesta* ein, während Gaius sie nur in der Rechtsfolge einander gleichsetzte.[189] Als Strafe sah es im einen wie im anderen Fall die *addictio* vor. Das heißt, den Straftäter, in dessen Haus die gestohlene Sache gesucht, gefunden und mit *lanx* und *licium* „erfasst" wurde, sprach es wie den auf frischer Tat ertappten Dieb, den *fur manifestus*, dem Bestohlenen zu.[190]

---

186 Gell. 11,18,9.

187 Zum Nachweis, dass der Römer den auf frischer Tat ertappten Täter *manifestus* nannte, s. etwa Plaut. Men. 594 und Poen. 862, Tac. hist. 4,40,3, Gell. 20,1,7, Sall. Catil. 52,36. Iug. 35,8 oder Tac. ann. 2,85,3 und 15,60,2; zum Beleg dafür, dass er dasselbe Beiwort der Straftat beilegte, deren der Täter auf frischer Tat überführt wurde, vgl. Plaut. Asin. 569, Cic. Brut. 241 und Verr. 2,144, Prop. 4,9,11, Liv. 1,7,9. 52,1, Ov. trist. 2,315, Tac. ann. 11,26,2 oder Gell. 11,18,11.

188 Gaius inst. 3,186–187.

189 Gaius inst. 3,192. 194.

190 Gaius inst. 3,189: *poena manifesti furti ex lege XII tabularum capitalis erat. nam liber {b}<v>erberatus addicebatur ei, cui furtum fecerat; utrum autem servus efficeretur ex*

Den *furta manifesta* blieben die *furta per lancem liciumque concepta* gleichgestellt, als der Prätor die Leibesstrafe der *addictio* zu einer Geldstrafe abmilderte. Wurde ein Dieb mit der gestohlenen Sache in der Hand auf frischer Tat ertappt, dann musste er nach dem klassischen Recht, zu dem der Prätor das alte Gesetzesrecht fortbildete, ihren rechtmäßigen Eigentümer in vierfacher Höhe entschädigen.[191] „Erfasste" der Bestohlene sie im Hause des Diebes oder eines Dritten, dem sie in Verwahrung gegeben wurde, mit *lanx* und *licium*, so stand ihm gleichfalls ihr vierfacher Sachwert zu. Suchte und fand er sie aber, ohne sie mit *lanx* und *licium* zu „erfassen", dann konnte er nur den dreifachen einklagen.[192] Das Strafmaß staffelte der Prätor offenkundig nach der Beweislage, dem Grad ihrer Eindeutigkeit. Fand jemand, der sich auf eine einfache Haussuchung beschränkte, die gestohlene Sache im Hause des Diebes oder eines Dritten, dann hatte er den Täter zwar nicht so eindeutig des Diebstahls überführt, wie wenn er ihn auf frischer Tat ertappt hätte, aber doch eindeutiger als Täter entlarvt, als wenn er sie weder zur Tatzeit am Tatort noch später im Hause des Diebes oder eines Dritten sichergestellt hätte. Brachte er *lanx* und *licium* zur Haussuchung mit, so konnte er, wenn er das Diebesgut fand und mit diesen Hilfsmitteln „erfasste", vom Dieb genauso viel einfordern, wie wenn er ihn auf frischer Tat erwischt hätte.[193] Der nicht auf frischer Tat ertappte Dieb aber, der *fur nec manifestus*, hatte den Kläger in klassischer Zeit nur halb so hoch zu entschädigen wie der auf frischer Tat ertappte, der *fur manifestus*.

Den nicht handhaften Diebstahl ahndete der Prätor nicht anders, als es die Zehn Männer vorgesehen hatten. Wenn jemand einen „auf Diebesgut ansprach", das „nicht handhaft", *nec manifestum*, war, das heißt, als rechtmäßiger Eigentümer auf eine gestohlene Sache Anspruch erhob, die weder zur Tatzeit am Tatort noch später im Hause des Diebes oder eines Dritten sichergestellt wurde, gestand ihm schon das Zwölftafelgesetz doppelten Wertersatz zu: SI

---

*addictione an adiudicati loco constitueretur, veteres quaerebant. in <s>e<rv>um a{t}<e>que verberat(um) a[nimadvertebatur. sed] postea inprobata est asperitas poenae, et tam ex servi persona quam ex liberi quadrupli actio praetoris edicto constituta est.*

[191] Gaius inst. 3,189. 192 und 4,173.

[192] Gaius inst. 3,191 und 4,173; Gell. 11,18,12.

[193] Gaius inst. 3,192.

ADORAT FURTO, QUOD NEC MANIFESTUM E{R}<SC>IT,[194] [?DUPLIONE DAMNUM DECIDITO?].[195]

Diese Strafbestimmung haben *Reuven Yaron* und *Alan Watson* anfechtbar ausgelegt. *Reuven Yaron*[196] glaubte, aus ihrem Wortlaut herauslesen zu können, dass jemand, der auf Diebstahl klagte, ohne dem Beklagten die Straftat hieb- und stichfest nachweisen zu können, ihm wegen falscher Anschuldigung den doppelten Streitwert zahlen sollte. Gegen seine Deutung ist zweierlei einzuwenden: Zum einen sperren sich die Aussagen der Quellen[197] gegen jeden Versuch, *furta nec manifesta* aus dem Kreis der Diebstahlsdelikte auszusondern und in das Umfeld der Verleumdungen zu versetzen. Zum anderen müssten die Zwölf Tafeln aus unerfindlichen Gründen davon abgeschreckt haben, Diebesgut einzuklagen, das nicht mehr sichergestellt werden konnte, weil der Dieb es verzehrt, vernichtet oder versteckt hatte. Weshalb sollten sie dem Kläger angedroht haben, wegen falscher Anschuldigung belangt zu werden, wenn er rechtmäßiges Eigentum, das ein Dieb ihm entwendet hatte, allen Bemühungen zum Trotz vergeblich gesucht hatte?

*Alan Watson* verwarf diesen Gedanken aus anderen Gründen, schlug aber selbst eine Lösung vor, die noch weniger zu überzeugen vermag.[198] Sein Vorschlag, den Bedingungssatz *si adorat furto quod nec manifestum escit* mit *manifestum esto* zu einem Satzgefüge zu vervollständigen, unterstellt den Schöpfern des Zwölftafelgesetzes, den Unterschied zwischen *furta manifesta*

---

[194] Festus, s. v. *nec*, p. 158 *Lindsay*.

[195] So *Rudolf Schoell*, dessen Vorschlag zur Wiederherstellung des vollständigen Wortlauts weithin gebilligt wurde; *D. Liebs*, Damnum, damnare und damnas, Zeitschrift der Savigny-Stiftung für Rechtsgeschichte, Rom. Abt. 85 (1968), 181 Anm. 31, sicherte ihn mit dem Hinweis auf Gaius inst. 4,37 in Verbindung mit Ulp. dig. 13,1,7 pr., 47,2,46,5 und 4,4,9,2 sowie Afric. dig. 47,2,62,1. 2. 5 ab.

[196] *R. Yaron*, Si adorat furto, Tijdschrift voor Rechtsgeschiedenis. Revue d'histoire du droit 34 (1966), 510–524; im Ergebnis übernommen von *R. Westbrook*, The Nature and Origins of the Twelve Tables, Zeitschrift der Savigny-Stiftung für Rechtsgeschichte, Rom. Abt. 105 (1988), 103.

[197] Namentlich Gaius inst. 3,183–187 und 4,173 sowie Gell. 11,18,9–12.

[198] *A. Watson*, „Si adorat furto", Labeo 21 (1975), 193–196.

und *furta nec manifesta* aufgehoben zu haben. Damit wäre jeder Anreiz entfallen, das Diebesgut mit *lanx* und *licium* zu erfassen.

Obwohl *Reuven Yaron* und *Alan Watson* zum selben Sachverhalt zwei weit auseinandergehende Auffassungen vertreten, stimmen sie doch darin überein, dass sie das *furtum manifestum*, mit dem sich das Zwölftafelgesetz befasste, als das Vergehen des auf frischer Tat ertappten Diebes verstehen. Darin musste sie der Sprachgebrauch bestärken, von dem die herrschende Meinung ausgeht. Wenn Gellius etwa von der Strafe spricht, die das Zwölftafelgesetz über Sklaven verhängte, die bei einem *furtum manifestum* gefasst wurden,[199] folgt daraus, dass er unter einem *furtum manifestum* nicht das Diebesgut, sondern die strafbare Handlung des auf frischer Tat ertappten Diebes verstand. Vor allem aber scheint der Wortlaut der Zwölf Tafeln unmittelbar zu bestätigen, dass sich der Inhalt des Begriffes *furtum* schon zu der Zeit, in der dieses Gesetzeswerk geschaffen wurde, von „Diebesgut" zu „Diebstahl" verschoben haben muss. Die Bestimmung SI NOX FURTUM FACTUM SIT, SI IM OCCISIT, IURE CAESUS ESTO beweist, dass bereits damals die übertragene Bedeutung des Wortes aus der gegenständlichen hervorgegangen war. Sonst hätte die Straftat, die der Dieb verübte, nicht als *furtum facere* in die Rechtsordnung des römischen Volkes eingehen können.[200]

Die Beweiskraft, die der Wortwahl der Zwölf Tafeln zukommt, sollte indessen nicht überbewertet werden. In Wahrheit entschlüsselt ihre Begriffswelt nur, wie es sich erklärt, dass die Römer Diebesgut und Diebstahl mit ein und demselben Wort bezeichnen konnten. Einen Diebstahl begehen hieß von Hause aus nichts anderes als „Diebesgut machen", und je nachdem, ob der Dieb auf frischer Tat ertappt wurde oder erst im gerichtlichen Beweisverfahren des Diebstahls überführt werden musste, sprach das Gesetz von „handhaftem" und „nicht handhaftem" Diebesgut. Dass Gellius mit *furtum manifestum* den handhaften Diebstahl meinte, stellt dieses Zwischenergebnis nicht in Frage. Da das Beiwort *manifestus* dem Diebstahl genauso gut beigelegt werden konnte wie dem Diebesgut oder dem Dieb, brauchte er sich von sprachlichen Beden-

---

[199] Gell. 11,18,8.

[200] Macr. Sat. 1,4,19; Ulp. dig. 9,4,2,1.

ken nicht daran gehindert zu fühlen, die mittlerweile geläufigere Bedeutung des Begriffes *furtum* zugrunde zu legen. Dagegen hätte sich sein Sprachgefühl ebenso wenig sträuben müssen wie gegen die Wortwahl, den Begriff *furtum* im Verbund mit *conceptum* zu verwenden, um die strafbare Handlung des Diebes zu bezeichnen. Von den vier Ausdrücken *furtum manifestum, furtum conceptum, furtum oblatum* und *furtum prohibitum* widerstanden nur *furtum oblatum* und *furtum prohibitum* dem Bedeutungswandel, den der Begriff *furtum* durchlief.

Die beiden Verwendungsweisen von *furtum* bewegten sich kurzum in einer ähnlichen Bandbreite wie die gegenständliche und die übertragene des Rechtsbegriffes *lis*.[201] In dem Satz der Zwölf Tafeln, der bestimmte, dass der Gerichtsherr die *lis* der Partei zusprechen sollte, die am Nachmittag persönlich erschien,[202] muss darunter der konkrete Streitgegenstand verstanden werden. Wenn aber Cicero in seiner Verteidigungsrede für Murena einen Vergleich zieht, der voraussetzt, dass *lis* sich mit *res*, „Streitsache", ähnlich eng berührte wie *dies tertius*, „ein über den anderen Tag", mit *perendinus dies*, „übermorgen", oder *iudex*, „Richter", mit *arbiter*, „Schiedsmann",[203] kann er damit nur den Rechtsstreit gemeint haben.

## 2. Die Haussuchung mit *lanx* und *licium*

Die förmliche Haussuchung scheint vorausgesetzt zu haben, dass der Täter auf frischer Spur verfolgt wurde.[204] Jedenfalls stellte das Zwölftafelgesetz den Täter, in dessen Haus das Diebesgut mit *lanx* und *licium* erfasst wurde, dem auf frischer Tat ertappten Dieb, dem *fur manifestus*, in der Rechtsfolge gleich.

---

[201] „Prozessgegenstand" als die Grundbedeutung des Wortes *lis* bzw. *stlis* anzusetzen, deckt sich mit der Annahme, von der *Walde / Hofmann*, Lateinisches etymologisches Wörterbuch 1, 813, ausgehen.

[202] Gell. 17,2,10: *‚post meridiem litem praesenti addicito'.*

[203] Cic. Mur. 27: *iam illud mihi quidem mirum videri solet tot homines tam ingeniosos post tot annos etiam nunc statuere non potuisse, utrum ‚diem tertium' an ‚perendinum', ‚iudicem' an ‚arbitrum', ‚rem' an ‚litem' dici oporteret.*

[204] *Kaser*, Römisches Privatrecht 1, 158.

In beiden Fällen sah es vor, dass der Gerichtsherr den Dieb dem Bestohlenen zusprach.[205]

War die Spurfolge von jeher mit der förmlichen Haussuchung verbunden, dann wirkte diese Verknüpfung noch fort, als die *addictio* abgekommen, dem nach dem Grad der Eindeutigkeit gestaffelten Wertersatz gewichen war: Nach klassischem Recht konnte jemand, der Diebesgut mit *lanx* und *licium* erfasste, den Dieb in derselben Höhe zur Rechenschaft ziehen, wie wenn er ihn auf frischer Tat ertappt hätte. Während er nur den dreifachen Gegenwert der gestohlenen Sache einklagen konnte, wenn er es sicherstellte, ohne zu diesem Zweck *lanx* und *licium* mitgebracht zu haben, durfte er den vierfachen fordern, wenn er das Haus des Diebes mit beiden Gegenständen betrat und mit Erfolg durchsuchte.[206]

Der höhere Satz sollte offenbar abgelten, dass ein Bestohlener, der Diebesgut mit *lanx* und *licium* erfasste, größere Mühe auf die Beweissicherung verwandte als einer, der sich auf die einfache Haussuchung beschränkte. Welchen Aufwand musste er treiben, um sich das Recht zu erwerben, in den Genuss dieses Anreizes zu gelangen?

Wollte jemand gestohlenes Gut, das der Dieb bei sich versteckt hielt oder ein Dritter bei sich verwahrte, mit der Rechtsfolge sicherstellen, dass er dessen vierfachen Gegenwert zugesprochen erhielt, musste er es mit *lanx* und *licium* „erfassen", *concipere.*[207] Beide Gegenstände hatte er mitzubringen, wenn er das Haus durchsuchen wollte, in dem er es vermutete.

Wozu er sie mit sich führen sollte, ist bis heute strittig. Darüber rätselten schon der Sprachwissenschaftler Festus und der Rechtswissenschaftler Gaius. Diese Form der Beweissicherung kannte der eine so wenig wie der andere aus eigener Anschauung. Als Gaius seinen Leitfaden schrieb, war sie schon lange

---

205 *Kaser*, ebenda.

206 Gaius inst. 4,173; Gell. 11,18,9. 12.

207 Gell. 11,18,9; zu *concipere* in der Bedeutung von *comprehendere*, „erfassen", vgl. Varro rust. 1,7,3.

aus dem Rechtsleben verschwunden.[208] Da er nicht mehr auf lebendige Erinnerung zurückgreifen konnte, suchte er das Dunkel mit Hilfe der Sprachwissenschaft aufzuhellen. Am ehesten schien ihm die Deutung zuzutreffen, dass der Bestohlene eine Schüssel bei sich tragen und mit einem Schurz umgürtet sein sollte, wenn er in das Haus eintreten wollte, in dem er das Diebesgut vermutete. Doch verhehlte er nicht, dass diese Auskunft das Rätsel schwerlich löste. Nur gab er nicht ihr, sondern dem Zwölftafelgesetz die Schuld an seiner Verwunderung.[209] Weshalb, fragte er sich ratlos, sollte ein Dieb den rechtmäßigen Eigentümer bereitwilliger einlassen, wenn er bis auf den Schurz, den er sich um seine Lenden band, nackt vor die Haustür trat und das Haus durchsuchen zu dürfen verlangte? „Ganz und gar lächerlich“ kam ihm die Regelung vor, die ihm nur so ausgelegt werden zu können schien.[210]

Zwar nicht verwundert, aber hilflos zeigte sich Festus. Er vermutete, der Bestohlene habe, wenn er mit einem Schurz umgürtet das Haus des Diebes betreten habe, „wegen der Anwesenheit von Hausmüttern oder Jungfrauen“ sich eine Schüssel vor die Augen gehalten.[211] Darauf kam er, weil auch er schon *licium* mit „Schurz“ übersetzte. Wie Gaius, so bemühte auch er sich vergeblich, das Dunkel aufzuhellen. Seine Auskunft wirft zu viele Fragen auf,

---

[208] Gell. 16,10,8: *sed ... cum ‚proletarii‘ et ‚adsidui‘ et ‚sanates‘ et ‚vades‘ et ‚subvades‘ et ‚viginti quinque asses‘ et ‚taliones‘ furtorumque quaestio ‚cum lance et licio‘ evanuerint omnisque illa duodecim tabularum antiquitas nisi in legis actionibus centumviralium causarum lege Aebutia lata consopita sit, studium scientiamque ego praestare debeo iuris et legum vocumque earum, quibus utimur.*

[209] Gaius inst. 3,191–192: *concepti et oblati poena ex lege XII tabularum tripli es{s}<t> e<a>qu{a}<e> similiter a praetore ser{b}<v>atur. prohibiti actio quadrupli est ex edicto praetoris in{u}troducta. lex autem eo nomine nullam poenam constituit. hoc solum praec{e}<i>pit ut qui quaerere uelit nudus quaerat, li{nte}<ci>o cinctus, lancem habens; qui si quid invenerit, iubet id lex furtum manifestum esse{t}. quid sit autem li{nte}<ci>um, quaesitum est, sed verius <est> s{e}a{m}<ne> consuti genus esse, quo necessariae partes tegerent<ur>.*

[210] Gaius inst. 3,193: *quae {res} lex tota ridicula est. nam qui {b}<v>estitum quaerere p{e}r<o>hibet, is et nudum quaerere prohibitu<ru>s est, eo magis, quod ita quaesita res inventa maiori poenae subiciatur ...*

[211] Festus, Pauli exc., s. v. *lance et licio*, p. 104 *Lindsay*: *‚lance et licio‘ dicebatur apud antiquos, quia, qui furtum ibat quaerere in domo aliena, licio cinctus intrabat lancemque ante oculos tenebat propter matrum familiae aut virginum praesentiam.*

um befriedigen zu können. Wie hätte der rechtmäßige Eigentümer das Diebesgut entdecken sollen, wenn er sich eine Schale vor die Augen gehalten hätte? Nicht genug damit, hätte er das Schamgefühl von Hausmüttern und Jungfrauen mit dem Anblick, den er mit einem Schurz um die Lenden geboten hätte, mit einer Schale vor den Augen kaum besser geschont.

Aus einem noch gewichtigeren Grund ist überhaupt zu bezweifeln, dass der rechtmäßige Eigentümer das Haus des Diebes mit einem Lendenschurz umgürtet, sonst aber „unbekleidet", *nudus*, habe betreten müssen. Gaius und Festus darin zu folgen, wird man schon deshalb zögern, weil das Wort *licium* schwerlich mit „Schurz" oder „Gurt" zu übersetzen ist. So weit entfernte sich sein Inhalt in keinem Zusammenhang von der Grundbedeutung „Bindfaden" oder „Schnur". Die alte Formel *voca in licium omnes Quirites huc ad me*,[212] mit der der Hoheitsträger, der das Heer befehligen sollte, den Herold aufforderte, alle Bürger zu ihm „hierher auf den Versammlungsplatz" zu rufen, gibt dafür nichts her. Als die Römer für *ad contionem vocare* noch *in licium vocare* sagten,[213] müssen sie mit *licium* den von einer Schnur umzogenen Platz gemeint haben, auf dem sie sich versammelten.[214] Die einschlägigen Wörterbücher lenken davon ab, weil sie diese Stelle unter *inlicium* oder *illicium* verzeichnen.[215] Ihre Herausgeber ließen sich davon leiten, dass *in licium* zusammengeschrieben und zu *illicium* verschliffen wurde. In Wahrheit kannte die lateinische Sprache *inlicium* bzw. *illicium* nur in der Bedeutung von

---

212 Varro ling. 6,88.

213 Festus, Pauli exc., s. v. *in licium vocare*, p. 100 *Lindsay*: *in licium vocare antiqui dicebant ad contionem vocare.*

214 Verkannt von *Th. Mommsen*, Römisches Staatsrecht, Band 3, Leipzig ³1887, 399 mit Anm. 3, der dieses Zeugnis als Beleg dafür anführt, dass *licium* die Bedeutung von „Gurt" annehmen könne.

215 So etwa in *W. Freund*, Wörterbuch der Lateinischen Sprache, Band 2, Leipzig 1844, 918, *R. Klotz*, Handwörterbuch der lateinischen Sprache, Band 2, Braunschweig 1879 (ND Graz 1963), 17, *Ch. T. Lewis / Ch. Short*, A Latin Dictionary, New York 1879 (ND Oxford 1966), 885, *K. E. Georges / H. Georges*, Ausführliches lateinisch-deutsches Handwörterbuch, Band 2, Hannover ¹¹1962, 49, Thesaurus Linguae Latinae, Band 7,1, Leipzig 1934–1964, 376, oder *P. G. W. Glare* [Hrsg.], Oxford Latin Dictionary, Fascicle IV, Oxford 1973, 828.

„Köder“, die – von der des Wortes *licium* zu unterscheiden – über das Zwischenglied *illicere* auf das Stammwort *lacere*, „locken“, zurückgeht.[216]

Der gängige Sprachgebrauch kann die Nachwelt mithin nicht dazu ermutigt haben, dem Wort *licium* die Bedeutung von „Lendenschurz“ beizulegen. Dazu mag sie gelangt sein, weil das altgriechische Rechtsleben die Auflage kannte, dass der Kläger das Haus des Mitbürgers, den er des Diebstahls verdächtigte, nur nackt durchsuchen durfte.[217] Sollte sie geglaubt haben, die gleiche Regelung im römischen Recht wiederzufinden, dann fragt es sich freilich, ob sie nicht einen wesentlichen Unterschied vernachlässigte: Die Vorkehrung, die in der altnordischen Gesetzgebung die Gestalt annahm, dass der Bestohlene das Haus losgegürtet, mit hochgebundener Hose, ohne Kopfbedeckung und barfuß betreten musste,[218] sollte verhindern, dass jemand Gegenstände einschmuggelte, um einen Schuldlosen zu belasten; dass Hilfsmittel mitgebracht werden mussten, die dazu dienten, das Diebesgut zu erfassen, schloss sie nicht ein. Zur Haussuchung *lanx* und *licium* mitzuführen, sah vielmehr nur das römische Beweissicherungsverfahren vor. Dem Rechtsvergleich mit der altgriechischen und altnordischen Haussuchung sind dadurch Grenzen gezogen. Weshalb der Bestohlene eine Schüssel mitzubringen hatte, kann dieser Vergleich schwerlich klären.

Mit den Antworten, die Festus und Gaius geben,[219] gab sich die Forschung denn auch nicht zufrieden, sondern suchte nach Wegen, die von den anfechtbaren Mutmaßungen der römischen Sprachwissenschaft wegführten. Hatten diese

---

[216] *Walde / Hofmann*, Lateinisches etymologisches Wörterbuch 1, 745.

[217] Darüber genauer Schol. Aristoph. Nub. 498–499 und Plat. leg. 12, p. 954a.

[218] *J. Grimm*, Deutsche Rechtsalterthümer, Band 2, Leipzig $^{4}$1899, 201; ferner *B. W. Leist*, Graeco-italische Rechtsgeschichte, Jena 1884, 246–250, *Cl. Frh. von Schwerin*, Die Formen der Haussuchung in indogermanischen Rechten, Mannheim – Berlin – Leipzig 1924, 7–11, und *F. Horak*, Quaestio lance et licio, Paulys Realencyclopädie der classischen Altertumswissenschaft, Band 24, Stuttgart 1963, 790–791.

[219] Festus, Pauli exc., s. v. *lance et licio*, p. 104 *Lindsay*; Gaius inst. 3,191–193 und Gloss. Taurin. zu Inst. Iust. 4,1,4 (*P. Krüger*, Die Turiner Institutionenglosse, Zeitschrift für Rechtsgeschichte 7, 1868, p. 78, Nr. 466 = *A. Alberti*, La „Glossa Torinese“ e le altre glosse del ms. D. III. 13, Turin 1933, p. 201, Nr. 936).

Bemühungen Erfolg? 1963 zog *Franz Horak*[220] die Bilanz, „bei dem heutigen Stand der Forschung" scheine es kaum möglich, das Rätsel um die *quaestio lance et licio* wirklich zu lösen. Nach eingehender Prüfung sämtlicher Erklärungsversuche stellte er fest: „Wir haben keine Hinweise auf die Bedeutung dieser Institution aus einer Zeit, in der sie noch in praktischer Übung war, geschweige denn aus einer, in der sie noch in ihrem ursprünglichen Sinn verstanden wurde."

Sieben Jahre später unternahm *Joseph Georg Wolf* einen neuen Vorstoß, mit dem er die eingefahrenen Gleise verließ. Er schlug vor, *lanx* mit „Opferschale" und *licium* mit „Kopfbinde" zu übersetzen.[221]

Auf den ersten Blick scheint sein Gedanke eher zum Ziel zu führen. Jedenfalls wirkt er aus mehreren Gründen bestechend: Der Götterglaube hatte das Recht der Zwölf Tafeln nachhaltig geprägt. Der Kläger wäre für alle denkbaren Diebstahlsfälle gewappnet gewesen, wenn er das Haus, das er durchsuchte, mit Kopfbinde und Opferschale betreten hätte. Das Gesetz hätte ihn in dem Bemühen, sein Recht wahrzunehmen, ausdrücklich bestärkt, wenn es seinem Vorgehen priesterliche Züge verliehen hätte. Wenn es ihm eine Verfahrensweise vorgeschrieben hätte, die der Haussuchung eine ähnliche Weihe gab, wie sie der Eideshaftung, dem *sacramentum*, zukam, hätte es ihn aufs Strengste dazu angehalten, nur berechtigte Ansprüche zu erheben.

Dennoch bleiben Bedenken. Belegt findet sich zwar, dass die Römer die *lanx* wie die *patera* als Opferschale verwandten,[222] nicht aber, dass sie mit *licium* die wollene Kopfbinde der Flamines bezeichneten. Dafür gebrauchten sie vielmehr das Wort *filum*.[223] Zudem fragt es sich, ob Gaius nur darin irrte, dass er dem Wort *licium* gegen den Sprachgebrauch die Sonderbedeutung von

---

220 *Horak*, RE 24, 797.

221 *J. G. Wolf*, Lanx und licium. Das Ritual der Haussuchung im altrömischen Recht, in: Sympotica Wieacker, Göttingen 1970, 59–70.

222 Verg. georg. 2,194. 394; Verg. Aen. 8,284; Prop. 2,13,23; Ov. fast. 1,454; Ov. Pont. 4,8,40. 9,33; Liv. 40,59,7–8; Lucan. 6,710.

223 Varro ling. 5,84; Tib. 1,5,15; Liv. 1,32,6; Festus, Pauli exc., s. v. *apiculum*, p. 21 *Lindsay*.

„Lendenschurz" unterlegte. Musste der Bestohlene überhaupt mit dem *licium* umgürtet sein, wenn er das Haus durchsuchen wollte, in dem er das Diebesgut zu finden hoffte?[224] Rührte diese Vorstellung nicht eher davon her, dass die lateinische Sprachwissenschaft *licium* als Bezeichnung für einen Lendenschurz ausgab? Wenn aber der Sprachgebrauch nicht dazu ermutigt, *licium* im festen Verbund mit *lanx* als Lendenschurz aufzufassen, wird damit zugleich die Annahme in Frage gestellt, der Bestohlene habe „unbekleidet", *nudus*, in das Haus eintreten müssen. Ebenso gut könnte der Rechtsvergleich mit der altgriechischen Haussuchung auf eine falsche Fährte geführt haben.

Ist aber zu bezweifeln, dass der Bestohlene nur einen Lendenschurz tragen durfte, wenn er das Haus des Diebes *cum lance et licio* durchsuchen wollte, dann fragt es sich, ob überhaupt vorausgesetzt werden darf, dass er es *licio cinctus* und *nudus* zu betreten hatte. Von beiden Annahmen wäre auszugehen, hätte er seine Kleider ablegen und sich eine Priesterbinde um den Kopf schlingen müssen, ehe er die Schwelle des Hauses hätte überschreiten dürfen, in dem er das Diebesgut sicherzustellen hoffte.[225] Weisen eindeutige Spuren darauf hin?

An Bildnissen, die zeigen, dass in frührömischer Zeit nicht nur Priester, sondern auch Hausväter aus kultischen Anlässen ein Band um den Kopf geschlungen trugen, mangelt es nicht. Doch deutet keines von ihnen darauf hin, es auf eine Haussuchung zu beziehen. Gewiss ist nicht auszuschließen, dass der Bestohlene urprünglich den Göttern opfern musste, ehe er verlangen durfte, in das Haus des Diebes eingelassen zu werden.[226] Wenn aber die Übung, vor Beginn der Haussuchung ein Opfer darzubringen, schon vor der Mitte des fünften Jahrhunderts abgekommen sein sollte, müssten die Zwölf Tafeln ein Überbleibsel vergangener Tage bewahrt haben, das sich mittlerweile überlebt hatte. Aus unerfindlichen Gründen, so wäre daraus zu folgern, hätten ihre Verfasser Rechtsbrauchttum, das bereits zu ihrer Zeit veraltet war, in ein

---

[224] So Gaius inst. 3,192.

[225] *Wolf*, in: Sympotica Wieacker, 76.

[226] *Wolf*, in: Sympotica Wieacker, 72–73.

Gesetzeswerk aufgenommen, das doch den Rechtsalltag der Gegenwart und Zukunft regeln sollte.

„Kultische Nacktheit“, wie Franz Wieacker sich ausdrückte,[227] braucht das römische Haussuchungsverfahren mit *lanx* und *licium* nicht einmal dann vorgesehen zu haben, wenn der Bestohlene tatsächlich mit einer Wollbinde um den Kopf und einer Schale in der Hand geopfert hätte, ehe er in das Haus des Diebes eintrat. Wenn er wirklich *licio cinctus* erscheinen musste, um eingelassen zu werden, und sich das *licium* nicht um die Lenden, sondern um den Kopf schlang, dann könnte er das Haus genauso gut bekleidet durchsucht haben. Wer sich das Stirnband der Flamines aufsetzte, brauchte seinen Oberkörper nicht zu entblößen. Der Römer, den der Deckel einer in Volterra gefundenen Graburne zeigt, war nicht unbekleidet, sondern trug *pilleus* und *tunica*.[228]

Während Festus und Gaius mit ihren Auskünften nur Verwirrung stiften konnten, gab Gellius der Forschung keinen begründeten Anlass, den Sinn der Wortverbindung *lanx* und *licium* misszuverstehen. Weder behauptet er, dass der Bestohlene das Diebesgut *licio cinctus*, noch, dass er es *nudus* sicherzustellen hatte. Da er von Diebstählen spricht, die „durch Schüssel und Schnur“, *per lancem liciumque*, erfasst worden seien,[229] muss er unter *lanx* und *licium* vielmehr Hilfsmittel verstanden haben, die zu diesem Zweck verwandt werden konnten. An Opferschale und Kopfbinde kann er dabei schwerlich gedacht haben. Der Kopfputz der Flamines hätte schlecht dazu gebraucht werden können, Diebesgut „zu erfassen“.

Mit seiner Wortwahl verlangte Gellius der lateinischen Sprache weniger ab, als Gaius und Festus ihr dadurch zumuteten, dass sie dem Wort *licium* eine vom gängigen Gebrauch weit abführende Sonderbedeutung unterlegten. Während Festus und Gaius es von „Schnur“ zu „Schurz“ umdeuteten und daraus folgerten, der Bestohlene habe mit dem *licium* seine Schamteile bedek-

---

[227] *Wieacker*, Römische Rechtsgeschichte 1, 245.

[228] Zu diesem Bildzeugnis s. *Wolf*, in: Sympotica Wieacker, 64–65.

[229] Gell. 11,18,9: *ea quoque furta, quae concepta essent, proinde ac si manifesta forent, vindicaverunt* sc. *decemviri nostri*.

ken müssen,[230] sah Gellius dazu keinen Anlass, sondern verwandte *lanx* und *licium* als Wortpaar, ohne seinen Inhalt zu erläutern.[231] Verstand er aber *licium* schlechtweg in dem geläufigen Sinne des Wortes, so engt seine Wortwahl den Spielraum für mögliche Deutungen darauf ein, dass der Eigentümer „Schüssel und Schnur" als Hilfsmittel mitzubringen hatte, wenn er das Haus des Diebes durchsuchte. Davon ausgehend bleibt lediglich zu fragen, wozu er sie benutzen sollte.

Gellius sagt nur, *lanx* und *licium* hätten dazu gedient, *furta* „zu erfassen". Seine Ausdrucksweise schließt aus, dass der Bestohlene das Haus des Diebes mit einem Strick betreten sollte, um ihn zu fesseln.[232] Wenn er „mit einer Schnur" – *per licium* – *furta* erfassen sollte, kann er sie nicht dazu verwandt haben, den Täter, *fur*, zu fassen oder gar zu fesseln.

Davon, dass der rechtmäßige Eigentümer *per licium* Diebstähle oder genauer Diebesgüter erfasste, könnte aber gesprochen werden, wenn er mit einem Strick Vieh abführte, das ihm gestohlen wurde.[233] Doch fragt es sich, weshalb das Durchsuchungsverfahren *per lancem liciumque* dem Fall vorbehalten worden sein sollte, dass jemand gestohlenes Vieh in seinem Haus versteckt hielt, und dies um so mehr, als ihr der Sprachgebrauch entgegensteht. Einen Strick oder ein Seil nannten die Römer *funis* oder *restis*, nicht *licium*. Mit *licium* bezeichneten sie vielmehr einen Faden oder eine Schnur. Darüber müsste man sich ebenso hinwegsetzen wie über die Tatsache, dass Gellius *lanx* und *licium* eng miteinander verknüpft. Da er sie mit *-que* zu einem Wortpaar zusammenschließt, schwebte ihm doch wohl vor, dass beide Hilfsmittel zusammengehörten. Wenn zur Wahl gestanden hätte, ob das eine oder das andere eingesetzt wurde, müsste er davon gesprochen haben, dass die Diebstähle *per lancem a u t licium* erfasst worden seien. Wozu aber hätte eine

---

[230] Festus, Pauli exc., s. v. *lance et licio*, p. 104 *Lindsay*; Gaius inst. 3,192–193.

[231] Gell. 11,8,9.

[232] So jedoch *Kaser*, Altrömisches ius, 340.

[233] So *H. Fränkel* bei *P. Jörs / W. Kunkel*, Römisches Privatrecht, Heidelberg $^{3}$1949, 254 Anm. 10.

Schüssel oder Schale mitgebracht werden müssen, wenn das *licium* tatsächlich dazu gedient hätte, gestohlenes Vieh abzuführen?

Die *lanx* kann der Haussuchung zweifellos leichter zugeordnet werden als das *licium*. Mit einer Schüssel oder Schale als Hohlmaß ließ sich etwa „erfassen“, in welchen Mengen ein Dieb fremdes Gut entwendet und in seinem Haus versteckt hatte. Die Annahme, dass die *lanx* zu diesem Zweck benutzt wurde, drängt sich schon deshalb auf, weil die Römer Hohlmaße wie den *culleus*, die *amphora* oder die *urna* nach Behältnissen oder Gefäßen benannten.

Wenn aber der Bestohlene die *lanx* als Hohlmaß verwandte, wird er das *licium* als Bandmaß mitgeführt haben.[234] Gellius weist es als Hilfsmittel, der Sprachgebrauch als Bindfaden, Kordel oder Schnur aus. Daraus zu schließen, dass der Bestohlene es in der förmlichen Haussuchung als Bandmaß mitzubringen hatte, bietet sich von der Sache her an, weil die Griechen eine Kordel zu Hilfe nahmen, wenn sie ein Feld vermaßen.[235]

Schüssel und Schnur halfen, den Wert des Diebesguts genauer zu ermitteln. Mit der Schüssel als Hohlmaß konnte der Bestohlene etwa „erfassen“, *concipere*, in welcher Menge Feld- oder Baumfrüchte entwendet wurden, mit der Schnur als Bandmaß etwa feststellen, wie lang und dick die Balken oder Pfähle waren, die ein Hausbesitzer gestohlen hatte, um sie als „Bauholz“, *tignum*, zu verzimmern.[236] Mit beiden Hilfsmitteln war er für Diebstähle gewappnet, die in der bäuerlichen Rechtswelt der Zwölf Tafeln sicherlich schwerer ins Gewicht fielen als in der großstädtischen der Weltmacht Rom. Je weiter Rom über die Größe und Wirtschaftskraft hinauswuchs, die es um die Mitte des fünften Jahrhunderts erlangt hatte, desto merklicher werden solche Straftaten in den Hintergrund getreten sein. Darauf wird es zurückzuführen sein, dass die

---

[234] *D. Flach / St. von der Lahr*, Die Gesetze der frühen römischen Republik. Text und Kommentar, Darmstadt 1994, 177–178.

[235] Hdt. 1,66,4.

[236] Zu diesem Straftatbestand des Zwölftafelrechts vgl. Festus, s. v. *tignum*, p. 502 *Lindsay*, Ulp. dig. 47,3 pr. – 47,3,1, Gaius dig. 41,1,7,10 und Paul. dig. 6,1,23,6. 10,4,6. 24,1,63. 46,3,98,8.

Haussuchung mit „Schüssel und Schnur“ schließlich abkam[237] und die Nachwelt am Ende nicht einmal mehr zu sagen wusste, wozu der Bestohlene *lanx* und *licium* einst mitbringen musste.

Mit einer Schüssel als Hohlmaß oder einer Schnur als Bandmaß konnte der Bestohlene freilich nicht alle Sachwerte erfassen, die entwendet und versteckt wurden. Doch setzten ihn diese Hilfsmittel im Rechtsalltag des frühen Rom immerhin in die Lage, Umfang oder Menge der gängigsten Diebesgüter so genau wie möglich zu ermitteln. Waren die gestohlenen Sachen mit diesen Hilfsmitteln nicht zu erfassen, so musste er selbstverständlich dennoch in das Haus eingelassen werden, in dem er sie finden und sicherstellen zu können hoffte. Wenn er es mit Schüssel und Schnur durchsuchte, um in vierfacher Höhe entschädigt zu werden, kann er diese Hilfsmittel indessen nur mitgenommen haben, um sinnbildhaft vor Augen zu führen, dass er sich nicht bereichern, sondern lediglich nachweisen wollte, wieviel ihm zustand.

In der kleinbäuerlichen Rechtswelt des frühen Rom werden Holz-, Obst- und Getreidediebstähle so stark vorgeherrscht haben, dass die weitaus meisten Diebesgüter mit Schüssel und Schnur zu erfassen waren. Je weiter Rom verstädterte, desto leichter konnte jedoch verblassen und in Vergessenheit geraten, zu welchem Zweck diese Hilfsmittel einmal mitzuführen waren. Im Laufe der Zeit kam der Rechtsbrauch, Diebesgut *per lancem liciumque* zu erfassen, schließlich ab[238] und schwand die Kenntnis davon, bis sie völlig verlorenging. Gelehrte wie Festus und Gaius konnten nur noch mutmaßen, wozu ein Bestohlener *lanx* und *licium* einmal mitzubringen hatte. Dem Sprachgebrauch trugen sie dabei ebenso wenig Rechnung wie dem Anhaltspunkt, dass *lanx* und *licium* sich als Hilfsmittel ergänzt haben müssen.

Kam auch das Verfahren ab, Diebstähle mit *lanx* und *licium* zu verfolgen, so behielt die Haussuchung doch ihren Platz im römischen Rechtsleben. Wer Diebesgut sonstwie erfasste, konnte stets verlangen, in dreifacher Höhe ihres Gegenwerts entschädigt zu werden. Sein Recht, das Haus des Diebes zu

---

[237] Gell. 16,10,8.

[238] Gell. 16,10,8.

durchsuchen, konnte er sogar nachdrücklicher durchsetzen, seitdem der Prätor einen Täter, der ihn an dessen Ausübung hindern wollte, einem *fur manifestus* gleichstellte. Um ihn davon abzuschrecken, sich der Nachforschung nach Diebesgut zu widersetzen, bildete der Prätor das Gesetzesrecht mit der Neuerung fort, dass er eine Klage auf „verwehrtes Diebesgut“, die *prohibiti furti actio*, einführte. Nach dem „Amtsrecht“, zu dem er das Gesetzesrecht durch Edikt fortentwickelte, hatte der Beklagte dem Kläger vierfachen Wertersatz zu leisten, wenn er ihm verweigert hatte, das Haus zu durchsuchen, in dem er das Diebesgut vermutete.[239] Damit ermutigte er den Bestohlenen, der Spur zu folgen, die von dem Tatort zu dem Haus des Diebes führte.

### 3. Die *endoploratio*

Handhaftem Diebesgut kam solches, das im Hause des Diebes oder eines Dritten *per lancem liciumque* erfasst wurde, zwar rechtlich gleich.[240] Im strengsten Sinne des Wortes betrachtete Gaius es aber nur dann als „handhaft“, wenn der Dieb auf frischer Tat ertappt wurde.[241] In diesen Fällen unterschied das Zwölftafelgesetz danach, ob er die Straftat bei Nacht oder bei Tag verübte. Beging er den Diebstahl bei Nacht, so konnte, wer ihn dabei erwischte, ihn straflos erschlagen: SI NOX FURTUM FACTUM SIT, SI IM OCCISIT, IURE CAESUS ESTO.[242] Fasste ihn jemand aber bei Tag, durfte er ihn nur dann töten, wenn sich der Täter mit einer Waffe widersetzte.[243]

---

[239] Gaius inst. 3,188: *est et prohibiti furti <actio> adversus eum, qui furtum quaerere volentem prohibuerit*; Gaius inst. 3,191–192: *concepti et oblati poena ex lege XII tabularum tripli es{s}<t> e<a>qu{a}<e> similiter a praetore ser{b}<v>atur. prohibiti actio quadrupli est ex edicto praetoris in{u}troducta.*

[240] Gell. 11,18,9.

[241] Gaius inst. 3,184 und 194.

[242] Macr. Sat. 1,4,19: *non esse ab re puto hoc in loco id quoque admonere, quod decemviri in duodecim tabulis inusitatissime ‚nox' pro ‚noctu' dixerunt. verba haec sunt: ‚si nox furtum factum sit, si im occisit, iure caesus esto.' – in quibus verbis id etiam notandum, quod ab eo, quod est ‚is', non ‚eum' casu accusativo, sed ‚im' dixerunt.*

[243] Cic. Mil. 9 und Tull. 47. 50; Gaius dig. 9,2,4,1 und 47,2,55,2; Gell. 11,18,6–7; Ulp. dig. 9,2,5 pr.; Ulp. coll. Mos. 7,3,2.

Bei Nacht durfte er sich kurzum stets darauf berufen, in Notwehr gehandelt zu haben, bei Tag dagegen nur dann, wenn er um sein Leben hätte fürchten müssen, wäre er dem Dieb nicht zuvorgekommen. Um das Gericht davon zu überzeugen, musste er um Hilfe rufen, *endoplorare*: <SI> LUCI <FURTUM FACTUM SIT>, SI SE TELO DEFENDIT, ... ENDOPLORATO. Nur dann schien er sich glaubhaft darum bemüht zu haben, dass Leute zusammenströmten, die ihm den auf frischer Tat ertappten Täter zu entwaffnen halfen oder sich ihm, wenn sie nicht rechtzeitig eintrafen, um ihm Beistand leisten zu können, wenigstens als Zeugen zur Verfügung stellten.

Im 7. Buch seines Kommentars zum Provinzialedikt vertrat Gaius allerdings den Standpunkt, wer einen Dieb oder Einbrecher bei Nacht auf frischer Tat ertappe, müsse gleichfalls Lärm schlagen, um den Zeugenbeweis dafür erbringen zu können, dass er aus Todesangst in Notwehr gehandelt habe.[244] Doch fragt es sich, ob schon das Zwölftafelgesetz ihm nur mit dieser Einschränkung Straffreiheit zusicherte, wenn er einen nächtlichen Dieb oder Einbrecher erschlagen hatte. *Adolf Berger* vermutete, ursprünglich habe nur der um Hilfe rufen müssen, dem ein Dieb oder Einbrecher bei Tage mit einer Waffe Widerstand leistete.[245] Seine Annahme mag durchaus zutreffen. Jedenfalls lässt sich gut vorstellen, dass dieses Erfordernis erst später auf den nächtlichen Diebstahl ausgedehnt wurde. Der mögliche Missbrauch des Rechtes, einen bei Nacht ertappten Dieb oder Einbrecher zu töten, könnte die Juristen dazu gebracht haben, den Nachweis der Notwehr und des Diebstahls zu erschweren.[246] Aus dem gleichen Grund hat sich das sogenannte Gerüft[247] im Rechtsleben des deutschen Mittelalters eingebürgert.

---

[244] Gaius dig. 9,2,4,1.

[245] *A. Berger*, Dig. IX 2, 4, 1 und das ‚endoplorato' der Zwölftafeln, in: Studi in memoria di Aldo Albertoni, Band 1, Padua 1935, 381–397.

[246] Dass die Rechtsentwicklung diese Richtung nahm, untermauert *F. Wieacker*, Endoplorare. Diebstahlsverfolgung und Gerüft im altrömischen Recht, in: Festschrift für Leopold Wenger, Band 1, München 1944, 137–142.

[247] Darüber eingehender *W. Schulze*, Beiträge zur Wort- und Sittengeschichte II, in: Kleine Schriften, Göttingen 1934, 163–166, und *L. L. Hammerich*, Clamor. Eine rechtsgeschichtliche Studie, Kopenhagen 1941, 6–15. 80–93.

## II. Haftung des Verschuldeten

Ein Römer konnte sich verknechten, ohne dass er eine Geldschuld gerichtlich eingestanden oder ein Gericht ihn zur Zahlung verurteilt haben musste. Leiblich haften konnte er aber auch, nachdem ein Gericht festgestellt hatte, dass er zur Zahlung einer Geldsumme verpflichtet sei. Im ersten der beiden Fälle, dem des *nexum*, konnte sich der Verschuldete mit seiner Hände Arbeit entschulden.[248] Im zweiten, dem der Judikatsschuld, hatte er als Verurteilter zu gewärtigen, ins Ausland verkauft zu werden, wenn er weder fristgerecht zahlte noch einen Mitbürger fand, der ihn auslöste.[249]

Noch ärgere Rechtsfolgen soll er zu befürchten gehabt haben, wenn er mehrere Gläubiger hatte. In diesem Fall, so schloss Africanus aus dem Wortlaut der Zwölf Tafeln,[250] durften sie den gemeinsamen Schuldner zerstückeln, wenn weder er seine Schulden tilgte noch ein Dritter dafür aufkam. Dass Gläubiger einen gemeinsamen Schuldner wirklich töteten, konnte Gellius sich zwar genauso schwer vorstellen wie Cassius Dio.[251] Gleichwohl rüttelte keiner von beiden an der überkommenen Auffassung, dass das Zwölftafelgesetz dem gemeinsamen Schuldner mehrerer Gläubiger eine so grausame Folge seiner Zahlungsunfähigkeit angedroht habe.

Doch fragt es sich, ob sie durchschauten, wie Gläubiger ihre Ansprüche im äußersten Fall durchsetzen konnten, wenn Schuldner ihre Zahlungsverpflichtungen nicht erfüllten. Aus den vorausgehenden Bestimmungen spricht immerhin der gesetzgeberische Wille, den Gläubigern mit verhältnismäßigen, dem Gebot wirtschaftlicher Vernunft genügenden Mitteln zu ihrem Recht zu verhelfen. Dem Schutz des Verschuldeten trugen die Zwölf Tafeln ebenso Rechnung wie den Belangen des Gläubigers. Auch wenn der Verschuldete seine Schuld zugab, musste der Gläubiger das Gericht anrufen, das Gericht auf

---

[248] Varro ling. 7,105.

[249] Gell. 20,1,47.

[250] Africanus bei Gellius 20,1,48–49.

[251] Gell. 20,1,50–52; Dio 4, frg. 17,8 *Boissevain*.

„eingestandene Geldschuld", *aes confessum*,[252] erkennen und dem Schuldner eine Zahlungsfrist von 30 Tagen setzen: AERIS CONFESSI REBUSQUE IURE IUDICATIS TRIGINTA DIES IUSTI SUNTO.[253] Wenn er sie ungenutzt verstreichen ließ, hatte er zu gewärtigen, dass der Gläubiger, um sein Zugriffsrecht zu bekräftigen, Hand auf ihn legte und ihn erneut vor Gericht zog: POST DEINDE MANUS INIECTIO ESTO, IN IUS DUCITO.[254] Zu sich nach Hause abführen durfte er ihn aber nur, wenn der Schuldner nach Ablauf der 30 Tage weder der gerichtlichen Entscheidung nachkam noch einen Vindex stellte, der sich vor Gericht für die Zahlung des geschuldeten Geldes verbürgte: NI IUDICATUM FACIT AUT QUIS ENDO EO IN IURE VINDICIT, SECUM DUCITO.

Auch jetzt bewahrte ihn das Zwölftafelgesetz noch immer vor dem Los, dem Gläubiger auf Gedeih und Verderb ausgeliefert zu sein. Der Gläubiger sollte ihn nicht erniedrigen, sondern nur dafür sorgen, dass der Schuldner nicht entlaufen konnte. Nur zu diesem Zweck sollte er ihn entweder um den Hals mit einem Riemen oder an den Füßen mit Beinschellen fesseln.[255]

Je nachdem, ob auf den Zwölf Tafeln QUINDECIM PONDO, NE MINORE, AUT, SI VOLET, MAIORE VINCITO[256] oder QUINDECIM PONDO, NE MAIORE, AUT, SI VOLET, MINORE VINCITO[257] gestanden hatte, mussten die Beinschellen m i n d e s t e n s oder durften sie h ö c h s t e n s 15 römische Pfund wiegen. Die zweite Fassung entdeckte *Jacques Cujas* in einer mittlerweile offenbar

---

[252] Zu dem gängigen Wortgebrauch, dass *aes* für *aes alienum* steht, vgl. etwa Curt. 10,2,10: *et rex satis gnarus professioni aeris pudorem, non contumaciam obstare, mensas totis castris poni iussit.*

[253] So der Wortlaut dieser Zwölftafelbestimmung, wenn er aus Gell. 15,13,11 und 20,1,45 richtig zusammengesetzt ist.

[254] Diese wie die nachfolgenden Zwölftafelbestimmungen über die Schuldknechtschaft im Wortlaut angeführt nach Gell. 20,1,45.

[255] Gell. 20,1,45.

[256] So der Wortlaut der Zwölf Tafeln nach der einhelligen Aussage aller maßgeblichen Handschriften zu Gell. 20,1,45.

[257] Dies die Lesart des codex Cuiacii zu Gell. 20,1,45.

verschollenen Abschrift der ‚Attischen Nächte‘ des Gellius.[258] Ihre Lesart übernahm er, obwohl alle anderen Abschriften desselben Werkes die erste bieten. Da die erste eher die zwar nicht sprachlich, aber inhaltlich „schwierigere Lesart“ verkörpert, könnte es sein, dass ein gelehrter Schreiber des 14. oder 15. Jahrhunderts, der sich an ihrem Inhalt stieß, sie zu der zweiten umänderte, um sie zu entschärfen.

Welche der beiden Fassungen zutrifft, ist freilich mit der Feststellung nicht entschieden, dass nur eine einzige – wohl jüngere – Handschrift die zweite Fassung überliefert. Sprachlich ist die eine so wenig wie die andere zu beanstanden. Der jüngeren zweiten wäre die ältere nur dann vorzuziehen, wenn sie auch in der Sache so gut wie die zweite zu vertreten wäre.

Nach der Aussage aller maßgeblichen Handschriften hätten die Zwölf Tafeln dem Gläubiger in der Form des Imperativs vorgeschrieben, wieviel die Beinschellen, die er dem Schuldner anlegen sollte, m i n d e s t e n s wiegen mussten, und ihm gestattet, nach eigenem Ermessen schwerere zu nehmen, wenn er es wollte.[259] Damit hätten sie es ihm freigestellt, die Haftbedingungen des Schuldners willkürlich zu verschärfen. Hätte ihm der Gläubiger beliebig schwere Beinschellen anlegen dürfen, dann hätte seine Bewegungsfreiheit so empfindlich eingeschränkt werden können, wie wenn er in ein enges Verlies eingesperrt worden wäre. Sollte ihm nicht eher nur so viel zugemutet werden, wie ihm nicht erspart werden konnte, wenn der Gläubiger nicht Gefahr laufen sollte, dass ihm der Schuldner entfloh?

Vor dem Missbrauch, dass der Gläubiger das Gewicht der Fußfesseln willkürlich heraufsetzte, hätten die Zwölf Tafeln den Schuldner nur geschützt, wenn sie bestimmt hätten, wie schwer sie h ö c h s t e n s sein durften. Wenn sie die Obergrenze hoch genug ansetzten, dass der Schuldner nach allgemeiner Lebenserfahrung nicht entlaufen konnte, hätten sie den Belangen beider Seiten in einem ausgewogenen Verhältnis Rechnung getragen. Den Schuldner hätten

---

[258] *J. Cujas*, Observationum et emendationum libri XXVIII, lib. 3, cap. 39, in: Cujacii opera, Band 1, Prato 1836, sp. 137.

[259] So zuletzt wieder *Hackl* in: *Kaser / Hackl*, Römisches Zivilprozeßrecht, 142 mit Anm. 77.

sie vor Härten, den Gläubiger vor Nachteilen bewahrt. Wenn sich aber dieser gesetzgeberische Wille dahinter verbarg, dass sie 15 römische Pfund zur Richtschnur nahmen, muss die Regelung, die sie trafen, QUINDECIM PONDO, NE MAIORE, AUT, SI VOLET, MINORE VINCITO gelautet haben. Je nachdem, über welche Körperkraft der Schuldner verfügte, ob er sich widerspenstig oder gefügig zeigte, hatte der Gläubiger abzuschätzen, ob er den Spielraum, den ihm das Zwölftafelgesetz beließ, ausschöpfte oder die Höchstgrenze unterschritt. Darauf zu achten, dass ihm der Schuldner nicht entlief, hatte es zwar zu seiner Sache erklärt. Doch war die Verantwortung, die es in seine Hände legte, kaum mit der zu vergleichen, die Lucius Cornelius Merula – nicht Lucius Cornelius Lentulus[260] – 198 v. Chr. als Stadtprätor dafür trug, dass die Geiseln der Karthager nicht entkamen.[261] Während der Gläubiger einen Mitbürger in Gewahrsam hielt, musste der Prätor der Gefahr, dass Ausländer zu entfliehen suchten, so wirksam wie möglich vorbeugen. Diese Gefahr glaubte er gebannt zu haben, wenn den Kriegsgefangenen Beinschellen angelegt wurden, die mindestens zehn römische Pfund wogen.[262]

15 römische Pfund schwere Beinschellen, so kann daraus gefolgert werden, genügten nach aller Erfahrung, um zu verhindern, dass ein noch so starker Schuldner dem Gläubiger entfliehen konnte. Sollten die Zwölf Tafeln das zulässige Höchstgewicht so hoch angesetzt haben, dann hätten sie dem Gläubiger freigestellt, diese Obergrenze zu unterschreiten, wenn er etwa einen gebrechlichen Greis schonen oder Metall sparen wollte. Dazu hätten sie den Gläubiger zwar nicht gezwungen. Doch könnte er sich aus eigenem Antrieb dazu entschlossen haben, wenn die körperliche Verfassung seines Häftlings es ihm zu erlauben oder nahezulegen schien oder er nur leichtere Fußfesseln zur Hand hatte. Sein Gewissen oder Mitgefühl mag sich dagegen gesträubt haben,

---

[260] Dass Livius 32,26,18 und Zonaras 9,16 ihn mit Lucius Cornelius Cethegus verwechselten, stellte *Broughton*, Magistrates of the Roman Republic 1, 330 und 332 Anm. 2, klar.

[261] Dies zu *Behrends*, Zwölftafelprozeß, 137.

[262] Liv. 32,26,18: *et circa nomen Latinum a praetore litterae missae ut et obsides in privato servarentur neque in publicum prodeundi facultas daretur et captivi* – sc. *Poenorum* – *ne minus decem pondo compedibus vincti in nulla alia quam in carceris publici custodia essent.*

einen Mitbürger wie einen Kriegsgefangenen zu halten. Dem Schuldner entgegenkommen zu können, kam ihn nicht zuletzt auch billiger.

Aus all diesen Gründen ist den Herausgebern der ‚Roman Statutes' darin zu folgen, dass sie wie schon *Jacques Cujas* und viele andere die Lesart QUINDECIM PONDO, NE MAIORE, AUT, SI VOLET, MINORE VINCITO der Lesart QUINDECIM PONDO, NE MINORE, AUT, SI VOLET, MAIORE VINCITO vorzogen.[263] Ihrem Inhalt nach verstößt die besser bezeugte Fassung, die der Willkür des Gläubigers keine Schranken gesetzt hätte, zu sehr gegen den Geist der Zwölf Tafeln, um als *lectio difficilior* verteidigt werden zu können. Während die Lesart, die *Jacques Cujas* aufgriff, keinen Anlass gibt, in der Sache beanstandet zu werden, drängt es sich umgekehrt auf, die der übrigen Handschriften zu QUINDECIM PONDO, NE MAIORE, AUT, SI VOLET, MINORE VINCITO abzuschwächen.

Dazu, das Höchstgewicht zu verringern, wenn „er", der S c h u l d n e r, es wollte, haben die Zwölf Tafeln den Gläubiger indessen schwerlich verpflichtet. Eine Grenze hätten sie nicht zu ziehen brauchen, wenn der Schuldner hätte entscheiden können, wie weit sie der Gläubiger zu unterschreiten hatte. Der Schuldner hätte sich natürlich gewünscht, von den Beinschellen nicht ernsthaft behindert zu werden. Hätte er bestimmen können, wieviel sie wiegen durften, dann hätte der Gläubiger befürchten müssen, dass ihm sein Häftling entfloh. Davor sollte der Gläubiger ebenso bewahrt werden wie der Schuldner vor der sinnlosen Härte, dass der Gläubiger ihm schwerere Beinschellen anlegte, als es der Zweck, die Fluchtgefahr abzuwenden, erforderte.

Der wissenschaftliche Meinungsstreit bewegte sich zwischen den beiden Fassungen der Handschriften, bis *Alfons Bürge* ihn mit einem neuen Vorstoß zu überwinden suchte. Zur Grundlage nahm er zwar die besser bezeugte Lesart QUINDECIM PONDO, NE MINORE, AUT, SI VOLET, MAIORE VINCITO. „Statt nach der gängigen Auffassung *ne* prohibitiv zu verstehen", erwog er aber,[264] „ob hier

---

[263] (*Humbert*), *Lewis, Crawford*, in: Roman Statutes 2, 627; so auch, um nur zwei gewichtige Stimmen zu nennen, *Kaser*, Römisches Zivilprozeßrecht, 101 mit Anm. 67, und *Wieakker*, Römische Rechtsgeschichte 1, 296. 298 Anm. 68, während *Hackl* in *Kaser / Hackl*, Römisches Zivilprozeßrecht, 142 mit Anm. 77, der Gegenmeinung zuneigt.

[264] *Bürge*, in: Mélanges Wubbe, 75–76.

nicht ursprünglich ein *ni* im Sinne von *nisi* gestanden haben könnte." Nach seinen Überlegungen bestimmte das Zwölftafelgesetz: „Er soll (sc. den Schuldner) mit Fesseln binden von 15 Pfund, wenn nicht mit leichteren oder wenn er es will (d.h., wenn der Schuldner zustimmt), soll er ihn mit einer schwereren fesseln."

Wenn die Sache es nahelegte, wäre in der Tat zu überlegen, ob statt *ne* nicht eher *ni* zu lesen sei. Doch besticht dieser Vorschlag nur auf den ersten Blick. Daran, dass dem Schuldner jeder Anlass fehlte, von sich aus schwerere Fesseln zu wünschen, ist schwerlich vorbeizukommen. *Bürge* versuchte es um den Preis, dass er den Bedingungssatz „wenn er es w i l l" zu „wenn der Schuldner z u s t i m m t" abschwächte. Darauf auszuweichen, erlaubt die Wortwahl der Zwölf Tafeln indessen keineswegs.

So wenig, wie er erniedrigt werden sollte, sollte der Schuldner in der Haft hungern müssen. Wenn er sich nicht von eigener Kost ernährte, musste ihm der Gläubiger während dieser Zeit mindestens ein römisches Pfund Emmer pro Tag stellen und diese Menge, wenn er es wünschte, erhöhen: SI VOLET, SUO VIVITO. NI SUO VIVIT, QUI EUM VINCTUM HABEBIT, LIBRAS F{E}<A>RRI<S> ENDO DIES DATO. SI VOLET, PLUS DATO. Mehr als ein Pfund Emmer sollte der Gläubiger dem Schuldner doch wohl nur dann geben, wenn der Schuldner es wollte. Das Subjekt muss also von dem Nebensatz *si volet* zu dem Hauptsatz *plus dato* gewechselt haben. Im anderen Fall hätte das Gesetz den Gläubiger aus unerfindlichen Gründen aufgefordert, dem Schuldner mehr zu geben, wenn „er", der Gläubiger, es wünschen sollte. Wenn er es ohnehin wollte, hätte es ihn nicht eigens dazu anzuhalten brauchen, seine Absicht in die Tat umzusetzen. Es mag sein, dass er seine Selbstkosten oder wenigstens die Mehrausgaben für die Lebensmittel, die die Mindestmenge von 1 Pfund Emmer überstiegen, dem Schuldner berechnen durfte oder der Schuldner sie tagsüber mit seiner Hände Arbeit abgelten musste. Auf jeden Fall stellte das Gesetz sicher, dass selbst ein mittelloser Schuldner mit hohem Nahrungsbedarf nicht zu hungern brauchte.

Im gleichen Geist sah das Zwölftafelgesetz vor, dass der Schuldner die 60 Tage, die er längstens in Haft gehalten werden durfte, dazu nutzen konnte, das Los der Sklaverei doch noch von sich abzuwenden. In diesem Zeitraum konnte er sich entweder mit dem Gläubiger gütlich einigen oder darauf hoffen, von einem Mitbürger ausgelöst zu werden. Der zweite Ausweg sollte ihm dadurch eröffnet werden, dass er an drei Markttagen in Folge zu einem Preis ausgeboten werden musste, der die gerichtlich ermittelte Geldschuld abdeckte.[265] Dieser Preis sollte nicht unterboten werden. An drei Markttagen musste der Schuldner vielmehr auf das Komitium geführt werden, weil von Amts wegen festgestellt werden sollte, ob der Betrag, den er dem Gläubiger schuldete, zu erzielen war. Der Prätor wachte darüber, dass das Gesetz eingehalten wurde. Erst wenn der dritte Versuch gescheitert war, hatte der Gläubiger nachgewiesen, dass der Schuldner zahlungsunfähig war. Dann nur durfte er „über den Tiber" ins Ausland verkauft werden, um dort das Dasein eines Sklaven zu fristen.[266]

Schon am ersten und zweiten Markttag mag zwar ein Ausrufer, der *praeco*, den verurteilten Schuldner ausgeboten haben. Wie es scheint, sollte an diesen beiden Tagen aber nur geklärt werden, ob ein Mitbürger sich bereit fand, ihn auszulösen.[267] Hätte ein R ö m e r das Eigentum an ihm erwerben können, dann müssten die Zwölf Tafeln vorgesehen haben, dass er dem Meistbietenden i n R o m als Sklave diente. Doch sahen sie nur vor, dass er am dritten Markttag ins Ausland verkauft wurde. Zu welchem Preis er verkauft wurde, richtete sich nach seinem Marktwert. Wenn er schwer zu veräußern war, konnte es dem Gläubiger widerfahren, dass er weniger erlöste, als ihm geschuldet wurde.

Unter Umständen hätte ein Mitbürger am dritten Markttag einen höheren Preis gezahlt als der Ausländer, der ihn schließlich kaufte. Doch durfte der Gläubiger einen Schuldner, der an drei aufeinanderfolgenden Markttagen vergeblich ausgeboten wurde, am dritten Markttag nur an einen Ausländer veräußern. Ihn nach drei vergeblichen Versuchen an einen Mitbürger zu verkaufen, sah das Zwölftafelgesetz nicht vor. Obwohl der Gläubiger vielleicht

---

265 Gell. 20,1,46–47: *erat autem ius interea paciscendi ac, nisi pacti forent, habebantur in vinculis dies sexaginta. inter eos dies trinis nundinis continuis ad praetorem in comitium producebantur, quantaeque pecuniae iudicati essent, praedicabatur.*

266 Gell. 20,1,47.

267 *Honsell*, in: *Honsell / Mayer-Maly / Selb*, Römisches Recht, 213–214.

einen höheren Preis hätte erzielen können, wenn seine römischen Landsleute am dritten Markttag hätten mitsteigern dürfen, schloss es sie vielmehr vom Kauf aus.

Weshalb sie am dritten Markttag nicht mitbieten durften, wenn sich an drei Markttagen kein Mitbürger dazu bereit erklärt hatte, ihn auszulösen, kann nur vermutet werden. Verwehrte etwa ein alter Rechtsgrundsatz, einem römischen Bürger Staatsbürgerschaft und Freiheit gegen seinen Willen zu entziehen?[268] Auf einen solchen Rechtsgrundsatz berief sich Cicero in der Rede ‚De domo sua'[269] Doch kann er kaum als Zeuge dafür herangezogen werden, dass der Rechtsgrundsatz, von dem er spricht, schon im Zwölftafelgesetz verankert war. Cicero führt ihn zwar als altes Erbe an, legt sich aber zeitlich nicht genauer fest. Seit wann und wie weit er galt, scheint die römische Rechtswissenschaft schon nicht mehr sicher gewusst zu haben. Sonst hätte sie schwerlich geschwankt, ob der am hellichten Tage auf frischer Tat ertappte Dieb dem Bestohlenen als Sklave zugesprochen oder lediglich seiner Hausgewalt unterworfen wurde.[270]

So strikt, wie Cicero es hinstellt, können die Römer den Rechtsgrundsatz, auf den er sich beruft, ohnehin nicht angewandt haben. Spätestens seit der Zeit der klassischen Republik durchbrachen sie bei schweren Vergehen die Regel, dass in ihrem Rechtskreis kein Bürger versklavt werden durfte.[271] Einer, der im

---

268 So *J. Binder*, Die Plebs. Studien zur römischen Rechtsgeschichte, Leipzig 1909, 509, *E. Balogh*, Zur Frage der Verzugszinsen, in: Mémoires de l'Académie internationale de Droit comparé, Band 1, Berlin – London – Paris 1928, 668. 671–672, *H. Lévy-Bruhl*, Quelques Problèmes du Très Ancient Droit Romain, Paris 1934, 15–16, *Kaser*, Altrömisches ius, 215, *C. W. Westrup*, Some Notes on the Roman Slave in Early Times. A Comparative Sociological Study, Danske Videnskabernes Selskab, Historisk-filologiske Meddelelser 36,3, Kopenhagen 1956, 6, *F. Wieacker*, Die XII Tafeln in ihrem Jahrhundert, in: Les origines de la république romaine, Fondation Hardt, Entretiens sur l'antiquité classique, Band 13, Genf 1967, 310, *A. Watson*, Rome of the XII Tables. Persons and Property, Princeton – London 1975, 81, *ders.*, Roman Slave Law, Baltimore – London 1987, 16, und *T. J. Cornell*, The Beginnings of Rome. Italy and Rome from the Bronze Age to the Punic Wars (c. 1000–264 BC), London 1995, 281.

269 Cic. dom. 77–79.

270 Zu dieser Streitfrage vgl. Gaius inst. 3,189 mit Gell. 11,18,8 und 20,1,7.

271 Cic. Caecin. 99.

Kriegsdienst die Wehrpflicht verletzte oder im Verkehr mit auswärtigen Völkern das Gesandtenrecht missachtete, hatte damit zu rechnen, den Rest seines Lebens als Sklave in einer römischen Provinz verbringen zu müssen.[272]

Welcher gesetzgeberischer Wille dahinter stand, dass ein zur Zahlung verurteilter säumiger Schuldner ins Ausland verkauft werden sollte, kann gleichfalls nur vermutet werden. Drohten ihm die Zwölf Tafeln dieses Los an, um ihn dazu anzuhalten, seinen Zahlungsverpflichtungen fristgerecht nachzukommen?

Das gesetzliche Gebot der Dreimaligkeit schützte jedenfalls den Schuldner gegenüber dem Gläubiger. Bevor er ihn ins Ausland verkaufen durfte, musste klargestellt sein, dass die römische Gesellschaft keinen Wert darauf legte, ihn in Rom als freien Römer zu behalten. Davon durfte erst ausgegangen werden, wenn sich an drei Markttagen kein Mitbürger bereit erklärt hatte, ihn auszulösen. Wenn sich dreimal niemand fand, der als Vindex[273] die Geldschuld beglich, durfte ihn der Gläubiger zwar veräußern, aber nur an einen Ausländer. Als freies Eigentum wurde er ihm nicht zugesprochen. Weder durfte er selbst ihn zum Sklaven nehmen, noch stand es ihm frei, ihn an einen Mitbürger zu veräußern, der ihn kaufte, um ihn als Sklaven zu halten. Dass ihm die Zwölf Tafeln beides verwehrten, konnte zwar zu seinem Nachteil ausschlagen, kam aber dem Gemeindefrieden zugute. Einem gebürtigen Römer zu ersparen, dass er zum Sklaven eines Mitbürgers absank, gebot nicht nur die Menschlichkeit, sondern auch der Gemeinsinn. Ehemals freie Landsleute, die über ihren gesellschaftlichen Abstieg verbittert waren, hätten das Gemeinwesen belastet. Menschen von freier Geburt vor den Augen ihrer Mitwelt so tief zu erniedrigen, hätte sozialen Sprengstoff geborgen, der sich zu Unruhen hätte entzünden können.

Wie aber vereinbart sich mit dieser Regelung, dass das Zwölftafelgesetz vorgesehen haben soll, den zahlungsunfähigen Schuldner bei Gläubigermehrheit zu zerstückeln, wenn ihn der Prätor auch am dritten von drei aufeinanderfolgenden Markttagen vergebens ausgeboten hatte? So fand Gellius die Be-

---

272 *Mommsen*, Römisches Strafrecht, 43–45. 945.

273 So *S. Schloßmann*, Altrömisches Schuldrecht und Schuldverfahren, Leipzig 1904, 161–165.

stimmung TERTIIS NUNDINIS PARTIS SECANTO vom Juristen Africanus ausgelegt.[274] Doch kann Africanus so wenig wie Quintilian, Tertullian oder Cassius Dio als Zeuge dafür angeführt werden, dass die Gläubiger eine so grausame Strafe, wie sie das Zwölftafelgesetz in diesem Fall angedroht haben soll, jemals vollstreckten. Der christliche Schriftsteller Tertullian stimmte vielmehr mit dem heidnischen Schriftsteller Quintilian darin überein, dass das Volksempfinden die fragliche Rechtsbestimmung faktisch außer Kraft gesetzt habe.[275] Cassius Dio schloss sogar aus, dass Römer einen Mitbürger, der sich als zahlungsunfähig erwiesen hatte, jemals getötet hätten.[276]

Africanus legte sich nicht darauf fest, dass in Rom noch keine Gläubigermehrheit so gnadenlos mit einem gemeinsamen Schuldner verfahren sei, wie das Gesetz es vorgesehen haben soll, behauptete aber ebenso wenig das Gegenteil. Zu diesem Punkt äußerte er nur, dass die Art der Todesstrafe, die zu verhängen es den Gläubigern erlaubt haben soll, dem Schuldner habe Angst einflößen müssen.[277] Doch muss es auch einer Gläubigermehrheit zu ihrem Recht verholfen haben. Empfand die römische Bevölkerung die Leibesstrafe, die es dem gemeinsamen Schuldner mehrerer Gläubiger angedroht haben soll, als so unmenschlich und entsetzlich, dass keine oder kaum eine Gläubigermehrheit es wagte, sie an ihm zu vollstrecken, dann hätten die Gläubiger keinen wirksamen Druck auf ihn ausüben können. Davon, sich verantwortungslos zu überschulden, hätte ihn die äußerste Rechtsfolge seiner Zahlungsunfähigkeit nur abschrecken können, wenn er hätte gewärtigen müssen, dass sie im schlimmsten Fall eintrat. Zudem müsste das Gesetz für die Fallgruppe, dass ein gemeinsamer Schuldner mehrerer Gläubiger sich als zahlungsunfähig erwies, aus unerfindlichen Gründen eine ungleich härtere Rechtsfolge vorgesehen haben, als wenn nur ein Gläubiger Ansprüche stellte, die der Schuldner nicht befriedigte. Weder braucht ein römischer Bürger, der mehreren Gläubigern Geld schuldete, sich insgesamt höher verschuldet zu haben als einer, der

---

274 Africanus bei Gellius 20,1,48.

275 Quint. inst. 3,6,84; Tert. apol. 4,9.

276 Dio 4, frg. 17,8 *Boissevain*.

277 Gell. 20,1,48.

nur einem Gläubiger Geld schuldete, noch deutet Africanus, Quintilian, Tertullian oder Cassius Dio an, dass die härtere der beiden Leibesstrafen schwereren Rechtsverstößen vorbehalten gewesen wäre. Hätte das Zwölftafelgesetz überhaupt vorgesehen, dass Gläubiger sie an einem gemeinsamen Schuldner vollstrecken durften, so hätte kein Gericht sie hindern können, ihn zu zerstückeln.

Von den Strafen, die dieses Gesetz unstreitig vorsah, weckt keine den Verdacht, dass die frührömische Gesellschaft ihr Rechtsempfinden verletzt gesehen hätte, wenn jemand sie tatsächlich vollstreckt hätte. Keine von ihnen widersprach dem Geist der Zwölf Tafeln so sehr, dass ein Römer des fünften Jahrhunderts sich hätte scheuen müssen, sie anzuwenden. Wie hätte eine Strafe auch abschrecken sollen, wenn der Täter sich darauf hätte verlassen können, dass sie ihn niemals ereilen werde? Wenn aber die Dezemvirn vorgesehen hätten, dass der Schuldner im ärgsten Fall von seinen Gläubigern getötet wurde, müsste ihnen dann nicht jegliches Gespür für Verhältnismäßigkeit und Zweckmäßigkeit des Druckmittels abgesprochen werden, das sie ihnen damit an die Hand gegeben hätten? Wenn überhaupt irgendein nachvollziehbarer Beweggrund, hätten höchstens bittere Gefühle wie Rachsucht, Enttäuschung oder Hass Gläubiger veranlassen können, einen Mitbürger lieber zu zerstückeln als in die Sklaverei zu verkaufen. Welche Vernunftgründe hätten ihn davon abhalten sollen, einen zahlungsunfähigen, aber verkäuflichen Schuldner in der Hoffnung zu veräußern, dass der Preis, den er erzielte, wenigstens seine gerichtlich anerkannten Ansprüche abdeckte? Selbst wenn die Gläubiger weniger zu erlösen fürchteten, als sie an Schulden eingefordert hatten, oder ihn vergeblich zu veräußern versuchten, wäre kaum einzusehen, welchen Vorteil sie sich von seiner Zerstückelung hätten versprechen können.[278] Und wozu hätte das Zwölftafelgesetz Gläubigern, die sich zuviel von der Leiche des Schuldners abschnitten, Straffreiheit zusichern sollen?[279] Betrug konnte doch nur in Erwägung gezogen werden, wenn ein Wertgegenstand auf die Gläubiger zu verteilen war.

---

[278] Zu diesem Einwand vgl. *Schloßmann*, Altrömisches Schuldrecht, 66.

[279] So jedoch Gellius 20,1,48–49.

Auf diese Fragen gibt die herrschende Meinung keine überzeugenden Antworten. Ihre Verfechter[280] verließen sich mehr oder weniger auf die Aussagen der vier antiken Gewährsleute Quintilian, Gellius, Tertullian und Dio, obwohl das Zwölftafelgesetz in der Zusatzbestimmung TERTIIS NUNDINIS PARTIS SECANTO nur von Teilen, nicht von Leichenteilen, sprach.

Die Herausgeber der ‚Roman Statutes' übernahmen sie allerdings nicht, sondern zogen ihr die Mindermeinung vor, wonach die Gläubiger am dritten Markttag das Vermögen des gemeinsamen Schuldners in Teile schneiden sollten.[281] Dieser Ansicht schlossen sie sich indessen nur zögernd an; stimmten sie ihr doch nur mit dem Vorbehalt zu, sich damit für die „am wenigsten unwahrscheinliche Erklärung" entschieden zu haben.

---

[280] So etwa *W. Blair*, An Inquiry into the State of Slavery amongst the Romans, London 1833, 42, *W. Swoboda*, Beiträge zur griechischen Rechtsgeschichte, Zeitschrift der Savigny-Stiftung für Rechtsgeschichte, Rom. Abt. 26 (1905), 211, *R. Düll*, Besprechung zu: *Lévy-Bruhl*, Quelques problèmes du très ancient droit romain (Paris 1934), Zeitschrift der Savigny-Stiftung für Rechtsgeschichte, Rom. Abt. 56 (1936), 289–290, *V. A. Georgescu*, Partes secanto, Revue internationale des droits de l'antiquité 2 (1949), 376, *Kaser*, Altrömisches ius, 187–188, *L. Wenger*, Institutionen des römischen Zivilprozeßrechts, München 1925, 214, *F. Cancelli*, Leggenda e storia delle Dodici Tavole, Rom 1959, 27, *G. MacCormack*, *Partes secanto*, Tijdschrift voor Rechtsgeschiedenis. Revue d'histoire du droit 36 (1968), 509–518, *O. Behrends*, Das *nexum* im Manzipationsrecht oder die Ungeschichtlichkeit des Libraldarlehens, Revue internationale des droits de l'antiquité, 3$^{e}$ sér. 21 (1974), 138–139, und: Zwölftafelprozeß, 5–6. 141. 144–146. 158. 207–208, *F. Horak*, Kreditvertrag und Kreditprozeß in den Zwölftafeln, Zeitschrift der Savigny-Stiftung für Rechtsgeschichte, Rom. Abt. 93 (1976), 280–281, *O. Kahn*, Die Personalexekution der 12 Tafeln in den Volkserzählungen, Botha's Hill, Natal o.J., 5, *Watson*, Rome of the XII Tables, 113. 115–116. 122 mit Anm. 38. 123, *G. Franciosi*, „Partes secanto" tra magia e diritto, Labeo 24 (1978), 263–275, *A. Völkl*, Die Verfolgung der Körperverletzung im frühen Römischen Recht, Forschungen zum Römischen Recht 35, Wien – Köln 1984, 50, *F. De Martino*, Wirtschaftsgeschichte des alten Rom, München 1985, 46, *E. Pólay*, Iniuria-Tatbestände im archaischen Zeitalter des antiken Rom, Zeitschrift der Savigny-Stiftung für Rechtsgeschichte, Rom. Abt. 101 (1984), 155 mit Anm. 22 und 23, *A. Magdelain*, Le *ius* archaïque, Mélanges de l'École Française de Rome – Antiquité 98 (1986), 280, oder *Eder*, in: Social Struggles, 289.

[281] (*Humbert*), *Lewis, Crawford*, in: Roman Statutes 2, 629, nach *O. Lenel*, Besprechung zu: *E. Lambert*, Le problème de l'origine des XII tables (1902), Zeitschrift der Savigny-Stiftung für Rechtsgeschichte, Rom. Abt. 26 (1905), 507–509, *Lévy-Bruhl*, Problèmes du droit, 152–167, *V. L. da Nóbrega*, Partis secanto, Zeitschrift der Savigny-Stiftung für Rechtsgeschichte, Rom. Abt. 76 (1959), 506, und *Wieacker*, Römische Rechtsgeschichte 1, 297 Anm. 61.

Sollte die Mindermeinung zutreffen, dann hätte die Rechtsbestimmung TERTIIS NUNDINIS PARTIS SECANTO den Gläubigern nicht nur gestattet, sondern vorgeschrieben, das Vermögen des gemeinsamen Schuldners unter sich aufzuteilen. Doch lehrten die Erfahrungen des Rechtsalltags schwerlich, dass ein Bürger, der seine Geldschuld nicht beglich, noch über Vermögen verfügte, das er nicht dazu verwenden mochte, sie zu tilgen. Vermögen in Teile zu schneiden, hätten die Zwölf Tafeln überdies nur vorsehen können, wenn sich von vornherein hätte ausschließen lassen, dass es sich dabei um Sachwerte wie etwa Geschirr, Fässer oder Krüge gehandelt haben könnte, die zu zerstückeln widersinnig gewesen wäre. Zudem wäre *secare* für die Zerteilung von Vermögenswerten ein sonderbares Wort. Darauf machte bereits *Geoffrey MacCormack* aufmerksam.[282] Nur zog er aus seiner richtigen Beobachtung den falschen Schluss, das Zwölftafelgesetz habe den Gläubigern zwar nicht gestattet, den Schuldner zu töten, ihnen aber erlaubt, seine Leiche zu stückeln, wenn er in der Haft gestorben sei. Dazu kann es sie schon deswegen nicht ermächtigt haben, weil es ausdrücklich bestimmte, dass an dem letzten der drei Marktage, an dem er – selbstverständlich lebend – ausgeboten werden sollte, die Teile geschnitten werden sollten.[283]

Nach Quellenlage kann allein Gellius diese Bestimmung richtig zu deuten helfen, obwohl auch er ihren Sinn nicht durchschaute. Nur von ihm ist zu erfahren, dass sie TERTIIS NUNDINIS PARTIS SECANTO lautete.[284] Nur er führt sie im Wortlaut als Zusatzbestimmung an, nach der lediglich verfahren werden sollte, wenn jemand m e h r e r e n Gläubigern Geld schuldete, das er nicht aufzubringen vermochte.[285] Unvoreingenommen gelesen besagte dieser Rechtssatz zunächst einmal nur, dass sie „Teile abschneiden" sollten. Wovon, brauchte ihnen nicht erläutert zu werden, solange Kupferroherz, *aes rude*, als Zahlungsmittel diente. Doch schwand die Kenntnis der alten Formen des Zahlungsverkehrs, als Reliefbarren und pfundschweres Rundgeld, *aes grave*,

---

[282] *MacCormack*, TR 36 (1968), 515–517.

[283] Africanus bei Gellius 20,1,49.

[284] Gell. 20,1,49: *et quidem verba ipsa legis dicam ...: ,tertiis', inquit, ,nundinis partis secanto.'*

[285] Gell. 20,1,48: *nam si plures forent, quibus reus esset iudicatus, secare ... permiserunt.*

das formlose Brockengeld, *aes rude* oder *aes infectum*, ablösten. Je ferner die Zeit rückte, in der von einem Kupfererzbrocken so viel abgehauen, abgesägt oder abgeschlagen wurde, wie der Käufer dem Verkäufer zu zahlen hatte, desto leichter konnte sich der Irrtum einschleichen, die Gläubiger sollten den Körper des Schuldners unter sich aufteilen. Wie stark er sich ausbreitete, spiegelt der Gleichklang der antiken Stimmen, die sich dazu äußerten, getreu wider. Das Urteil der Nachwelt trübte er so sehr, dass Quintilian meinte, in den Zwölf Tafeln sei „es freigestellt gewesen, eines Schuldners Körper unter den Gläubigern aufzuteilen“,[286] Africanus behauptete, „wenn es mehrere gewesen“ seien, „denen der Beklagte gerichtlich zuerkannt worden war“, hätten ihnen die Zehn Männer „zu zerschneiden erlaubt, wenn sie es wollten, und zwar den Körper des ihnen zugesprochenen Menschen zu zerteilen“,[287] Tertullian erklärte, es habe „gesetzliche Regelungen“ gegeben, „die sogar vorsahen, dass Verurteilte zum Ausgleich in Stücke zerlegt wurden von ihren Gläubigern“[288] und Dio feststellte, „wenn einmal mehrere jemandem Geld auf Zinsen geliehen hatten“, hätten sie „das Recht besessen, seinen Körper im Verhältnis zu dem Anteil seiner Schuldverpflichtungen in Stücke zu teilen“.[289] Weshalb es die grausame Strafe, zerstückelt zu werden, nur dem gemeinsamen Schuldner mehrerer Gläubiger angedroht haben sollte, fragte sich keiner von ihnen.. Darüber nachzudenken, versäumten selbst Quintilian und Tertullian, obwohl sie sich nicht verhehlten, dass ein so hohes Strafmaß dem Volksempfinden widersprochen haben müsste.[290] Wie sie, so sahen auch Africanus und Dio darüber hinweg, dass die Bestimmung *partis secanto* den Gläubigern Teile abzuschneiden nicht bloß erlaubte, sondern ausdrücklich gebot.

Unter sich aufteilen sollten die Gläubiger aber nicht den gemeinsamen Schuldner, sondern den Kupfererzbrocken, den sie als Gegenwert in Empfang

---

[286] Quint. inst. 3,6,84.

[287] Gell. 20,1,48.

[288] Tert. apol. 4,9.

[289] Dio 4, frg. 17,8 *Boissevain*.

[290] Quint. inst. 3,6,84 („eine Bestimmung, die der Volksbrauch ablehnte“); Tert. apol. 4,9 („nach allgemeiner Übereinkunft wurde die Grausamkeit später ausgemerzt, die Leibesstrafe in einen Ehrenmakel verwandelt“).

nahmen, wenn sie ihn in die Sklaverei verkauften.[291] Nur wenn jeder sich seinen Anteil vom Gesamterlös abschlug, konnten ihre Ansprüche nach der Höhe der Verbindlichkeiten abgegolten werden. Nur in dem Sonderfall, dass der Erlös nach der Höhe der Schuldforderungen zu stückeln war, sollte es nicht als Betrug ausgelegt werden, wenn ein Gläubiger sich zum Schaden des oder der anderen ein zu großes Kupfererzstück abhackte: SI PLUS MINUSVE SECUERUNT, SE FRAUDE ESTO.[292] Dieser Rechtsschutz musste gewährt werden, weil es nicht auf Anhieb gelingen konnte, Brockengeld im genauen Gewichtsverhältnis zu der Höhe der Ansprüche zu stückeln. Aus eben diesem Grund sollte kein böser Wille unterstellt werden dürfen, wenn jemand sich ein zu großes Stück abgesägt oder abgehauen hätte. Dass die Stückelung dem einen zum Vorteil, dem anderen zum Nachteil ausschlug, war nur zu vermeiden, wenn die Gläubiger sämtliche Brockenteile wogen, um die Abweichungen von ihrem rechnerischen Anteil am Gesamterlös festzustellen und auszugleichen.

Wenn aber das Zwölftafelgesetz die Gläubiger nur ermächtigte, den Erlös zu stückeln, den sie am dritten Markttag erzielten, muss es dem Schuldner als die ärgste Strafe, die ihn treffen konnte, angedroht haben, ins Ausland verkauft zu werden. Das Los, in der Fremde das Dasein eines Sklaven fristen zu müssen, griff in das Leben eines freien römischen Bürgers hinlänglich tief ein. Die Gefahr, zu dieser Strafe verurteilt zu werden, schreckte wirksam genug davon ab, Gläubiger zu prellen. Jeder, dem sie drohte, würde sie von sich abzuwenden versuchen, wenn er über die Mittel verfügte, die er brauchte, um seine gerichtlich festgestellte Geldschuld zu begleichen.

Später kam die Strafe ab, dass ein zahlungsunfähiger Römer, dessen Geldschuld keiner seiner Mitbürger zu begleichen bereit war, am dritten von drei aufeinanderfolgenden Markttagen ins Ausland verkauft wurde. Wann sie abgeschafft wurde, lässt sich indessen nicht mehr klären. Vielleicht bestand sie

---

[291] *A. Adam*, Handbuch der römischen Altertümer, Band 1, Erlangen 1832, 65; *J. Muirhead*, Historical Introduction to the Private Law of Rome, London ²1899 (ND Littleton 1985), 199, und London ³1916, 191; *A. Ch. Johnson / P. R. Coleman-Norton / F. C. Bourne* [Hrsg.], Ancient Roman Statutes, Austin 1961, 14 Anm. 25; *Flach / v. d. Lahr*, Gesetze der frühen römischen Republik, 126–127; *Kaser / Hackl*, Römisches Zivilprozeßrecht, 144.

[292] Gell. 20,1,49.

so lange wie die *addictio* des auf frischer Tat ertappten Diebes fort. Nach dem Recht der Zwölf Tafeln wurde der zahlungsunfähige Verschuldete dem Gläubiger jedenfalls ebenso „zugesprochen“ wie der „handhafte Dieb“, der *fur manifestus*, dem Bestohlenen.[293] Doch ist weder zu belegen noch sicher zu erschließen, dass das einstige Zugriffsrecht des Gläubigers, das den Schuldner ins Ausland zu verkaufen erlaubte, mit dem einstigen des Bestohlenen abkam. Der Gang, den die Schuldknechtschaft nahm, kann das alte Zugriffsrecht des Gläubigers höchstens so weit berührt haben, wie es darauf eingeschränkt war, „die Arbeitskraft des Verhafteten zu nutzen“.[294] Zumindest braucht es nicht gänzlich abgekommen zu sein, als Rom die Schuldknechtschaft abschaffte oder auslaufen ließ. Ohnehin ist schwer zu sagen, wann in Rom die Schuldknechtschaft abkam. Wenn die Konsuln Gaius Poetilius Libo Visolus und Lucius Papirius Cursor 326 v. Chr. überhaupt ein Gesetz durchbrachten, das Schuldknechte vor unbilligen Härten schützen sollte, und Livius seinen Inhalt richtig überliefert,[295] ersparten sie die Demütigung, in Fesseln gehalten zu werden, nur solchen Schuldknechten, die keine Schuld auf sich geladen hatten.[296] Das Verdienst, die Schuldknechtschaft aufgehoben zu haben, schreibt im griechisch-römischen Altertum weder er noch ein anderer ihnen zu. Wenn es dem Mann zukam, dem Varro es zuspricht, führte vielmehr der Diktator Poetilius, der gleichnamige Sohn des Konsuls Gaius Poetilius Libo Visolus, diese Neuerung 13 Jahre später in Rom ein.[297]

Mit Livius ist Varro so wenig zu widerlegen wie Varro mit Livius. Beider Angaben widersprächen sich nicht, sollte der Sohn das Werk des Vaters vollendet haben. In diesem Fall wären zwei von Poetiliern durchgebrachte Gesetze im Abstand von 13 Jahren in Kraft getreten und hätten sie die Schuldknechtschaft in zwei Stufen aufgehoben. Nur fragt es sich, ob die Römer des

---

[293] Vgl. Gell. 20,1,44 und Gaius inst. 3,189.

[294] *Kaser / Hackl*, Römisches Zivilprozeßrecht, 131.

[295] Liv. 8,28,8.

[296] *Kaser*, Altrömisches ius, 247–248; *Kunkel*, Römisches Kriminalverfahren, 105 mit Anm. 386; *Kaser / Hackl*, Römisches Zivilprozeßrecht, 145.

[297] Varro ling. 7,105.

ausgehenden vierten Jahrhunderts das Dasein eines Schuldknechts als so entwürdigend empfanden, dass sie freigeborenen Bürgern dieses Los nicht länger zumuten mochten. Das Recht, einen säumigen Schuldknecht zu fesseln, kann jedenfalls kein Gesetz des vierten Jahrhunderts den Gläubigern aberkannt haben; überdauerte es doch sogar die ausgehende Republik. Die Gemeindesatzung der südspanischen Kolonie Urso, die Caesar in Auftrag gab, gestattete ihnen nach wie vor, Hand auf einen rechtskräftig verurteilten Schuldner zu legen und ihn mit sich zu führen, um ihn zu Hause gefesselt in Haft zu halten.[298] Insoweit bestand das für römische Bürger geltende Recht, auf das sie sich mit den Worten *iure civili vinctum habeto* ausdrücklich berief, unverändert fort. Untersagt war den Gläubigern nur, den Schuldner ins Ausland zu verkaufen. Ihren gerichtlich zuerkannten Anspruch konnten sie zwar nicht mehr selbst vollstrecken. Um ihn durchzusetzen, konnten sie aber den zuständigen Gemeindebeamten dazu einschalten, das Geld von Gerichts wegen einzutreiben.

Wann verboten wurde, freigeborene Römer bei Zahlungsunfähigkeit ins Ausland zu veräußern, steht ebenso wenig fest, wie sicher entschieden werden kann, wann die Schuldknechtschaft abkam. Wer sich als Schuldknecht verdingte, haftete zwar ebenso mit seiner Person wie jemand, der in die Sklaverei verkauft zu werden drohte, wenn er seine Geldschuld nach Ablauf der Fristen, die ihm die Zwölf Tafeln setzten, nicht beglichen hatte. Mit der Schuldknechtschaft müsste die Folge, in die Sklaverei verkauft zu werden, aber nur dann abgekommen sein, wenn das eine von dem anderen nicht zu trennen gewesen wäre. Nicht nur Schuldknechte hatten zu gewärtigen, ins Ausland verkauft zu werden. Dieses Los drohte vielmehr allen zahlungsunfähigen Schuldnern, gleich, ob sie ihre Schulden mit ihrer Hände Arbeit oder etwa mit dem Erlös von Erträgen vergebens abzutragen versucht hatten.

Mit den Schuldknechten, die Varro zu der Zeit, in der er seine Schrift über die Landwirtschaft verfasste, nur noch in Asien, Ägypten und Illyrien, nicht aber mehr in Rom vorfand,[299] verschwand zwar der persönlich haftende

---

[298] Dessau, ILS 6087 = *Bruns / Gradenwitz*, FIRA, Nr. 28 = *Riccobono*, FIRA I, Nr. 21, = *E. Gabba*, in: Roman Statutes 1, Nr. 25, c. LXI.

[299] Varro rust. 1,17,2: *omnes agri coluntur hominibus, servis aut liberis aut utrisque: liberis aut (cum ipsi colunt, ut plerique pauperculi) cum sua progenie aut mercennariis (cum*

Schuldner, der seine Verbindlichkeiten als *obaerarius* abzutragen hatte, aus dem römischen Rechtsleben. Doch konnten die Grundeigentümer andere Arten rechtlicher und wirtschaftlicher Abhängigkeit nutzen, die den innerrömischen Frieden weniger zu belasten versprachen. Die Dienste, die in der Landwirtschaft zu leisten waren, verlagerten und verteilten sich auf drei gesellschaftliche Gruppen, die auf anderer Rechtsgrundlage von den Grundeigentümern abhingen, denen sie sie erbrachten: auf Sklaven, Tagelöhner und Pächter.

---

*conducticiis liberorum operis res maiores ut vindemias ac faenisicia administrant) ii<s>que, quos obaerarios nostri vocitarunt et etiam nunc sunt in Asia atque Aegypto et in Illyrico complures.*

# *Drittes Kapitel*

# Materielles Privatrecht und Öffentliches Recht

## I. Das *consortium ercto non cito* im Rahmen der Erbfolge

Die alte Rechtsformel *ercto non cito* war noch in der Hohen Kaiserzeit gebräuchlich, wenn keiner der Hinterbliebenen das Erbe zu teilen wünschte. Doch fragt es sich, wie weit man die beiden Wortbestandteile *ercto* und *cito* noch richtig erfasste. Gellius erlaubt auf diese Frage keine eindeutige Antwort. Wie Cicero führt er die Formel *ercto non cito*, ohne sich sprachlich mit ihr auseinanderzusetzen,[300] als stehende Wendung für den Sachverhalt an, dass die Erbteilung unterblieb. Dagegen legt Gaius sich auf die beiden Worterklärungen fest, *ercto* stamme von *erus*, der älteren, mittlerweile weniger gebräuchlichen Bezeichnung für den Hausherrn und Eigentümer, den *dominus*, ab und *cito* komme seinem Inhalt nach dem geläufigeren *diviso* gleich.[301] Nach den Ergebnissen der neueren Sprachforschung[302] hält indessen weder die eine noch die andere der Prüfung stand. Festus legt es vielmehr nahe, *erctum* in die Wortfamilie einzureihen, die dem griechischen Stammwort *έργειν* entsprang, und stellt klar, dass *citum* von *ciere*, „in Gang setzen", gebildet ist.[303]

---

[300] Gell. 1,9,12; Cic. de orat. 1,237.

[301] Gaius inst. 3,154a.

[302] Zum Stand der Forschung vgl. *Walde / Hofmann*, Lateinisches etymologisches Wörterbuch 1, 213–214. 640–641, und *A. Ernout / A. Meillet*, Dictionnaire étymologique de la langue latine, Band 1, Paris $^{4}$1959, 200.

[303] Festus, Pauli exc., s. v. *erctum*, p. 72 *Lindsay*: *erctum citum{que} fit inter consortes, ut in libris legum Romanorum legitur. erctum a coercendo dictum; unde et erciscendae et ercisci. citum autem est vocatum a ciendo.*

Gaius verstand zwar den Sinn der Rechtsformel *ercto non cito*, nicht aber den der Bestandteile *ercto* und *cito*, aus denen sie sich zusammensetzte. Der eine Irrtum, *ercto* leite sich von *erus* her, führte ihn zwangsläufig zu dem anderen, *cito* stehe für *diviso*. Missdeutete er *ercto* zu einem Gegenstück des Ablativs von *dominium*, dann musste er *ciere* gegen den Sprachgebrauch zu *dividere*, „teilen“, umdeuten. Zu diesen einander bedingenden Fehlern verleitete ihn entweder die römische Sprachforschung oder die römische Rechtswissenschaft. Wenn der Vergilerklärer Donat und der Grammatiker Nonius unabhängig voneinander demselben Irrtum zum Opfer fielen,[304] wird er auf eine gemeinsame Wurzel zurückgehen.

Zum Ursprung der Redewendung *erctum ciere* gelangt man, wenn man an den beiden Anhaltspunkten ansetzt, die der Sprachgebrauch an die Hand gibt: dass *erctum* derselben Wortfamilie wie *έργειν*, *εἵργειν* oder *ἔργνυμι* und *ciere* derselben wie *κινεῖν* angehört. Das erste der beiden Wörter hatte „Einhegung“, das zweite „in Gang setzen“ zur Grundbedeutung. Zu verdeutschen ist die Rechtsformel, mit der die Römer ausdrückten, dass eine Erbteilung unterblieb, folglich mit „ohne dass eine Einhegung in Gang gesetzt wurde“.

Ob *ercto* Ablativ von *erctus* oder von *erctum* ist, berührt das Ergebnis nicht. Obwohl die Auskünfte, die das kaiserzeitliche Schrifttum über das Geschlecht des mittlerweile veralteten Wortes gibt, voneinander abweichen,[305] braucht daraus nicht gefolgert zu werden, dass der männlichen Form ein anderer Inhalt als der sächlichen beizulegen sei. Als substantiviertes Neutrum eines Partizips Perfekt Passiv wird *erctum* ursprünglich zwar eher das Ergebnis als den Verlauf der Handlung bezeichnet haben, die sein Grundwort ausdrückte. Als die Rechtsformel *ercto non cito* geprägt wurde, scheint es aber noch die Wortbedeutungen „Gehege“ und „Einhegung“ in sich vereinigt zu haben.[306]

---

[304] Donat bei Serv. Aen. 8,642: *Donatus hoc loco contra metrum sentit, dicens ‚citae‘ divisae, ut est in iure ‚ercto non cito‘, id est patrimonio vel haereditate non divisa.* – Nonius, s. v. *citum*, p. 405–406 *Lindsay*: *citum, divisum vel separatum …*

[305] Zu der männlichen Form *erctus* vgl. Quint. inst. 7,3,13 und Gloss. 2,578,44, zu der sächlichen *erctum* Festus, Pauli exc., s. v. *erctum*, p. 72 *Lindsay* und Gaius inst. 3,154a.

[306] Weniger befriedigend demgegenüber *E. Levy*, Neue Bruchstücke aus den Institutionen des Gaius, Zeitschrift der Savigny-Stiftung für Rechtsgeschichte, Rom. Abt. 54 (1934), 278:

Wenn überhaupt, streifte es die zweite frühestens ab, als die fortschreitende Verbreiterung des lateinischen Wortschatzes den männlichen Abkömmling *erctus* hervorbrachte. Wurde er nach der 4. Deklination gebeugt, bezeichnete er eindeutig den Vorgang der Einhegung,

Von *erctum* zu *erctus* verlief die Sprachentwicklung kurzum in den gleichen Bahnen wie von *nexum* zu *nexus*. Wie *nexum* den Vorgang, nicht das Ergebnis der „Verpflichtung" oder „Verschlingung" bezeichnete, wenn es sich mit dem Tätigkeitswort *facere* verband; so bezeichnete *erctum* den Vorgang, nicht das Ergebnis der Einhegung, wenn es sich mit dem Tätigkeitswort *ciere* verband. Beide Erscheinungen passen in das Bild, das Befund und Werdegang der Sprache des Zwölftafelgesetzes auch sonst vermitteln. In vergleichbarer Weise konnte das substantivierte Partizip Perfekt Passiv *furtum* von der Wortbedeutung „Diebesgut" zu der Wortbedeutung „Diebstahl" hinübergleiten, wenn es mit *facere* zu dem Ausdruck für die Verübung eines Diebstahls verknüpft wurde. Wenngleich die Sprachentwicklung aus den substantivierten Partizipien *erctum* und *nexum* mit den beiden jüngeren Nominalbildungen *erctus* und *nexus* zwei männliche Ableger hervorbrachte, die nicht nach der 2., sondern nach der 4. Deklination gebeugt wurden, behielten die Römer die zu festen Wortverbindungen geronnene Wortwahl der Vorfahren bei. Aus *mancipio et nexo* wurde so wenig *mancipio et nexu,* wie aus der Rechtsformel *ercto non cito* ein *erctu non cito* wurde.[307]

Die einander bedingenden Fehler, *ercto* zu *dominio* bzw. *patrimonio* oder *hereditate* und *cito* zu *diviso* zu deuten, sind leicht erklärlich. Je weiter Rom verstädterte, desto ferner rückte der bäuerliche Hintergrund der Redewendung,

---

„In einer Vorzeit, die, weit älter als die XII Tafeln, von Vieh- und Weidewirtschaft beherrscht wird, setzen die Söhne des Verstorbenen das Eingehegte, die umfriedete Großherde nach verschiedenen Seiten hin in Bewegung, wenn sie sich „auseinandersetzen" wollen. So entstehen mehrere Kleinherden, deren jede für sich nun eingehegt wird *(diser<c>tio?)* und damit ein neues *erctum*, das selbständige Eigengut des Erben und künftigen Erblassers bildet." Noch anfechtbarer, weil er den bäuerlichen Ursprung der Rechtsformel außer Acht ließ, *B. Albanese*, La successione ereditaria in diritto romano antico, Annali del Seminario Giuridico della Università di Palermo 20 (1949), 156; die allgemeinere Bedeutung von *divisionem provocare* nahm der Ausdruck *erctum ciere* erst an, als sein Hintergrund mehr und mehr verschwamm.

307 Zum Beleg s. Cic. fam. 7,30,2.

mit der die Rechtssprache den Verzicht auf eine Erbteilung ausdrückte.[308] „Ohne dass eine Einhegung in Gang gesetzt wurde“ hieß in der von Ackerbau und Viehwirtschaft geprägten Rechtswelt der Zwölf Tafeln, dass die Erben davon absahen, die Anteile an dem Acker-, Hof- und Weideland, das ihnen der Verstorbene hinterlassen hatte, abzumarken oder einzuzäunen. Wollten sie das gesamte Grundeigentum des Erblassers gemeinsam nutzen, so traten sie das Erbe an, „ohne dass eine Einhegung in Gang gesetzt wurde“. Bestand aber nur einer von ihnen darauf, seinen Anteil getrennt zu bewirtschaften, dann stand ihm der Rechtsweg offen, eine Klage auf Einhegung des Hausstands, die *actio familiae erciscundae*, anzustrengen: *haec actio proficiscitur e lege duodecim tabularum; namque coheredibus volentibus a communione discedere necessarium videbatur aliquam actionem constitui, qua inter eos res hereditariae distribuerentur.*[309] Solange in Rom die kleinbäuerliche Eigenbedarfswirtschaft vorherrschte, verstand seine Bevölkerung unter *familia* den gesamten Hausstand,[310] den Hof mit seinem Umland, die Ausstattung, mit deren Hilfe die Felder bestellt wurden, das Vieh und die Sklaven.[311] Diesen Wortgebrauch der älteren Rechtssprache bewahrten Belege wie Ter. Heaut. 909: *decem dierum vix mi est familia*; Lex XII, 5,4–5: SI INTESTATO MORITUR, CUI SUUS HERES NEC ES<CI>T, ADGNATUS PROXIMUS FAMILIAM HABETO. SI A<D>GNATUS NE<C E>SCIT, GENTILES FAMILIAM H[ABENTO]; CIL I 582, Z. 11–12: SEI QUIS MAG(*istratus*) MULTAM INROGARE VOLET [QUEI VOLET DUM MINORIS] PARTUS FAMILIAS TAXSAT, LICETO; Gaius inst. 2,102: *qui neque calatis comiti<i>s neque in procinctu testamentum fecerat, is, si subita morte urguebatur, amico familiam suam, id est patrimonium suum, mancipio dabat.* Auf den sprachfähigen Teil der Gutsausstattung, das Gesinde,[312] wird sich der Begriff *familia* erst verengt haben, als sich mit dem mittelgroßen Schwerpunktmischbetrieb, in

---

[308] Soweit ist *Levy*, SZ 54 (1934), 278, zuzustimmen.

[309] Gaius dig. 10,2,1 pr.

[310] Zum sprachlichen Befund vgl. die Beispiele, die *P. G. W. Glare* [Hrsg.], Oxford Latin Dictionary, Fascicle III, Oxford 1971, 675, dafür anführt.

[311] *Th. Mayer-Maly*, familia, in: Status familiae. Festschrift für Andreas Wacke zum 65. Geburtstag, hrsg. von *H.-G. Knothe* und *J. Kohler*, München 2001, 263.

[312] So Varro rust. 1,17,1.

dem der *pater familias* die Feldarbeit auf Sklaven und Tagelöhner verteilte und den Sklaven seines höchsten Vertrauens als Verwalter einsetzte, die Sklavenwirtschaft ausbreitete. Doch galt die umfassendere Bedeutung des Wortes *familia* fort.[313] Soweit es nach wie vor den Hausverband als Ganzes bezeichnete, konnte sich sein Inhalt von dem Sachbezug zur Landwirtschaft unschwer lösen. So kam es, dass *familia* das Erbvermögen – *patrimonium* oder *hereditas* – schlechthin umschloss und gegen *pecunia*, den gleichfalls der Landwirtschaft entsprossenen Begriff für das Geld, nicht länger abgegrenzt wurde. Hatten sich die ursprünglichen Umrisse des Wortes *familia* erst so weit verwischt, dann konnte die eigentliche Bedeutung der Rechtsformel *ercto non cito* leicht in Vergessenheit geraten. Dem Verzicht auf den Schritt, eine Einhegung in Gang zu setzen, glich der Verzicht auf eine Erbteilung nur so lange, wie hauptsächlich Acker- und Weideland vererbt wurden, das nach der Höhe der Erbanteile abgemarkt und eingezäunt werden musste, wenn die Erben es nicht gemeinsam nutzen wollten.

Obwohl Rom verstädterte, als es von einer bäuerlichen Gemeinde zu einer Weltstadt aufstieg, berührte dieser tiefgreifende Wandel die Terminologie so wenig wie das Verfahren der gerichtlichen Erbauseinandersetzung. Bis in die Spätantike hinein hieß die Erbteilungsklage *actio familiae erciscundae* und entschied den Rechtsstreit ein *arbiter* oder *iudex*, den der Kläger vom Prätor anforderte.[314]

Über seinen Hausstand, die *familia*, oder – wenn er geschäftsunfähige Erben in die Obhut von Vormündern gab – über die treuhänderische Verwaltung seiner Habe konnte der *pater familias* durch Testament frei verfügen. Darüber nach eigenem Ermessen zu entscheiden, gestattete ihm das Zwölftafelgesetz mit den Worten: UTI LEGASSIT SUPER FAMILIA SUA TUTELA{BA}<V>E SUAE REI,

---

[313] *Kaser*, Römisches Privatrecht 1, 50.

[314] Gaius dig. 10,2,1 pr.: *haec actio proficiscitur e lege duodecim tabularum; namque coheredibus volentibus a communione discedere necessarium videbatur aliquam actionem constitui, qua inter eos res hereditariae distribuerentur.* – Gaius inst. 4,17a: *item de h(eredi)tate dividenda i(nter) coh(ere)des eadem lex* – sc. *lex XII tabularum* – *p(er) iudicis postulationem agi ius[sit].*

ITA IUS ESTO.[315] Später jedoch wurde dieser Rechtssatz neu gefasst, sein Wortlaut zu *paterfamilias uti super familia pecuniaque sua legaverit, ita ius esto*[316] abgeändert. Zu dieser Fassung wurde er offenbar deswegen überarbeitet, weil der Begriff *familia* einen Bedeutungswandel durchlief, sein Inhalt sich von „Hausstand" zu „Gesinde" verengte. Um möglichen Missverständnissen vorzubeugen, nahmen sich die Nachfahren darum die Freiheit, die Wortwahl dem Wandel des Sprachgebrauchs anzupassen und mit *pecunia* den lateinischen Begriff für das Geldvermögen einzufügen.[317] Den Inhalt des Zwölftafelgesetzes tasteten sie mit diesem Zusatz nicht eigentlich an. Das Wort *pecunia* fügten sie vielmehr in der gleichen Absicht ein, in der sie zwischen DE CAPITE CIVIS NISI PER MAXIMUM COMIT<I>ATUM und NE FERUNTO nachträglich *ollosque quos censores in partibus populi locassint* einschoben.[318] Hier wie dort ergänzten sie die Urfassung der Zwölf Tafeln lediglich zu dem Zweck, den Sinn einer mittlerweile veralteten Wortwahl zu verdeutlichen.

In welchem Sinne das Zwölftafelgesetz von *legare* sprach, ist strittig.[319] Je nachdem, ob seine Verfasser diesen Rechtsbegriff in seiner weiteren oder seiner engeren Bedeutung gebrauchten, durfte der Hausvater uneingeschränkt letztwillige Verfügungen treffen[320] oder uneingeschränkt Vermächtnisse aussetzen.[321] Im einen wie im anderen Fall hätte er alle nach der gesetzlichen

---

[315] Paul. dig. 50,16,53 pr.; Ulp. reg. 11,14.

[316] Rhet. Her. 1,23 = Cic. inv. 2,148.

[317] Dazu passt, dass die Herausgeber der ‚Roman Statutes', die in Band 2, 638, die verfügbaren Zeugnisse zu *uti legassit super familia ?pecuniave? tutelave sua, ita ius esto* zusammensetzten, immerhin gezögert haben, das Wort *pecunia* in ihren Vorschlag aufzunehmen.

[318] Cic. leg. 3,11.

[319] Zum sprachlichen Befund s. *Georges*, Lateinisch–deutsches Handwörterbuch 2, 606, Thesaurus linguae Latinae, Band 7,2,2, Leipzig 1970–1979, 1115, und *P. G. W. Glare* [Hrsg.], Oxford Latin Dictionary, Fascicle IV, Oxford 1973, 1014; alle drei stimmen darin überein, dass *legare* in dem Rechtssatz UTI LEGASSIT SUPER FAMILIA SUA TUTELA{BA}<V>E SUAE REI, ITA IUS ESTO in dem weiteren Sinne von „letztwillig verfügen" gebraucht sei.

[320] So zuletzt wieder (*Humbert*), *Lewis, Crawford*, in: Roman Statutes 2, 638–639.

[321] So *O. Lenel*, Zur Geschichte der Heredis Institutio, in: *P. Vinogradoff* [Hrsg.], Essays in Legal History, read before the International Congress of Historical Studies held in London in 1913, Oxford 1913, 125; *F. Wieacker*, Hausgenossenschaft und Erbeinsetzung. Über die

Erbfolge erbberechtigten Nachkommen übergehen können, wenn er die ihm gewährte Ermessensfreiheit willkürlich und verantwortungslos handhabte. Ein Erblasser, der in seinem Letzten Willen keines seiner Kinder bedachte, hätte nicht geradezu gegen den Wortlaut, wohl aber doch gegen den Geist des Rechtssatzes UTI LEGASSIT SUPER FAMILIA SUA TUTELA{BA}<V>E SUAE REI, ITA IUS ESTO verstoßen. Gewiss sollte der Hausvater in seiner Entscheidungsgewalt und Verfügungsmacht so wenig wie möglich eingeengt werden. Schwerlich aber sollte er dazu ermutigt werden, sich den Verpflichtungen gegenüber den Hauserben, den *sui heredes*, zu entziehen. Diesen Verpflichtungen nachzukommen, hätte er versäumt, wenn er sein gesamtes Vermögen für Vermächtnisse verausgabt[322] und den Nachkommen, die nach der gesetzlichen Erbfolge hätten erben müssen, bloß den inhaltslosen Rechtstitel von Erben hinterlassen hätte.[323]

Sollte er seine Testierfreiheit nicht länger so willkürlich ausüben können, musste die Gesetzeslücke geschlossen werden. Aus diesem Grund und zu diesem Zweck schränkten die *lex Furia testamentaria*, ein Plebiszit aus der Zeit um 200 v. Chr., die *lex Voconia*, ein Plebiszit aus dem Jahr 169 v. Chr. und schließlich das *plebiscitum Falcidium de legatis* sie so weit ein, dass er seine nächsten Verwandten nicht mehr übergehen konnte.[324] Um sicherzustellen, dass dem Erben mindestens ein Viertel der Erbmasse verblieb, gestattete der erste Abschnitt des Volksbeschlusses, den der Volkstribun Publius Falcidius im Jahr 41 oder 40 v. Chr. erwirkte,[325] dem Erblasser nur noch, drei Viertel der Erbschaft frei zu belasten.[326]

---

Anfänge des römischen Testaments, in: Festschrift der Leipziger Juristenfakultät für Dr. Heinrich Siber, Leipzig 1941, 30–31; *Liebs*, Römisches Recht, 138.

[322] Inst. Iust. 2,22 pr.

[323] Gaius inst. 2,224.

[324] Zum Inhalt der beiden Volksbeschlüsse, die dem des Falcidius vorausgingen, s. jetzt *Elster*, Gesetze der mittleren römischen Republik, 371–380.

[325] 41 v. Chr. nach *Broughton*, Magistrates of the Roman Republic 2, 372, und *U. Manthe*, Das Senatusconsultum Pegasianum, Berlin 1989, 16; 40 v. Chr. nach *Kaser*, Römisches Privatrecht 1, 756.

[326] Gaius inst. 2,227; Dio 48,33,5; Dig. 35,2,1 pr.

Die Volksbeschlüsse, die verantwortungslose Hausväter daran hindern sollten, ihre Testierfreiheit zu missbrauchen, schlossen lediglich eine Gesetzeslükke, die böswillig dazu ausgenutzt werden konnte. Gegen den Geist der Zwölf Tafeln verstieß keiner von ihnen. Die väterliche Hausgewalt einzuschränken, um die Söhne vor Willkür zu schützen, vertrug sich im Gegenteil durchaus mit dem gesamtgesellschaftlichen und volkswirtschaftlichen Ansatz der Dezemvirn. Durch den Rechtssatz SI PATER <TER> FILIUM VENUM D{A}UIT, FILIUS A PATRE LIBER ESTO hatten auch sie schon die *patria potestas* beschnitten, um die Belange der Söhne zu wahren.

## II. Der *ambitus*

Mit der griechischen Präposition *ἀμφί* stammverwandt, verband sich die Vorsilbe *amb-* mit *itus*, dem von *ire*, „gehen", abstammenden Grundwort, zu dem Begriff, mit dem der „Umgang" eines Hauses bezeichnet wurde. Diese – seine eigentliche – Bedeutung lag dem Schlüsselbegriff der Vorschrift zugrunde, mit der das Zwölftafelgesetz den Mindestabstand zwischen Grundstücksgrenze und Hauswand festlegte. Auf beiden Seiten des Hauses sollten jeweils zweieinhalb Fuß, *sestertius pes*, freigelassen werden.[327]

Weshalb die Zwölf Tafeln Häuser dichter als fünf Fuß zu bauen verboten, kann nur vermutet werden. Das Wort *ambitus* sagt über den Grund, aus dem sie einen Mindestabstand vorschrieben, nichts aus. Wenn der *ambitus* nur dazu gedient hätte, dass die Bewohner um das Haus herumgehen konnten, hätte es genügt, auf einer der beiden Hausseiten einen Streifen von der Breite eines Fußwegs freizulassen. Die Anordnung, auf der rechten und der linken einen

---

[327] Varro ling. 5,22: ... *duodecim tabularum interpretes ambitu{s}<m> parietis circuitum esse describunt.* – Maecian. distrib. 46: *denarius primo asses decem valebat ... sestertius duos asses et semissem, quasi semis tertius ... lex etiam duodecim tabularum argumento est, in quo duo pedes et semis ‚sestertius pes' vocatur.* – Festus, Pauli exc., s. v. *ambitus*, p. 5 *Lindsay*: *ambitus proprie dicitur circuitus aedificiorum patens in latitudinem pedes duos et semissem, in longitudinem idem quod aedificium.* – Festus, Pauli exc., s. v. *ambitus*, p. 15 *Lindsay*: *ambitus proprie dicitur inter vicinorum aedificia locus duorum pedum et semipedis ad circumeundi facultatem relictus.*

Mindestabstand von zweieinhalb Fuß zur Grundstücksgrenze einzuhalten, muss aus anderen Überlegungen und Erfahrungen erwachsen sein. Sollte der Gefahr vorgebeugt werden, dass Funkenflug den Dachstuhl des Nachbarhauses in Brand setzen könnte?[328] Dagegen Vorkehrungen zu treffen, mochte die Holzlehmbauweise der Zeit zwar nahelegen. Schon mittelstarker Funkenflug hätte aber diesen Mindestabstand – noch dazu, wenn Strohdächer vorkragten – ohne weiteres überwunden. Dichter als fünf Fuß, so ist eher zu vermuten, durften die Häuser deshalb nicht gebaut werden, weil gewährleistet sein sollte, dass Gespanne von der Straße zur Rückseite des Hofes gelangen konnten. Beim Ackerland stellte das Zwölftafelgesetz jedenfalls sicher, dass jeder auf sein Feld fahren konnte, ohne das eines anderen durchqueren zu müssen. Zu diesem Zweck schloss es einen ebenso breiten Streifen von der Ersitzung aus.[329] Mit fünf römischen Fuß zu je 29,57 cm war der Grenzrain, der herrenlos bleiben sollte, so bemessen, dass ein Fuhrwerk mit annähernd 1,50 Meter langen Achsen darauf fahren konnte, ohne auf fremdes Gelände abzurutschen.

Im Laufe der Jahrhunderte wandelten sich mit der Bauweise die Bauvorschriften, und mit den Fortschritten, welche die sich zu einem wichtigen Erwerbszweig verselbständigende Bauwirtschaft erzielte, wuchs ihre Zahl.[330] Als Vitruv sein Werk über die Baukunst verfasste, musste der Baumeister über einige Rechtskenntnisse verfügen, wollte er vermeiden, dass er unwissentlich gegen gesetzliche Bestimmungen über Grenzabstände, Regenrinnen, Abwasserkanäle oder Fensteröffnungen verstieß.[331] Missachtete er vorsätzlich oder

---

[328] So jedoch *J. M. Rainer*, Bau- und nachbarrechtliche Bestimmungen im klassischen römischen Recht, Graz 1987, 58.

[329] Cic. leg. 1,55.

[330] Darüber ausführlicher *L. Homo*, Rome impériale et l'urbanisme dans l'antiquité, Paris 1951, 597–637, *H. Vetters*, Zu römerzeitlichen Bauvorschriften. in: Forschungen und Funde. Festschrift B. Neutsch, Innsbrucker Beiträge zur Kulturwissenschaft 21, Innsbruck 1980, 477–485, und *C. Steckner*, Baurecht und Bauordnung. Architektur, Staatsmedizin und Umwelt bei Vitruv, in: Vitruv-Kolloquium des Deutschen Archäologen-Verbandes 1982, Darmstadt 1984, 260–263.

[331] Vitr. 1,1,10: *iura quoque nota habeat oportet* – sc. *architectus* – *ea, quae necessaria sunt aedificiis communibus: parietum ad ambitum, stillicidiorum et cloacarum, luminum* sc. *iura.*

fahrlässig Nachbarrechte, hatte der Bauherr zu gewärtigen, vor das Zentumviralgericht geladen zu werden.[332]

Die Zwölftafelregelung über den *ambitus* musste freilich gelockert werden, weil sie sonst die Stadtentwicklung des aus Streusiedlungen hervorgegangenen und zu einer Weltstadt gediehenen Rom behindert hätte. Je weiter sich Wohnblocks mit *paries communis* im Hausbau ausbreiteten, desto öfter wurde auf den Grenzabstand verzichtet, damit das wertvolle Bauland so zweckmäßig wie möglich genutzt werden konnte. Bemerkenswert findig hat sich die Rechtswissenschaft auf die neue Sachlage eingestellt, die die dichtere Besiedlung schuf. Die Tatsache, dass Umgang und gemeinsame Hauswand einander ausschlossen, überdeckte der Rechtsgelehrte Publius Mucius Scaevola – Konsul 133 v. Chr. – mit der ausgeklügelten Rechtauskunft, zum Umgang eines Hauses gehöre allein das Stück Dach, das zur Überdachung der gemeinsamen Hauswand vorspringe.[333] Obwohl der *paries communis* genau auf der Grundstücksgrenze stand, behalf er sich mit dem Rechtskonstrukt, dass er das Stück Dach, das über den *paries communis* hinaus ins Nachbargrundstück ragte, zum *ambitus* umdeutete. So rettete er wenigstens einen Rest des alten Baurechts der Zwölf Tafeln in seine Zeit herüber.

Die Rechtsfrage, zu der er Stellung nahm, löste er auf diesem Wege ebenso einfallsreich wie ausgewogen. Die Antwort, die er gab, trug den Belangen beider Seiten Rechnung. Der Eigentümer der höheren Haushälfte hatte zwar die Kosten für das Stück Dach zu tragen, das in das Anwesen seines Nachbarn hineinragte, genoss dafür aber den Vorteil, dass der darauf niedergehende

---

[332] Cic. de orat. 1,173: *nam volitare in foro, haerere in iure ac praetorum tribunalibus, iudicia privata magnarum rerum obire, in quibus saepe non de facto, sed de aequitate ac iure certetur, iactare se in causis centumviralibus, in quibus usucapionum, tutelarum, gentilitatum, agnationum, adluvionum, circumluvionum, nexorum, mancipiorum, parietum, luminum, stillicidiorum, testamentorum, ruptorum aut ratorum, ceterarumque rerum innumerabilium iura versentur, cum omnino, quid suum, quid alienum, qua re denique civis aut peregrinus, servus aut liber quispiam sit, ignoret, insignis est impudentiae.*

[333] Cic. top. 24: *itaque Graeci talis argumentationes ἀτέχνους, id est artis expertis, appellabant, ut si ita respondeas: quoniam P. Scaevola id solum esse ambitus aedium dixerit, quod parietis communis tegendi causa tectum proiceretur, ex quo in tectum eius aedis qui protexisset, aqua deflueret, id tibi ius videri.*

Regen in das Auffangbecken seines Hofes abfloss. Der der niedrigeren musste zwar darauf verzichten, den in sein Anwesen vorspringenden Dachabschluss als *superficies* seines Grund und Bodens für seine Zwecke zu nutzen, brauchte dafür aber schwerlich die Baukosten für das überstehende Stück seines Daches zu tragen, das die gemeinsame Hauswand, den *paries communis*, vor der Witterung schützte. So bog Publius Mucius Scaevola die Bauvorschrift über den *ambitus* zurecht, um sie den städtebaulichen Erfordernissen einer Großstadt anzupassen.

Dem Eigentümer der Haushälfte, der die Kosten des vorgekragten Daches zu tragen hatte, konnte er den Dachvorsprung, der den Regen von ihrer gemeinsamen Hauswand abhielt, freilich nur dann als „Umgang" zuerkennen, wenn er von dem Rechtsgrundsatz *superficies solo cedit* abrückte. Diesen Rechtsgrundsatz haben die Römer indessen nicht so streng befolgt, dass die in das Nachbargrundstück hineinragende *superficies* dem Eigentümer der anderen Haushälfte hätte zugesprochen werden müssen. Begründete Ausnahmen bestätigten die Regel, dass alles, was über den Boden hinausragte, ihm zu „weichen" oder „folgen" hatte.[334] Balkone, Balken oder Dächer, die in das Nachbargrundsück hineinragten, konnten davon ebenso ausgenommen sein[335] wie Mauern, die Pächter von Staatsland auf öffentlichem Grund und Boden errichtet hatten.[336]

---

[334] Zu solchen Grenz- und Sonderfällen s. *J. P. Meincke*, Superficies solo cedit, Zeitschrift der Savigny-Stiftung für Rechtsgeschichte, Rom. Abt. 88 (1971), 139. 161–162. 168–169.

[335] Paul. dig. 8,3,6,1; Inst. Iust. 2,3,1.

[336] *H.-I. Marrou / J. Meyerovitch*, Une inscription d'Herculanum relative au droit de „superficie", Revue des études anciennes 44 (1942), 135–138; *F. Pastori*, La superficie nel diritto romano, Mailand 1962, 31–34. 186–191, und: Prospettiva storica del diritto di superficie, in: Studi in memoria di Guido Donatuti, Band 2, Mailand 1973, 879–886; *A. Polacek*, Superficies (Aspectos jurídicos de una solución de la crisis de viviendas en el mundo romano), in: Estudios Jurídicos en homenaje al Profesor Ursicino Alvarez Suárez, Madrid 1978, 368. 373–379; *F. Sitzia*, Studi sulla superficie in epoca giustinianea, Mailand 1979, 40–43. 68–69.

Durchbrochen oder aufgeweicht wurde die Regel *superficies solo cedit* in der Stadt wie auch auf dem Land.[337] In der nordafrikanischen Landwirtschaft etwa wich der Kaiser von diesem Rechtsgrundsatz ab, um den Kolonen einen Anreiz zur langfristigen Steigerung der Ertragskraft seiner Ländereien zu geben. Auf seinen Besitzungen am mittleren Bagradas genossen sie das Recht, die Bäume, die sie gesetzt hatten, als *superficies* an ihre Nachkommen zu vererben, obwohl sie das Land, das sie bestellten, nur gepachtet hatten.[338] Nach Ausweis der sogenannten Tablettes Albertini konnten sich auf diese Rechtslage noch Kolonen stützen, die in der Zeit der nordafrikanischen Vandalenherrschaft, den Jahren 493–496 n. Chr., ihre Anpflanzungen als *culturae Mancianae* veräußerten, ohne Eigentümer des Grundstücks zu sein.[339] Vom Boden wurde der Bewuchs in diesen Fällen rechtlich abgetrennt, weil bis zu einem Drittel der Erträge an den Grundeigentümer abzuführen war.

In Rom sollte der Großbrand, der im Jahre 64 n. Chr. die Stadtviertel um den Circus Maximus in Schutt und Asche legte, eine städtebauliche Kehrtwendung einleiten. Dieses Ereignis gab den Anstoß zu einer baupolizeilichen Vorsichtsmaßregel, um den Brandschutz zu verbessern. Nero zog aus der Erfahrung, dass sich die Feuersbrunst in der übervölkerten Weltstadt unaufhaltsam von Haus zu Haus weitergefressen hatte, die Lehre, den Baumeistern durch Gesetz zu verbieten, Häuser mit gemeinsamer Hauswand zu bauen.[340]

---

[337] *M. Kaser*, Die natürlichen Eigentumserwerbsarten im altrömischen Recht, Zeitschrift der Savigny-Stiftung für Rechtsgeschichte, Rom. Abt. 65 (1947), 239–240; *H. Vogt*, Das Erbbaurecht des klassischen römischen Rechts, Marburg an der Lahn 1950, *passim*; *F. Pastori*, La superficie nel diritto romano, Mailand 1962, 31–38. 186–190; *Kaser*, Römisches Privatrecht 1, 380–381.

[338] CIL VIII 25902, col. IV 2–6, verbessert und vervollständigt nach *Kehoe*, Roman Imperial Estates in North Africa, 32: *[qui in f(undo) Vill(a)e Magn(a)e Varia]n(a){v}e siv<e> Mappali(a)e Sig[(a)e superficiem se]verunt severin[t, eis eam superficiem heredibus], qui e legitim[is matrimoniis nati sunt eruntve], testamen[to relinquere permittitur].*

[339] So *D. Flach*, Römische Agrargeschichte, München 1990, 101–103. *H. Weßel*, Das Recht der Tablettes Albertini, Berlin 2003, 95 mit Anm. 34 und 113–119, widerspricht ihm zwar, verneint aber grundlos, dass *superficies* den Baumbewuchs meinen könne. Der Wortgebrauch von Columella 4,11,1, 4,29,13 und 11,3,21 widerlegt ihn ebenso wie der von Plinius, Naturalis historia 16,130 und 26,38.

[340] Tac. ann. 15,43,4.

Damit kehrte er sich vom *paries communis* ab, ohne den *ambitus* des alten Baurechts wiederaufleben zu lassen.[341] Von nun an sollten Brandschutzmauern verhindern, dass sich eine Feuersbrunst rasch ausbreiten konnte.

## III. Die *emancipatio* von Söhnen und Töchtern

Der Hausgewalt des Vaters blieben die Söhne grundsätzlich so lange unterworfen, wie er es für richtig hielt. Seine Macht, über ihre Rechtsstellung zu entscheiden, hob das Zwölftafelgesetz nur bei krassem Missbrauch oder arger Not auf. Wenn ein Vater, so stand es auf der vierten Tafel geschrieben,[342] einen Sohn dreimal „zum Verkauf gegeben“ hatte, sollte der Sohn von seinem Vater nicht mehr abhängig sein: SI PATER <TER> FILIUM VENUM D{A}VIT, FILIUS A PATRE LIBER ESTO[343] oder – sollte Gaius die ursprüngliche Wortfolge bewahrt haben – A PATRE FILIUS LIBER ESTO.[344]

Dreimal konnte der *pater familias* einen Sohn nur „zum Verkauf geben“, *venum dare*, wenn der Käufer ihn zweimal freiließ, der Vater ihn zweimal zurückkaufte oder seine Verfügungsgewalt über ihn, die *patria potestas*, bis zum dritten Mal so lange ruhte, wie er ihn in fremden Händen belassen hatte. Wenn er sie erst beim dritten Mal verwirkte, muss er sie entweder beim ersten und zweiten Mal behalten oder nach dem ersten und zweiten Mal wiedererworben haben. Sonst hätte er schon beim ersten Mal das Recht eingebüßt, die *patria potestas* wieder auszuüben. Weigerte sich der Käufer, ihn an den Vater wiederzuverkaufen oder forderte er einen unerschwinglichen Rückkaufpreis oder entließ er ihn aus seiner Hausgewalt, dann hätte der Vater ihn kein drittes

[341] Dies zu *Vetters*, in: Festschrift Neutsch, 479; ohne einen Beleg dafür anzuführen, behauptet er, Nero habe den Baumeistern vorgeschrieben, zwischen zwei Gebäuden einen Mindestabstand von zehn Fuß einzuhalten.

[342] So Dion. Hal. ant. 2,27,2–3.

[343] Ulp. reg. 10,1, berichtigt nach *Jacques Cujas*.

[344] So Gaius inst. 1,132.

Mal verkaufen können, sondern die Verfügungsmacht über seinen Sohn bereits vorher verloren.

Ein Hausvater, der nicht Gefahr laufen wollte, seine Hausgewalt über den Sohn schon beim ersten Mal zu verlieren, musste folglich vermeiden, ihn einem Dritten unwiderruflich zu übereignen. Sollte sie ihm verblieben sein oder nur geruht haben, so müsste er sich mit dem „Käufer" abgesprochen haben, den Sohn lediglich zum Schein an ihn zu verkaufen.

Von einer solchen Übereinkunft muss Gaius ausgegangen sein. Den Sohn durch den Rechtsakt der *mancipatio* „zum Verkauf zu geben" erklärte er jedenfalls zu einem Scheingeschäft, „einer Art" *imaginaria venditio*.[345] Schloss er es ab, lief er offenbar weder mit dem ersten noch mit dem zweiten Verkauf Gefahr, den Sohn endgültig an den Käufer zu verlieren, sondern entließ er ihn im einen wie im anderen Fall in ein Rechtsverhältnis zum Erwerber, das ihm den Rückkauf ermöglichte.[346] Doch fragt es sich, ob der dreimalige „Verkauf" des Sohnes, dessen Rechtsfolge die Bestimmung SI PATER <TER> FILIUM VENUM D{A}VIT, FILIUS A PATRE LIBER ESTO[347] regelte, schon zu der Zeit der Zwölf Tafeln als Scheingeschäft abgewickelt wurde oder erst in klassischer Zeit. Nach den äußeren Formen zu urteilen, in denen es abgeschlossen wurde, werden die drei *venditiones*, die der *emancipatio* des Sohnes vorausgingen, sich eher von Rechtsgeschäften, deren Ergebnis vom Marktwert des Sohnes abhing, in sinnbildliche Rechtshandlungen verwandelt als von jeher in Scheinverkäufen bestanden haben.

Besagte der Rechtssatz SI PATER <TER> FILIUM VENUM D{A}VIT, FILIUS A PATRE LIBER ESTO, dass der Vater einen Sohn zu einem echten, nicht bloß einem symbolischen Preis zweimal verkaufen durfte, ohne seine Hausgewalt über ihn endgültig zu verlieren, so musste er ihn zweimal zurückkaufen, um sie nicht schon nach dem ersten oder zweiten Mal endgültig zu verlieren. Zurückkaufen konnte er ihn indessen nur, wenn der Käufer sich nicht weigerte, ihn

[345] Gaius inst. 1,119.

[346] So *Kaser*, Römisches Privatrecht 1, 69, nach Gaius inst. 1,116–123.

[347] Ulp. reg. 10,1, berichtigt nach *Jacques Cujas*.

zum Rückkauf freizugeben. Dass der Käufer in einen Rückkauf des zum Verkauf gegebenen Sohnes einwilligte, hätte sich nur dann erübrigt, wenn er dem „Käufer" mit dem „Verkauf" des Sohnes nicht das Eigentum verschaffte, sondern ihm lediglich das Recht einräumte, den Sohn als Arbeitskraft zu nutzen. Die dreimalige *venditio* des Sohnes, mit der die Hausgewalt des Vaters erlosch, wäre in diesem Fall einer dreimaligen Vermietung gleichgekommen.

Von dieser Voraussetzung ging *J. M. Kelly* aus.[348] Nach seiner Meinung, der die Herausgeber der ‚Roman Statutes' zustimmten,[349] hatte ein Hausvater, der einen Sohn im ursprünglichen Sinne des Rechtssatzes SI PATER <TER> FILIUM VENUM D{A}UIT, FILIUS A PATRE LIBER ESTO dreimal „zum Verkauf gab", *venum duit*, ihn dreimal vermietet, nicht dreimal verkauft.

Sein Deutungsvorschlag wirkt auf den ersten Blick bestechend. Wenngleich der Hausvater einen Sohn, den er verdingte, lediglich zur Nutzung überließ, könnte das Zwölftafelgesetz das Entgelt, das er dafür verlangte, als Kaufpreis und das Rechtsgeschäft, das er abschloss, als Verkauf bezeichnet haben. Die Rechtsvergleichung legt zumindest nahe, dass das Rechtsverhältnis zwischen *pater familias* und gewaltunterworfenem Sohn diese Form des Verkaufs ermöglichte.[350] Da er über ihn wie über eine Sache verfügen durfte, stand es ihm frei, ihn gleichsam zu vermieten, das Stammrecht aber zu behalten. Weshalb aber hätten die Zwölf Tafeln den Hausvater davon abschrecken sollen, einen Sohn öfter als zweimal zu verdingen? In den Wochen und Monaten der Heu- und Getreideernte oder der Wein- und Olivenlese fiel so viel Mehrarbeit an, dass der Bedarf an Helfern vielfach nur mit gemieteten Kräften zu bewältigen war. Hätte ein Hausvater einen Sohn kein drittes Mal vermieten

---

[348] *J. M. Kelly*, A Note on ‚Threefold Mancipation', in: Daube noster. Essays in Legal History for David Daube, hrsg. von *A. Watson*, Edinburg – London 1974, 183–186.

[349] *Kelly*, in: Daube noster, 183–185, gefolgt von (*Humbert*), *Lewis*, *Crawford*, in: Roman Statutes 2, 632.

[350] Zu einem vergleichbaren Fall aus dem neubabylonischen Rechtsleben des sechsten Jahrhunderts v. Chr. s. *H. Petschow*, Neubabylonisches Pfandrecht, Abhandlungen der Sächsischen Akademie der Wissenschaften, Phil.-hist. Klasse 49, Heft 1, 1956, 63–65, und *M. I. Finley*, Between Slavery and Freedom, Comparative Studies in Society and History 6 (1964), 237.

dürfen, wenn er nicht seine Hausgewalt über ihn verwirken wollte, dann hätte das Zwölftafelgesetz nicht nur ihn in einer Frage der Betriebsführung entmündigt, sondern auch den Arbeitsmarkt gestört. Sein Betriebsgewinn hätte dadurch nicht unerheblich geschmälert werden können. Die Einbuße, die er in diesem Fall hätte erleiden können, ließe sich daran ermessen, dass ein Kleinbauer wie der „Schnitter von Maktar“ mit den Mehreinnahmen, die er in zwölf Jahren als Helfer und in weiteren elf Jahren als Vormann eines Erntetrupps erzielte, den Grundstein zu einem wirtschaftlichen und gesellschaftlichen Aufstieg legte, auf den er im Alter mit Stolz zurückblickte.[351]

Davon abgesehen vermochte *Kelly* keine Belege beizubringen, die nahelegten, „zum Verkauf geben“, *venum dare*, mit „verdingen“ oder „vermieten“, *locare*, gleichzusetzen. Der Mustervertrag aus Catos Schrift über den Ackerbau, den er zum Beweis heranzieht, stützt seine Annahme nur scheinbar. Dieser Vertrag, die *lex pabulo*,[352] regelte zwar, zu welchen Bedingungen Weideland über Winter an Herdenbesitzer verpachtet werden sollte, gab aber die Verpachtung der Winterweide nicht als Verkauf der Winterweide aus, sondern fasste sie als Verkauf bzw. Versteigerung von Wintergrünfutter: *qua lege p a b u l u m hibernum venire oporteat.*[353]

Lässt sich aber nicht belegen, dass in der römischen Rechtssprache der Begriff für Vermietung und Verpachtung mit dem für Verkauf und Versteigerung verschwamm, kann der Rechtssatz SI PATER <TER> FILIUM VENUM D{A}UIT, FILIUS A PATRE LIBER ESTO nicht die Rechtsfolge der dreimaligen Vermietung, sondern muss er die des dreimaligen Verkaufs eines Sohnes geregelt haben. Nach dem ersten oder zweiten Mal, so besagte er demnach, konnte der Vater, wenn der Käufer einwilligte, den Sohn zurückkaufen, nach dem dritten Mal aber würde der Sohn von ihm unabhängig sein. Nach dem ersten oder zweiten Verkauf eines Sohnes büßte er seine Hausgewalt über ihn kurzum nur ein, wenn der Käufer es ablehnte, ihn an den Vater zurückzuveräußern, nach dem dritten hatte er sie kraft Gesetzes verwirkt.

---

[351] CIL VIII 11824.

[352] Cato agr. 149.

[353] Cato agr. 149,1.

Weshalb ein Vater, der einen Sohn dreimal „zum Verkauf gab“, die Hausgewalt über ihn unwiderruflich verlieren sollte, kann nur vermutet werden. Dionysios von Halikarnass ging von der Vorstellung aus, dass seine Hausgewalt über den Sohn erlöschen sollte, damit der Vater nicht länger aus dem Verkauf des Sohnes Gewinn ziehen konnte.[354] Doch lässt sich darüber streiten, ob er hinlänglich erfasste, welcher gesetzgeberische Wille hinter dem Rechtssatz SI PATER <TER> FILIUM VENUM D{A}UIT, FILIUS A PATRE LIBER ESTO stand. Gewiss missbrauchte ein Hausvater, der seinen Sohn aus Habsucht veräußerte, seine *patria potestas*. Damit ist aber nicht gesagt, dass er seine Hausgewalt verwirken sollte, weil ihm von vornherein verwerfliches Gewinnstreben unterstellt wurde, wenn er den Sohn dreimal „zum Verkauf gab“. Nach den Beweggründen, aus denen er sich zum Verkauf entschloss, ob ihn etwa Geldnot oder Habgier dazu trieb, fragt das Zwölftafelgesetz nicht. Hätte der Hausvater davon abgeschreckt werden sollen, einen Sohn aus Gewinnsucht zu verkaufen, dann hätte es ihm die Verfügungsmacht über ihn doch wohl schon aberkennen müsssen, sobald er ihn erstmals „zum Verkauf gab“. Zur Strafe braucht es ihm die Hausgewalt über ihn nicht entzogen zu haben, wenn er ihn dreimal „zum Verkauf gab“. Wenn er sich aus unverschuldeter Not dazu gezwungen sah, verdiente er eher Mitgefühl als Strafe. Das heißt: Fragte das Zwölftafelgesetz nicht danach, aus welchen Beweggründen er einen Sohn dreimal „zum Verkauf gab“, so wollte es eher den Sohn schützen als den Vater bestrafen. Die Verfügungsgewalt des *pater familias* schränkte es ein, um einen Sohn, dessen Vater entweder in wirtschaftliche Not geraten war oder ihn entbehren konnte, vor vermeidbaren Nachteilen zu bewahren. Hatte ein Vater einen Sohn dreimal verkauft, dann sprach die allgemeine Lebenserfahrung dafür, dass er auf dem Hof eines anderen besser aufgehoben war. Ein Sohn, den sein Vater veräußerte, weil sein bäuerlicher Kleinbetrieb ihn nur notdürftig miternährte, lief in der Hausgewalt des Käufers nicht so leicht Gefahr, darben zu müssen. Einer, den der Vater übereignete, weil er ihn als Arbeitskraft nicht brauchte, konnte auf dem Hof des „Käufers“ nützlichere Dienste leisten.

Ein Sohn, der aus diesem Grund dreimal verkauft wurde, schied mit anderen Worten zum Nutzen und Vorteil aller Beteiligten aus der Hausgewalt des

---

[354] Dion. Hal. ant. 2,27,1. 3.

leiblichen Vaters aus. Der Scheinverkauf, den Gaius inst. 1,132 schildert, wurde offenbar jenem Rechtsgeschäft nachgeformt. In beiden Fällen sollte nicht der leibliche Vater gestraft werden. „Verkaufte" der leibliche Vater einen Sohn zu dem bloß symbolischen Preis von ein oder zwei Geldstücken, so wird ihn jedenfalls weder wirtschaftliche Not noch Gewinnstreben dazu getrieben haben. Aus seiner Hausgewalt entließ er ihn vielmehr, wenn er ihn entbehren konnte und dem Sohn damit gedient war.

Das Rechtsgeschäft der *emancipatio* wurde in Formen abgewickelt, die darauf hindeuten, dass es einer echten *venditio* nachgebildet wurde. Veräußerte ein Vater seinen Sohn, wenn er ihn im Rechtssinne des Zwölftafelgesetzes „zum Verkauf gab", so erzielte er damit zweifellos einen höheren Preis als nur einen symbolischen Betrag. Zu einem Scheingeschäft verblasste der „Verkauf" eines Sohnes nur, wenn ein Vater einen Sohn dazu freigab, dass er in die Hausgewalt eines anderen überwechselte, der ihn wie einen Sohn behandelte oder sogar an Kindes Statt annahm. Entließ ihn der leibliche Vater, ohne den eigenen Vorteil zu suchen, allein zu diesem Zweck aus seiner Hausgewalt, wurden zwar die äußeren Formen eines Kaufgeschäfts beibehalten, die drei Verkäufe aber zu Scheingeschäften entleert und auf einen Tag zusammengelegt. Während ein Sohn, den ein Vater im Sinne der Zwölf Tafeln dreimal zum Verkauf gab, an verschiedenen Tagen zu einem Preis übereignet wurde, der sich an seinem Wert als Arbeitskraft bemaß, wechselte er jetzt an einem Tag zu dem symbolischen Preis von ein oder zwei Geldstücken den Eigentümer.[355]

Wie die *venditio* zur Zeit der Zwölf Tafeln abgewickelt wurde, schimmert in dem Scheinverkauf durch. Solange Kupfererzbrocken als Zahlungsmittel dienten, musste ein *libripens* die Stücke zuwägen, die Käufer und Verkäufer als Gegenwert des Sohnes ausgehandelt hatten. Dazu wurde der *libripens* zwar nicht mehr gebraucht, seitdem Reliefbarren das Brockengeld verdrängten, aber nichtsdestoweniger zu dem Rechtsgeschäft hinzugezogen. Statt formloses Brockengeld, *aes rude* oder *aes infectum*, in die Waagschale zu legen, hatte er fortan „gekennzeichnetes Geld", *aes signatum*, an die Waagschale anzuschlagen. Seiner eigentlichen Aufgabe entledigt, nahm er an dem Rechtsgeschäft nur

355 Epit. Gai 1,6,3.

noch kraft Herkommens teil. Wohl schon auf dieser Stufe der Entwicklung, spätestens aber, seitdem Münzen das *aes signatum* abgelöst hatten und der Sohn lediglich zu dem symbolischen Preis von ein oder zwei Geldstücken den Eigentümer wechselte, wirkte der *libripens* nur noch symbolisch daran mit. Seine Mitwirkung bewahrte Herkunft und Herkommen des Scheinverkaufs ebenso wie die Rechtshandlung, dass der „Käufer“ den Sohn, um die Freigabe zur Wiederherstellung des alten Rechtsverhältnisses zu versinnbildlichen, vor dem Prätor mit der Freilassungsrute, der sogenannten *festuca* oder *vindicta*, berührte, bis die *mancipatio* schließlich zur völligen Bedeutungslosgkeit herabsank.[356]

Während Söhne erst durch drei Übergabeakte aus der Hausgewalt des Familienoberhauptes ausschieden, wurden die übrigen Nachkommen, sei es männlichen, sei es weiblichen Geschlechts, schon durch einen einzigen Übergabeakt daraus entlassen: *set filius quidem tribus mancipationib(us), ceteri vero liberi sive masculini sexus sive feminini una mancipatione exeun<t> de parentium potest(ate).*[357] So regelten es die Zwölf Tafeln freilich nur dann, wenn Gaius mit diesen Worten die Rechtslage richtig darstellt. Ob sie sich tatsächlich mit den Rechtsfolgen befasst hatten, die der „Verkauf“ von Enkeln oder Töchtern nach sich zog, steht dahin. Im Wortlaut führt Gaius nur den Rechtssatz „Wenn ein Vater dreimal einen Sohn zum Verkauf gegeben hat, soll vom Vater der Sohn unabhängig sein“ in seinem Lehrbuch an: *lex enim XII t(abularum) tantum in persona fili<i> de tri(bus) mancipationib(us) loquitur h[is] verbis: ‚si pat(er) <ter> filium venum d[uit] a patre filius liber esto‘.*[358] Vielleicht hat er lediglich aus ihrem Inhalt gefolgert, dass die übrigen Nachkommen männlichen und weiblichen Geschlechts von ihren Vorfahren bereits unabhängig wurden, wenn sie, die *parentes*, sie nur einmal „zum Verkauf gegeben“ hatten.

---

[356] Zu diesem Prozess s. *F. Sturm*, Das Absterben der mancipatio, in: Überlieferung, Bewahrung und Gestaltung in der rechtsgeschichtlichen Forschung. Ekkehard Kaufmann zum 70. Geburtstag, hrsg. von *St. Buchholz*, *P.Mikat* und *D. Werkmüller*, Paderborn 1993, 347–356.

[357] Gaius inst. 1,132.

[358] Gaius inst. 1,132.

Jedenfalls hatten die Zwölf Tafeln die *patria potestas* nur so weit eingeschränkt, wie es von gesamtgesellschaftlichem oder volkswirtschaftlichem Nutzen zu sein versprach. Seine Hausgewalt über den Sohn sollte der leibliche Vater nur in schweren Fällen verwirken, der Sohn nur aus triftigen Gründen aus ihr ausscheiden. Sollte der Sohn aus ihr entlassen werden, um dort unterzukommen, wo er dringender gebraucht wurde oder sinnvoller eingesetzt werden konnte, verfolgte der Gesetzgeber eine Absicht, die ihn auch sonst leitete. Mit vergleichbarer Zielsetzung befristete er die Besitzstandsgewähr bei Grundstükken auf zwei Jahre.[359] Das Recht, Grund und Boden nach Ablauf dieser Frist als ersessen in Anspruch zu nehmen, gestand er dem gutgläubigen Besitzer zu, um zu verhindern, dass Land verkam, das jemand dringender als der Vorbesitzer brauchte und besser als der Vorbesitzer nutzen konnte. Hatte der Eigentümer eines Grundstücks zugelassen oder nicht wahrgenommen, dass ein anderer sich seit zwei Jahren darauf niedergelassen hatte, dann konnte sein Besitzer es ersessen haben; hatte er gutgläubig davon Besitz ergriffen, dann hatte der ursprüngliche Eigentümer sein Recht verwirkt.

## IV. Die Frage des Verbots patrizisch-plebejischer Ehen

Den Grundsatz der Rechtsgleichheit soll das Zwölftafelgesetz mit einer Regelung durchbrochen haben, die Patrizier unter Umständen gegen ihren Willen gesellschaftlich von den Plebejern abgekapselt hätte. Statt Standesschranken abzubauen, soll es Söhnen und Töchtern plebejischer Eltern verwehrt haben, in patrizische Geschlechter einzuheiraten.[360]

Cicero empfand diese Bestimmung als willkürlich, brandmarkte sie als „im höchsten Grad unmenschlich“: ... *qui duabus tabulis iniquarum legum additis, quibus etiam, quae diiunctis populis tribui solent conubia, haec illi, ut ne*

[359] Cic. Caecin. 54 und top. 23.

[360] Cic. rep. 2,63.

*plebei cum patribus essent, inhumanissima lege sanxerunt.*[361] Obwohl er keine weitere Bestimmung der Zwölf Tafeln anzuführen wusste, die rechtliche Hürden zwischen Volk und Adel aufrichtete, zweifelte er nicht daran, dass die Dezemvirn im Eherecht patrizischem Standesdenken anhingen. Die spätrepublikanische Geschichtsschreibung, der er in seinen Darlegungen folgte, muss freilich wahrgenommen haben, dass das Verbot patrizisch-plebejischer Ehen dem Geist widersprach, von dem das Zwölftafelgesetz geprägt war. Sonst hätte sie die Ausnahme von der Regel nicht mit einem folgenreichen Wechsel der Zehn Männer zu erklären brauchen. Selbstherrliche Nachfolger sollen die Dezemvirn des Vorjahres abgelöst und den ersten zehn Tafeln zwei weitere hinzugefügt haben. Statt das Werk ihrer Vorgänger im gleichen Geist zu vollenden, sollen sie auf der elften und zwölften Tafel willkürliche Regelungen nachgetragen und die Bevölkerung unterdrückt haben, bis sie sich gegen die Übergriffe zur Wehr setzte und das Joch abschüttelte.

Wenn selbstherrliche Dezemvirn ihre Macht dazu missbraucht hätten, das Werk ihrer Vorgänger um Bestimmungen mit neuer Zielrichtung zu erweitern, hätte ihr Sturz den Anstoß geben müssen, die ärgsten Auswüchse ihrer Gesetzgebung so rasch wie möglich zu beseitigen. Doch soll es nicht sofort, sondern erst vier Jahre nach ihrer Entmachtung gelungen sein, die schlimmste Ausgeburt ihres Standesdünkels auszumerzen: 445 v. Chr. soll der Volkstribun Gaius Canuleius einen Volksbeschluss herbeigeführt haben, der den Plebejern rechtsgültige Ehen mit Patriziern zu schließen ermöglichte.[362]

Gegen diese Darstellung hat die Forschung mehrere Einwände vorgebracht:

(1) Im fünften Jahrhundert v. Chr. konnte ein Volkstribun noch keinen Beschluss der Plebs herbeiführen, der die Patrizier gebunden hätte.[363] Gesetzes-

---

[361] Cic. rep. 2,63.

[362] Cic. rep. 2,63; Liv. 4,1,1–4,6,4; Flor. epit. 1,17 (1,25); Ampel. 25,3.

[363] *J. Bleicken*, Lex publica. Gesetz und Recht in der römischen Republik, Berlin – New York 1975, 84–85, und *A. Heuß*, Gedanken und Vermutungen zur frühen römischen Regierungsgewalt, Nachrichten der Akademie der Wissenschaften in Göttingen, Philol.-hist. Klasse 1982, 392; wieder in: Gesammelte Schriften in 3 Bänden, Band 2, Stuttgart 1995, 923.

kraft verlieh den *plebis scita* erst die *lex Hortensia* vom Jahr 287 v. Chr.[364] Wenn Canuleius 445 v. Chr. eine Versammlung der Plebs einberufen und sie dafür gestimmt hätte, das Verbot plebejisch-patrizischer Ehen aufzuheben, hätte ihr Beschluss die Patrizier nicht gebunden.

(2) Von der Plebs konnte sich der patrizische Adel aus freien Stücken abkapseln, ohne dass ein Gesetz ihr zu untersagen brauchte, in patrizische Geschlechter einzuheiraten. Kein Hausvater eines patrizischen Geschlechts konnte gezwungen werden, einen Sohn mit einer Plebejerin oder eine Tochter mit einem Plebejer zu vermählen.[365] Wenn er verhindern wollte, dass eine seiner Töchter einen Plebejer zum Mann oder einer seiner Söhne eine Plebejerin zur Frau nahm, brauchte er nur seine *patria potestas* auszuüben; und wenn der Adel die Verschwägerung mit der Plebs als verhängnisvolle Blutmischung empfunden und abgelehnt hätte, wie Livius es ihm im Banne der spätrepublikanischen Geschichtsschreibung nachsagt,[366] hätten die *comitia curiata*, in denen er über eine sichere Stimmenmehrheit verfügte,[367] den Grundsatzbeschluss fassen können, Angehörigen der Plebs die Einheirat in patrizische Geschlechter zu verwehren.

(3) Hätten selbstherrlich schaltende Dezemvirn die Bestimmungen ausgearbeitet, die auf der elften und zwölften Tafel standen, dann hätte ihr Wirken keine sicheren Spuren hinterlassen. Bis auf das Verbot patrizisch-plebejischer Ehen, dessen Geschichtlichkeit aus mehreren Gründen anzuzweifeln ist, enthält das antike Schrifttum keinen Hinweis auf willkürliche Regelungen, die dem Adel Sonderrechte eingeräumt und die Plebs benachteiligt hätten. Die übrigen Bestimmungen dieser Tafeln richteten, soweit wir sie kennen, keine Standesschranken auf, sondern regelten, ohne den Adel zu begünstigen, so verschiedenartige Fragen wie die Einschiebung von Schalttagen, die Pfändung, den Schadensausgleich bei unberechtigten Eigentumsansprüchen und die Rechts-

---

[364] Die Belege bei *G. Rotondi*, Leges publicae populi romani, Mailand 1912 (ND Hildesheim 1966), 238.

[365] *Heuß*, Gesammelte Schriften 2, 927.

[366] Liv. 4,2,5–6.

[367] *E. Meyer*, Römischer Staat und Staatsgedanke, Zürich – Stuttgart $^{4}$1975, 27.

verbindlichkeit von Volksbeschlüssen.[368] In ihrem Inhalt breit gefächert, nehmen sie sich wie Nachträge aus. Nur das Verbot, patrizisch-plebejische Ehen zu schließen, hätte befremdlich gegen den Grundsatz der Rechtsgleichheit verstoßen. Mit dem Geist der Zwölf Tafeln vertrug es sich so schlecht, dass die Schriftsteller, die von seiner Geschichtlichkeit überzeugt waren, es selbstherrlichen Nachfolgern jener redlichen Dezemvirn zuschrieben, die, ohne den Boden der Rechtsgleichheit zu verlassen, die ersten zehn Tafeln geschaffen hatten.[369]

(4) Die Berichte von Willkürherrschaft und Sturz der Dezemvirn, die gerecht denkende Vorgänger abgelöst haben sollen, verdienen keinen Glauben, weil sie von legendenhaftem Beiwerk überwuchert sind.[370] Wenn hemmungslose Dezemvirn verantwortungsbewusste Vorgänger abgelöst und die Bevölkerung so lange unterdrückt hätten, bis sie sich zur Wehr setzte und sie entmachtete, hätte das zweite Dezemvirat ähnlich geendet, wie das etruskische Königtum geendet haben soll. Hätte sich ihre Willkür so gesteigert und gerächt, wie es die Geschichtsschreibung spätestens seit dem ersten Jahrhundert v. Chr. darstellte, dann hätte im Jahr 449 v. Chr. ebenso wie im Jahr 509 v. Chr. ein Sittenskandal den Sturz der Machthaber eingeleitet: Im Jahr 509 soll der Königssohn Sextus Tarquinius Lucretia, die Gemahlin des Collatinus, entehrt,[371] im Jahr 449 der Dezemvir Appius Claudius von Verginia, Tochter des Lucius Verginius, Besitz zu ergreifen versucht haben.[372] Die Erzählung von dem Schicksal der Lucretia scheint zu der von dem Los der Verginia angeregt

---

[368] Macrob. Sat. 1,13,20–21; Ov. fast. 2,47–54; Gaius inst. 4,26–28 und. 4,75–77; Festus, s. v. *noxia*, p. 180 *Lindsay*; Dig. 44,7,56; Gaius inst. 4,16 und. 4,94; Dig. 22,1,19 pr.–1; Dig. 44,6,3; Liv. 9,33,8–9.

[369] Cic. rep. 2,61. 63; Dion. Hal. ant. 10,58,3–10,60,6; Liv. 4,4,5.

[370] *E. Täubler*, Untersuchungen zur Geschichte des Decemvirats und der Zwölftafeln, Historische Studien, Heft 148, Berlin 1921, 18. 107–111; *J. von Ungern-Sternberg*, The Formation of the „Annalistic Tradition“: The Example of the Decemvirate, in: *K. A. Raaflaub* [Hrsg.], Social Struggles in Archaic Rome, Berkeley – Los Angeles – London 1986, 85.

[371] Cic. fin. 2,66. 5,64; Dion. Hal. ant. 4,64,2–4,65,4; Liv. 1,58,1–12.

[372] Diod. 12,24,1–4; Cic. rep. 2,63 und fin. 2,66. 5.64; Dion. Hal. ant. 1,28,1–1,37,7; Liv. 3,58,10–11; Pomp. dig. 1,2,2,24; Zon. 7,18.

zu haben.[373] Beide Geschichten tragen romanhafte Züge und nähern das Ende des Dezemvirats dem sagenumwobenen Ende des etruskischen Königtums verdächtig an.

Weshalb aber sollte die Geschichtsschreibung, aus der Cicero und Livius schöpften, erfunden haben, dass das Zwölftafelgesetz der Plebs verwehrt habe, in patrizische Geschlechter einzuheiraten?

Zweifellos baute sie in die Geschichte des frühen Rom Versatzstücke aus der Erfahrungswelt späterer Jahrhunderte ein, um zu überdecken, wie wenig die Nachwelt über diese sagenumwobene Zeit wusste.[374] Wenn sie aber den Dezemvirn unterschoben hätte, den Plebejern die Einheirat in patrizische Geschlechter verwehrt zu haben, hätte nicht verborgen bleiben können, dass Inhalt und Wortlaut der Zwölf Tafeln sie widerlegten. Dieses Gesetz kannten alle Römer und wurde nie außer Kraft gesetzt. Sein Wortlaut wurde von römischen Rechtswissenschaftlern erläutert und von römischen Schuljungen auswendig gelernt, sein Inhalt nie angetastet. Selbst wenn eine Bestimmung gänzlich aufgehoben oder nach stillschweigender Übereinkunft nicht mehr angewandt wurde, drohte sie nicht in einer Neufassung getilgt zu werden, weil sie mittlerweile veraltet war.

Die Geschichtsschreibung, auf deren Wahrheitsgehalt Cicero und Livius bauten, kreuzte nichtsdestoweniger ein Verbot patrizisch-plebejischer Ehen in das Zwölftafelgesetz ein. Dazu verleiteten sie zwei Grundfehler:

Erstens dramatisierte die jüngere Annalistik den Ständekampf, als dessen Zwischenergebnis Livius das Gesetzeswerk der Dezemvirn hinstellt,[375] zu

---

[373] *M. Deißmann-Merten*, Verginia, Der Kleine Pauly, Band 5, München 1975, 1204. *J. Cels-Saint-Hilaire*, Virginie, la clientèle et la liberté plébéienne: le sens d'un procès, Revue des études anciennes 93 (1991), 27–37, mag zwar nicht ausschließen, dass die Namen Verginia und Verginius erfunden wurden, glaubt aber, der Rechtsstreit, den Appius Claudius entfacht haben soll, spiegele die gesellschaftlichen Spannungen im Rom des fünften Jahrhunderts getreu wider.

[374] *A. Mehl*, Römische Geschichtsschreibung, Grundlagen und Entwicklungen. Eine Einführung, Stuttgart 2001, 43. 60.

[375] Liv. 3,31,5–8; 3,33,1–3,34,6.

einem Machtkampf, der ähnlich erbittert geführt wurde wie in der späten Republik die Machtkämpfe zwischen Optimaten und Popularen.[376] Volkstribunen, die mit den Waffen der Rhetorik gegen die Machenschaften des Adels ankämpften, sollen in einem Rom, das schwerlich über die Größe einer Kleinstadt hinausgewachsen war, Massen aufgewiegelt, ihre Gegner, die Patrizier, mit grotesk anmutenden Gegenangriffen ihre Vorrechte verteidigt haben. „Welche und welch große Dinge“, so ereiferten sich nach der Darstellung des Livius die Konsuln des Jahres 445 v. Chr. vor dem Senat,[377] „habe Gaius Canuleius in Angriff genommen! Eine Vermischung der Sippen, eine Vermengung der öffentlichen und privaten Auspizien führe er herbei, damit ja nichts Reines, ja nichts Unbefleckters verbleibe, damit nach der Aufhebung jeden Unterschieds niemand sich selbst oder die Seinen kenne. Denn worauf sonst liefen wahllose Eheschließungen hinaus, wenn nicht darauf, dass sich der Geschlechtsverkehr zwischen Plebs und Patriziern beinahe wie bei Tieren verbreite, dass der Nachkomme nicht wisse, welchem Blut, welchen Kulten er zugehöre, dass er halb zu den Patriziern, halb zu der Plebs zähle, nicht einmal eins mit sich selbst?“

Zweitens neigte die jüngere Annalistik dazu, den gesellschaftlichen und politischen Aufstieg der Plebs zu gesetzlich geregelten Stufen des Fortschritts zu verrechtlichen. Hätte sich der frührömische Adel so schroff abgeschottet, wie Livius es ausmalte, dann hätte er hohe gesellschaftliche Schranken aufgerichtet. Je weiter aber die plebejischen Geschlechter politisch und gesellschaftlich aufstiegen, desto leichter muss es ihren Angehörigen gelungen sein, sich mit Mitgliedern patrizischer Geschlechter zu vermählen. Gesetze brauchten ihnen diesen Zugang ebenso wenig zu öffnen wie den zum Konsulat. Volksbeschlüsse, wie sie die griechisch-römische Geschichtsschreibung spätestens seit dem ersten Jahrhundert v. Chr. anführt, hätten ihn ohnehin nur regeln können, wenn sie das Gesamtvolk gebunden hätten. Bis die *lex Hortensia* von 287

---

[376] *K. von Fritz*, The Reorganisation of the Roman Government in 366 B. C. and the so-called Licinio-Sextian Laws, Historia 1 (1950), 10 Anm. 15. 15. 17 (wieder in: Schriften zur griechischen und römischen Verfassungsgeschichte und Verfassungstheorie, Berlin – New York 1976, 337 Anm. 15. 341. 343).

[377] Liv. 4,2,5–6.

v. Chr. sie in ihrer Rechtswirkung Gesetzen gleichstellte, banden sie aber nur die Plebs. Bevor sie in Kraft trat, hätte kein Volkstribun einen Mehrheitsbeschluss der Plebs herbeiführen können, der ein gesetzliches Verbot patrizisch-plebejischer Ehen rechtswirksam aufgehoben[378] oder ihr das Recht verschafft hätte, einen der beiden Konsuln zu stellen.[379] So wenig, wie Gaius Canuleius 445 v. Chr. den einen, können Gaius Licinius Stolo und Lucius Sextius Lateranus 367 v. Chr. den anderen Erfolg als Volkstribunen erzielt haben. Wie es scheint, wurde 367 v. Chr. überhaupt nicht gesetzlich geregelt und verfassungsrechtlich verankert, den einen der beiden Konsuln aus den Reihen der Plebs zu wählen; weisen doch die Konsularfasten in dem Zeitraum von 365 bis 321 nicht weniger als zehn patrizische Doppelbesetzungen des Konsulats aus.[380]

Hätten die Zwölf Tafeln verboten, dass Patrizier sich mit Plebejerinnen vermählten oder Patrizierinnen Plebejer heirateten, dann hätten sie im Eherecht nicht nur den Grundsatz der Rechtsgleichheit durchbrochen, sondern letztlich auch die Hausgewalt des *pater familias* beschnitten. Hausväter rechtsverbindlich zu verpflichten, ihre Söhne oder Töchter standesgemäß zu verheiraten, hätte den Zehn Männern, die dieses Gesetzeswerk ausarbeiteten, unweigerlich den Vorwurf eingetragen, sich in die ureigenen Belange des Familienoberhauptes einzumischen. Denn Ehen zu schließen, betrachteten die Römer ebenso als Privatsache, wie Ehen aufzulösen.[381] Dieses Grundverständnis zu missachten, vermieden sie, wenn sie die Ehe nur so weit unter den Schutz des Gesetzes stellten, wie vermögensrechtliche Fragen berührt wurden.

---

[378] Die Belege bei *Rotondi*, Leges publicae, 238–239.

[379] Liv. 6,35,5 und 6,42,9–11; Diod. 12,25,2; Plut. Cam. 39,1 und 42,7; Flor. epit. 1,17 (1,26,1–4); Ampel. 25,4; Schol. Cic. Ambros., p. 275,10–11 *Stangl*; Vir. ill. 20,1; Pompon. dig. 1,2,2,26; Zon. 7,24,4.

[380] *K. J. Beloch*, Römische Geschichte bis zum Beginn der Punischen Kriege, Berlin – Leipzig 1926, 344–345; *v. Fritz*, Historia 1 (1950), 3. 8 (wieder in: Schriften zur griechischen und römischen Verfassungsgeschichte, 329. 334); *Bleicken*, Lex publica 87; *K. Bringmann*, Das ‚Licinisch-Sextische' Ackergesetz und die gracchische Agrarreform, in: Symposion für Alfred Heuß. Frankfurter Althistorische Studien, Heft 12, Kallmünz 1986, 51 (wieder in: Ausgewählte Schriften, hrsg. von *J. Kobes* und *P. Scholz*, Frankfurt am Main 2001, 187).

[381] *Honsell*, in: *Honsell / Mayer-Maly / Selb*, Römisches Recht, 385–387.

Wie mit der Ehe befasste sich der Gesetzgeber auch mit der Scheidung, weil ihre wirtschaftliche Tragweite rechtliche Klarheit verlangte. Deshalb forderte Tafel 4,3, dass dieser Schritt mit eindeutigen Formeln und Handlungen vollzogen wurde. Verstieß jemand seine Ehefrau, so sollte er ihr die Hausschlüssel abnehmen[382] und sie mit den Worten *baete foras* dazu auffordern, das Haus zu verlassen.[383]

Die Nachwelt hat daran wenig geändert. Nach wie vor musste der Mann seiner Frau, wenn er ihr keinen Scheidebrief schickte,[384] die Hausschlüssel abnehmen und mit Worten, die nicht misszuverstehen waren, die Tür weisen, nur dass zu *baete foras* und *tuas res tibi habeto*,[385] den altertümlichen Befehlen der Zwölf Tafeln, neuere Formeln wie *vade foras*,[386] *i foras*[387] und *tuas res tibi agito*[388] hinzutraten.

## V. Der *postumus*

Die Zwölf Tafeln schützten den Sohn davor, nur deswegen von der Erbfolge ausgeschlossen zu werden, weil er nachgeboren war. Zu diesem Zweck bestimmten sie, dass ein Kind, das im Mutterleib lag, auch dann gesetzlicher Erbe wurde, wenn es nach dem Tod des Vaters zur Welt kam.[389] Doch verlor es sein

---

[382] Cic. Phil. 2,69, wenn *Jean Jacques Cornelissen* die Lesarten *illam* und *minimam* zu der richtigen Fassung verschmolz und das Satzzeichen vor, nicht hinter *ex XII tabulis* zu setzen ist: *mi{ni}m{l}<u>lam suam suas res sibi habere iussit, ex XII tabulis clavis ademit, exegit.*

[383] Nonius, s. v. *baetere*, p. 108 *Lindsay*: *annos multos quod parere ea non poterat, mulierem foras baetere iussit.*

[384] Gaius dig. 48,5,43.

[385] Plaut. Amph. 928. Trin. 266; Dig. 24,2,2,1.

[386] Mart. 11,104,1.

[387] Plaut. Cas. 210–211.

[388] Dig. 24,2,2,1.

[389] Ulp. dig. 38,16,3,9: *ex lege duodecim tabularum ad legitimam hereditatem is, qui in utero fuit, admittitur, si fuerit editus.*

Erbrecht, wenn seine Mutter es später als zehn Monate nach dem Tod ihres Mannes gebar.[390]

Die Frist, nach deren Ende es erlosch, entsprach dem Kenntnisstand der Zeit über die Höchstdauer einer Schwangerschaft. Diese Frist blieb aber auch noch gültig, als die Wissenschaft über den Kenntnisstand, der ihr zugrunde lag, schon längst hinausgekommen war. Hadrian verlängerte sie nur in dem Fall, den er zu entscheiden hatte, als die Mutter eines nachgeborenen Sohnes klagte. Die Klägerin, eine Witwe, deren Lebenswandel über jeden Zweifel erhaben war, hatte im elften Monat nach dem Tod ihres Mannes einen Sohn geboren. Um zu verhindern, dass ihm nach dem Recht der Zwölf Tafeln sein Erbanspruch aberkannt wurde, rief sie das Kaisergericht an.[391] Hadrian prüfte ihren Fall mit dem Ergebnis, dass ihrer Klage stattzugeben sei. Die Philosophen und Mediziner, auf deren Ansichten er sich stützte, schienen ihm hinlänglich klargestellt zu haben, dass Spätgeburten sich bis zum elften Monat verzögern konnten.[392]

Länger als ein halbes Jahrtausend dauerte es, bis ein Gericht zu entscheiden hatte, ob das Zwölftafelgesetz in dieser Frage[393] den Erkenntnissen der Wissenschaft standhalte; und obwohl Hadrian verneinte, dass die Frist von zehn Monaten mit dem Wissensstand der Philosophen und Mediziner zu vereinbaren war, deren Schriften er zu Rate zog, hoben weder er noch sein Nachfolger sie grundsätzlich auf. Nach Ulpians Darlegungen im 14. Buch seiner Schrift ‚Ad Sabinum' nahm Antoninus Pius sie weiterhin zur Richtschnur.[394] Daran zu rütteln, vermieden die Kaiser aus verständlichen Gründen. Da Spätgeburten nur in dem äußerst seltenen Fall, dass ein Vater wenige Tage nach der Zeugung

---

[390] Ulp. dig. 38,16,11: *post decem menses mortis natus non admittetur ad legitimam hereditatem.*

[391] Gell. 3,16,12.

[392] Gell. 3,16,12: *in eo decreto Hadrianus id statuere se dicit requisitis veterum philosophorum et medicorum sententiis.*

[393] Zu dieser Frage s. Arist. hist. an. 7,4,584a–b, gefolgt von Plin. nat. 7,38: *homo toto anno et incerto gignitur spatio, alius septimo mense, alius octavo et usque ad initia undecimi ...*

[394] Ulp. dig. 38,16,3,11–12.

verstorben war, Rechtsstreitigkeiten über das Erbrecht des nachgeborenen Kindes auslösen konnten, verwundert es nicht, dass Justinian die Regelung der Zwölf Tafeln beibehielt.

So starr sie auch war, wirkte diese Regelung doch über die Spätantike hinaus fort. In einigen europäischen Rechtsordnungen findet sie sich im Ergebnis bis heute wieder: Nach der Vaterschaftsvermutung von § 1591 i. V. m. § 1592 Abs. 1 a. F. BGB galt ein Kind bis zu 302 Tage, nachdem der Ehemann der Mutter beigewohnt hatte, als ehelich. Noch genauer stimmen Art. 313 und Art. 315 des französischen Code Civil und Art. 232 des italienischen Codice Civile mit der Zehnmonatsfrist des altrömischen Rechts überein: Beide setzen die Frist auf 300 Tage fest. Erst die Neuregelung nach der Kindschaftsrechtsreform von 1998 verzichtete auf eine derartige Befristung und setzte an ihre Stelle in § 1592 Nr. 3 n. F. BGB die gerichtliche Feststellung, die nach § 1600d Abs. 2 Satz 1 n. F. BGB die Vaterschaft bis zum Erweis des Gegenteils annimmt, wenn der Ehemann der Mutter während der Empfängniszeit beigewohnt hat. Die Empfängniszeit wird zwar auf 300 Tage eingegrenzt, § 1600d Abs. 2 Satz 2 n. F. lässt aber für außergewöhnlich lange Empfängniszeiten Raum.

Dem Einfluss des germanischen Rechts ist es nur auf den ersten Blick zuzuschreiben, dass das BGB bis 1998 von 302 Tagen ausging. Auf den zweiten Blick stellt sich heraus, dass diese Frist mittelbar auf das Zwölftafelgesetz zurückzuführen ist. Entnommen wurde sie zwar einer Glosse zum mittelalterlichen Sachsenspiegel. Letztlich aber geht sie darauf zurück, dass Pseudo-Hippokrates ein Kind vom zweiten Tag des siebten Monats an für lebensfähig erklärte und der Gesetzgeber zu diesen 182 Tagen die 120 Tage der vier Monate hinzurechnete, die zu der Zehnmonatsfrist des Zwölftafelgesetzes fehlten.[395]

---

[395] *A. Bürge*, Rechtsvereinheitlichung im Laufe der Jahrhunderte: Die gesetzliche Empfängniszeit von 302 Tagen – Fast ein Nachruf, Juristische Schulung 2003, 425. 426–428.

## VI. *Usus* und *auctoritas*

Wie der Satz USUS AUCTORITAS FUNDI BIENNIUM <ESTO>[396] zu verstehen ist, ist strittig. Regelte er die Ersitzung von Grund und Boden oder befristete er die Haftung des Veräußerers für Rechtsmängel? *Theodor Mommsen* sprach sich im zweiten Teil seiner Dissertation vom Jahr 1843 dafür aus, ihn auf die Gewähr zu beziehen, die der Verkäufer dem Käufer bei einer Versteigerung zu leisten hat.[397] Seinen Inhalt umschrieb er mit den Worten: *fundo per biennium emtor utatur, venditor tamdiu auctoritatem ei accommodet evictionemque praestet.*

Die Mehrheit lehnte seinen Ansatz ab. Doch verfolgte ihn *Theo Mayer-Maly* mit höher gestecktem Beweisziel weiter. Während sein Vorgänger nur bestritten hatte, dass der Rechtssatz USUS AUCTORITAS FUNDI BIENNIUM <ESTO> von der Ersitzung gehandelt habe, bezweifelte *Mayer-Maly*, dass das Recht der Zwölf Tafeln den *usus* überhaupt als *usucapio* kannte.[398]

---

[396] So sein Wortlaut, wenn Cic. top. 23 ihn getreu wiedergibt; zum Inhalt vgl. Cic. Caecin. 54, Gaius inst. 2,42–44. 53–54 und Ulp. reg. 19,8.

[397] *Th. Mommsen*, Ad legem de scribis et viatoribus et de auctoritate commentationes duae, Diss. Kiel 1843, 18; wieder in: Gesammelte Schriften, Band 3, Berlin 1907, 463. Davon teils mittelbar, teils unmittelbar beeinflusst: *A. Bechmann*, Der Kauf nach gemeinem Recht, Band 1, Erlangen 1876 (ND Aalen 1965), 107–109, *M. Voigt*, Die XII Tafeln. Geschichte und System des Zivil- und Kriminalrechts wie -prozesses der XII Tafeln nebst deren Fragmenten, Band 2, Leipzig 1883 (ND Aalen 1966), 203–204, *F. Leifer*, Altrömische Studien IV: Mancipium und auctoritas. Mit Beiträgen zum römischen Schuld- und Haftungsrecht. Teil II, Zeitschrift der Savigny-Stiftung für Rechtsgeschichte, Rom. Abt. 57 (1937), 124–148, *U. v. Lübtow*, Studien zum altrömischen Kaufrecht, in: Festschrift Paul Koschaker, Band 2, Weimar 1939, 118, *K. F. Thormann*, Auctoritas (Ein Beitrag zum römischen Kaufrecht), Iura 5 (1954), 70–71, *M. Kaser*, Eigentum und Besitz im älteren römischen Recht, Köln – Graz ²1956, 86–89, *V. Arangio-Ruiz*, La compravendita in diritto romano, Band 1, Neapel 1956, 321, *Th. Mayer-Maly*, Studien zur Frühgeschichte der Usucapio II, Zeitschrift der Savigny-Stiftung für Rechtsgeschichte, Rom. Abt. 78 (1961), 241–243, *A. Söllner*, Der Erwerb vom Nichtberechtigten in romanistischer Sicht, in: Europäisches Rechtsdenken in Geschichte und Gegenwart. Festschrift Helmut Coing, Band 1, München 1982, 371, und *M. Kaser*, Altrömisches Eigentum und „usucapio", Zeitschrift der Savigny-Stiftung für Rechtsgeschichte, Rom. Abt. 105 (1988), 127–129.

[398] *Th. Mayer-Maly*, Studien zur Frühgeschichte der Usucapio I, Zeitschrift der Savigny-Stiftung für Rechtsgeschichte, Rom. Abt. 77 (1960), 16–51, und: Studien zur Frühgeschichte der Usucapio II, Zeitschrift der Savigny-Stiftung für Rechtsgeschichte, Rom. Abt. 78 (1961), 221–276.

Nach beider Meinung hätte das Zwölftafelgesetz die Gewährleistungspflicht des Veräußerers bei beweglichen Sachen kürzer bemessen als bei unbeweglichen. Diese Möglichkeit schloss *György Diósdi* vorschnell aus.[399] Das Bürgerliche Gesetzbuch bestimmt immerhin für die Sachmängelhaftung bei Grundstücken eine doppelt so lange Verjährungsfrist wie bei beweglichen Sachen.[400] Bei den römischen Juristen verlautet indessen nichts davon, dass die Rechtsmängelhaftung bei Grundstücken und bei beweglichen Sachen unterschiedlich verjährt wäre. Sehr wohl aber bestätigen mehrere Hinweise, dass die Ersitzung im Zwölftafelgesetz verankert war. Darauf führen fünf Beobachtungen.

Die erste: Sofern *Andrea Alciato* mit dem allgemein gebilligten Texteingriff, *voluerunt* zu *noluerunt* zu verbessern, die ursprüngliche Fassung von Cicero, De legibus 1,55, wiederhergestellt hat, verboten die Zwölf Tafeln, den fünf Fuß breiten Grenzsaum zwischen zwei Flurstücken zu ersitzen.[401] Dieser Streifen sollte herrenlos bleiben, um von Fuhrwerken befahren werden zu können.[402] Hätte er ersessen werden dürfen, dann hätte sein Eigentümer von den Anrainern, die ihn als Feldweg benutzten, Schadensersatz verlangen können, wenn ihr Zugvieh die Saat zertrampelt hätte.

Die zweite: Um die Totenruhe zu sichern, untersagte das Zwölftafelgesetz, den Vorplatz eines Grabes oder eine Leichenbrandstätte zu ersitzen.[403]

---

[399] *G. Diósdi*, Ownership in Ancient and Preclassical Roman Law, Budapest 1970, 88; dagegen schon *R. Yaron*, Reflections on *usucapio*, Tijdschrift voor Rechtsgeschiedenis. Revue d'histoire du droit 35 (1967), 198–208.

[400] § 477 Abs. 1 Satz 1 BGB (in der bis zum 31.12.2001 geltenden Fassung): „Der Anspruch auf Wandelung oder auf Minderung sowie der Anspruch auf Schadensersatz wegen Mangels einer zugesicherten Eigenschaft verjährt, sofern nicht der Verkäufer den Mangel arglistig verschwiegen hat, bei beweglichen Sachen in sechs Monaten von der Ablieferung, bei Grundstücken in einem Jahre von der Übergabe an."

[401] Cic. leg. 1,55: *ex hac autem non rerum, sed verborum discordia controversia est nata de finibus, in qua, quoniam usus capionem duodecim tabulae int{e}r<a> quinque pedes esse {v}<n>oluerunt, depasci veterem possessionem Academiae ab hoc acuto homine non sinemus, nec Mamilia lege singuli, sed e XI<I>{s} <t>res arbitri finis regemus.*

[402] Hyg. grom. p. 126,3–7 *Lachmann* = p. 89,1–5 *Thulin.*

[403] Cic. leg. 2,61: *duae sunt praeterea leges de sepulcris, quarum altera privatorum aedificiis, altera ipsis sepulcris cavet: nam quod rogum bustumve novum vetat prop{r}ius*

Die dritte: Nach Gaius, Institutiones 1,111, bestimmten die Zwölf Tafeln, dass eine *sine in manum conventione* verheiratete Frau das Zusammenleben mit ihrem Mann vor Ablauf eines jeden Jahres für drei Nächte unterbrechen musste, wollte sie verhindern, dass sich der Bund, den sie mit ihm eingegangen war, in eine *manus*-Ehe verwandelte.[404] Versäumte sie es, so gelangte sie in seine Ehegewalt.[405] Diesen Vorgang stellte Gaius einer Ersitzung gleich.[406]

Die vierte: Zum Schutz des rechtmäßigen Eigentümers schloss das Zwölftafelgesetz aus, dass eine gestohlene Sache ersessen werden konnte.[407] Der Einbrecher oder Dieb konnte sie schon deshalb nicht ersitzen, weil er sie nicht *bona fide* in Besitz genommen hatte. Ebenso wenig sollte aber ein argloser Käufer sie ersitzen können. Auch wenn ein Dritter sie vom Dieb oder Einbrecher guten Glaubens erworben hatte, verjährte der Anspruch des Bestohlenen nicht. Diesen Rechtsgrundsatz fand Gaius schon im Zwölftafelgesetz veran-

---

*sexaginta pedes adici aedes alienas invito domino, incendium veretur acerbum {vetat}; quod autem {e}<f>orum, id est vestibulum sepulchri, bustumve usu capi vetat, tuetur ius sepulcrorum.*

404 Dass das *trinoctium* bereits in das Zwölftafelgesetz eingegangen sei, bestritt *C. St. Tomulescu*, Gaius I, 111 und die Ehe *usu*, in: Sein und Werden im Recht. Festgabe für Ulrich von Lübtow, hrsg. von *W. G. Becker* und *L. Schnorr von Carolsfeld*, Berlin 1970, 405–407, mit fraglichem Recht; seine Begründung, im fünften Jahrhundert sei die Frau gesellschaftlich und rechtlich noch zu schlecht gestellt gewesen, um eine hausgewaltfreie Ehe erzwingen zu können, verfängt nicht, weil die Rechtsfolgen der dreitägigen Unterbrechung des Ehelebens eher dem Geschlecht, aus dem sie stammte, als ihr selbst zugute kamen. – So schon *R. Köstler*, Raub- und Kaufehe bei den Römern, Zeitschrift der Savigny-Stiftung für Rechtsgeschichte, Rom. Abt. 65 (1947), 51, *R. M. Ogilvie*, The Maid of Ardea, Latomus 21 (1962), 482, *S. B. Pomeroy*, The Relationship of the Married Women to Her Blood Relatives in Rome, Ancient Society 7 (1976), 216–217, *E. Ferenczy*, Eherecht und Gesellschaft in der Zeit der Zwölftafeln, Oikumene 2 (1978), 159, und *L. Cracco Ruggini*, Juridical Status und Historical Role of Women in Roman Patriarchal Society, Klio 71 (1989), 607.

405 Gaius inst. 1,111: *usu in manum conveniebat, quae anno continuo nupta perseveraba{n}t; veluti annua possessione usucapiebatur, in familiam viri transi{e}bat filiaeque locum optinebat. itaque lege XII tabularum cautu<m> est, ut, si qua nollet eo modo in manu<m> mariti convenire, ea quotannis trinoctio abesset atque eo modo cuiusque anni <usum> interrumperet.*

406 Darüber im Einzelnen *I. Piro*, „Usu" in manum convenire, Neapel 1994, 7–32.

407 Gaius inst. 2,49.

kert.[408] Die jüngere Bestimmung *quod subruptum erit, eius rei aeterna auctoritas esto*, die Gellius aus der *lex Atinia de usucapione* zog,[409] schärfte nur ein, dass er fortgelten sollte.

Die fünfte: Der Rechtssatz ADVERSUS HOSTEM AETERNA AUCTORITAS, den Cicero in De officiis aus den Zwölf Tafeln anführt,[410] kann kaum anders verstanden werden, als dass sie dem römischen Bürger gegenüber dem Ausländer, dem *hostis*,[411] einen nicht verjährenden Rechtsschutz für seinen Grundbesitz gewährten. Dass bei Verkäufen an Ausländer der Veräußerer zeitlich unbegrenzt für Rechtsmängel gehaftet habe, kann damit kaum gemeint sein. Jedenfalls leuchtet nicht ein, weshalb das Gesetz den Ausländer besser gestellt haben sollte als den römischen Bürger. Nach seinem Willen sollte vielmehr ausgeschlossen werden, dass Ausländer an den Gemarkungsgrenzen von Rom Land ersitzen konnten.

Das Wort *auctoritas* leitet sich von dem die *auctio* veranlassenden *auctor* her; der *auctor* hatte in dem Rahmen, in dem er für Rechtsmängel der versteigerten Ware haftete, Gewähr zu leisten. Doch muss es zur Zeit der Zwölf Tafeln schon für die Gewähr(schaft) schlechthin gestanden haben. Während in dem lateinischen Begriff *auctio* die Herkunft von dem Wurzelwort *augere*, „vergrößern", „vermehren", noch ebenso durchscheint, wie in dem deutschen

---

[408] Gaius inst. 2,49: *quod ergo vulgo dicitur furtivarum rerum et vi possessarum usucapionem per lege<m> XII tab(ularum) prohibitam esse, non eo pertinet, ut n[e ipse] f[ur] quive per vim [possi]det usu capere [po]ssit (nam huic ali<a> ratione usucapio non competit, quia scilicet mala fide possidet), sed nec ullus alius, quamquam ab eo bona fide emerit, usucapiendi ius habeat.*

[409] Gell. 17,7,1.

[410] Cic. off. 1,37: *hostis enim apud maiores nostros is dicebatur, quem nunc peregrinum dicimus. indicant duodecim tabulae ‚aut status dies cum hoste' itemque ‚adversus hostem aeterna auctoritas'.*

[411] So Cicero off. 1,37 und Festus, s. v. *status dies*, p. 414. 416 *Lindsay*. – *A. M. Prichard*, Auctoritas in Early Roman Law, Law Quarterly Review 90 (1974), 380–384, bestritt allerdings, dass sich die Römer zur Zeit der Zwölf Tafeln unter einem *hostis* keinen Feind, sondern einen Ausländer vorgestellt hätten. Doch behauptete er mit zweifelhaftem Recht, dass sie diese Bezeichnung von jeher den Ausländern vorbehalten hätten, mit denen sie Krieg führten. Darauf scheint sie sich erst verengt zu haben, seitdem der römische Eroberungsdrang die Beziehungen zu den Nachbarn dauerhaft trübte.

Wort „Versteigerung“ der Gedanke, dass sie auf eine Steigerung des Verkaufspreises hinzielt, blieb das Bedeutungsfeld von *auctoritas* so wenig auf die *auctio* begrenzt wie das von *auctor*. Die Richtung, in der sich die Bedeutung des Wortes *auctoritas* über die ursprüngliche hinaus erweiterte, war vom wortgeschichtlichen Werdegang des Begriffes vorgezeichnet, von dem es unmittelbar abstammte. Als Abkömmling von *auctor* entwickelte es sich in den gleichen Bahnen so weit von seinen Ursprüngen fort, dass seine Wurzel, die Herkunft von einem Stammwort mit der Grundbedeutung „vermehren“, aus dem Blick geriet.

Dieses Zwischenergebnis erlaubt es, Sinn und Inhalt des Rechtssatzes USUS AUCTORITAS FUNDI BIENNIUM genauer zu erfassen. Wenn der Begriff der *auctoritas* zur Zeit der Zwölf Tafeln nicht mehr an eine *auctio* gebunden war, besteht kein Anlass, von der herrschenden Meinung abzurücken. USUS AUCTORITAS FUNDI BIENNIUM heißt in der Tat, dass Grund und Boden erst nach Ablauf von zwei Jahren ersessen wurde. Die Begriffe *usus* und *auctoritas* stehen in diesem Rechtssatz wie die Wortpaare *locatio conductio* oder *emptio venditio* asyndetisch nebeneinander. Dass Cicero in der Verteidigungsrede für Caecina seinen Inhalt mit *lex usum e t auctoritatem fundi iubet esse biennium* wiedergibt,[412] stellt es hinlänglich klar. Zwei Jahre währten, wie er richtig erfasste, der *usus fundi* und die *auctoritas fundi*. So lange dauerte es, bis ein römischer Bürger Land, das er in Besitz genommen hatte, ersaß oder umgekehrt der Mitbürger, von dem er Grund und Boden bekommen hatte, die „Gewähr“, *auctoritas*, leisten musste, wenn jemand ihn als sein Eigentum beanspruchte.[413] Aus dem einen wie dem anderen Blickwinkel betrachtet setzten die Verfasser der Zwölf Tafeln dieselbe Frist. Zwei Jahre mussten vergangen sein, bis die Ersitzung abgeschlossen war; genauso lange dauerte es, bis die Gewähr erlosch, Ansprüche Dritter zu vereiteln.

Der Sinn dieser Regelung erschließt sich, wenn ihr volkswirtschaftlicher Nutzen bedacht wird. Wer in den letzten zwei Jahren nichts dagegen unter-

---

[412] Cic. Caecin. 54.

[413] *A. Magdelain*, Auctoritas rerum, Revue internationale des droits de l'antiquité 5 (1950), 139–144, gefolgt von (*Humbert*), *Lewis*, *Crawford*, in: Roman Statutes 2, 660.

nommen hatte, dass Land, das er besaß, von einem Mitbürger bestellt wurde, hatte die Fremdnutzung entweder gebilligt oder nicht bemerkt. In beiden Fällen kann er selbst es nicht dringend benötigt haben. Solange er nur ein Jahr verstreichen ließ, ohne sich zu wehren, konnte aus seinem Verhalten noch nicht abgeleitet werden, dass er es entbehren konnte oder damit überfordert war, es zu bestellen. Da sogenannter *ager restibilis*, das heißt, Boden, der sich ohne Brachen erholte, eher in so fruchtbaren Gegenden wie Kampanien als in dem hügeligen Rom und seiner nächsten Umgebung anzutreffen war und die Grünbrache – die Varro kannte,[414] während Columella ihren Sinn nicht mehr verstand[415] – in der Landwirtschaft des fünften Jahrhunderts v. Chr. ebenso wenig Eingang gefunden haben wird wie der Fruchtwechsel, konnte ihm zugute gehalten werden, dass er sich im vergangenen Jahr deshalb nicht darum gekümmert hatte, weil es brachliegen sollte. Hatte er aber in zwei aufeinanderfolgenden Jahren entweder nicht bemerkt oder widerspruchslos hingenommen, dass ein Mitbürger es in Besitz genommen hatte, entfiel diese Erklärung.

Sein Recht, gegen die Besitzergreifung vorzugehen, begrenzten die Verfasser der Zwölf Tafeln nicht zuletzt deshalb auf zwei Jahre, weil sie befürchteten, dass Ackerland, das länger als nötig brachlag, mit der Zeit verödete. Daraus sprach die Sorge einer bäuerlichen Gesellschaft, die ihre Landwirtschaft vor Fehlentwicklungen zu bewahren suchte. Das gleiche Anliegen verfolgten die Prokuratoren des Verwaltungsbezirks Karthago mit der Zweijahresfrist, die sie den Kolonen auf den kaiserlichen Ländereien im mittleren Bagradastal setzten. Wenn sich ein Kolone, so verfügten sie in ihrem Bescheid, im zurückliegenden Jahr nicht mehr um die *superficies* seines Pachtlandes gekümmert hatte, sollte sich der Konduktor, das heißt, der Unternehmer, der das Recht des Pachteinzugs ersteigert hatte, bzw. sein Verwalter vorerst darauf beschränken, Ortsansässige dafür zu Zeugen zu nehmen und dem Pächter die Anzeige zugehen zu lassen, er habe einen bestellten Bestand bezeugtermaßen „verleugnet“[416]: *ea*

[414] Varro rust. 1,29,1.

[415] Colum. 2,10,7.

[416] CIL VIII 25902, col. IV 16–20, verbessert und vervollständigt nach *K.-P. Johne / J. Köhn / V. Weber*, Die Kolonen in Italien und den westlichen Provinzen des Römischen Reiches, Berlin 1983, 395, und *Kehoe*, Roman Imperial Estates in North Africa, 32.

*superficies, qu(a)e proxumo anno {f} culta fuit et coli [desi]erit, conductor vilicusve eius f(undi) <ei, cuius> ea superficies esse d[icit]ur, denuntiet superficiem cultam testato negita[visse] denuntiationem.* „Verleugnete“ er ihn aber im darauffolgenden Jahr ebenso, dann sollte das Recht, ihn zu unterhalten, an den Konduktor fallen, ohne dass der Besitzer, der ihn vor zwei Jahren zum letzten Mal bestellt hatte, dagegen Einspruch erheben konnte[417]: *itemque <i>nsequentem annum [si negi]tat, ea<m> sine que[rel]a eius {eius f} post bien<n>ium conductor vilicusve <eius f(undi)> cole[re de]beto.* Ob er dieses Recht mit eigenen Arbeitskräften ausübte, die er der Aufsicht eines Verwalters unterstellte, oder zu den ortsüblichen Pachtbedingungen an einen anderen Kolonen vergab, blieb ihm überlassen. Sichergestellt sollte nur sein, dass die *superficies* verpachteten Staatslands nicht verkam.

Befristete das Zwölftafelgesetz die Grundeigentumsgewähr, die *auctoritas fundi*, auf zwei Jahre, um die Gefahr einzudämmen, dass saumselige oder überforderte Bauern Land verwahrlosen ließen, das andere dringender gebraucht und besser genutzt hätten, so lässt sich auch die Frage beantworten, weshalb sie in dem Rechtssatz über die Ersitzung von Grund und Boden die Gebäude mit Stillschweigen übergingen. Schwerlich rechneten sie Häuser der beweglichen Habe zu.[418] Auch wenn im fünften Jahrhundert noch die leichtere Holzlehmbauweise überwogen haben wird, so darf daraus doch kaum gefolgert werden, dass sie Gebäude zu den Sachen zählten, die bereits nach einem Jahr ersessen werden konnten. Dagegen spricht, dass sie Vierkant- und Rundhölzer, die jemand gestohlen und als Pfosten, Pfähle oder Balken eingebaut hatte, mitsamt ihrem Kopfende, *con capite*, herauszureißen verboten: *tignum iunctum aedibus vinea{q}<e>ve {et} con capit<e> ne solvito.*[419] Hätten sie Lehmhütten

---

[417] CIL VIII 25902, col. IV 20–22, in der Fassung von *Johne / Köhn / Weber*, Kolonen in Italien und den westlichen Provinzen, 395, und *Kehoe*, Roman Imperial Estates in North Africa, 32.

[418] So jedoch *Wieacker*, in: Les origines de la république romaine, 307–308.

[419] Festus, s. v. *tignum*, p. 502 *Lindsay*: *tignum non solum in aedificiis quo utuntur appellatur, sed etiam in vineis, ut est in XII: ‚tignum iunctum aedibus vinea{q}<e>ve et con capit<e> ne solvito.‘* – Paul. dig. 6,1,23,6: *tignum alienum aedibus iunctum nec vindicari potest propter legem duodecim tabularum, nec eo nomine ad exhibendum agi nisi adversus eum, qui sciens alienum iunxit aedibus. sed est actio antiqua de tigno iuncto, quae in duplum ex lege duodecim tabularum descendit.* – Ulp. dig. 47,3,1: *lex duodecim tabularum*

als bewegliche Sachen eingestuft, dann hätte die Rechtslage zu widersprüchlichen Ergebnissen geführt: Das Haus hätte nach einem Jahr ersessen, der Boden aber, auf dem es stand, noch ein weiteres Jahr lang zurückgefordert werden können. Daran ist schon deshalb nicht zu denken, weil der Rechtsgrundsatz *superficies solo cedit* für Holzbauten ebenso galt wie für Steinbauten.[420]

Die richtige Antwort hat bereits Cicero gegeben. Wenngleich er im Zwölftafelgesetz nicht geregelt fand, in welcher Frist ein Haus ersessen wird, schloss er daraus nicht, dass Gebäude den schon binnen eines Jahres ersitzbaren beweglichen Sachen zuzuzählen seien. Seiner Meinung nach sollte vielmehr der Grundsatz der Billigkeit gelten, der in vergleichbaren Fällen gleiches Recht verlange. Darum schien es ihm nicht zweifelhaft, dass Häuser erst in zwei Jahren ersessen werden konnten[421]: *quoniam usus auctoritas fundi biennium est, sit etiam aedium. – ‚at in lege aedes non appellantur et sunt ceterarum rerum omnium, quarum annuus est usus.' – ‚valeat aequitas, quae paribus in causis paria iura desiderat!'*

Nach dem Maßstab, den er mit dem Grundsatz der *aequitas* anlegte, war es in der Tat folgerichtig geregelt, die Frist für Gebäude ebenso lang anzusetzen wie die für Grundstücke. Nach dem gleichen Maßstab dehnte der Volksbeschluss *de vi*, den der Volkstribun Plautius 70 v. Chr. durchbrachte,[422] das Verbot, gestohlene Sachen zu ersitzen, auf Sachen aus, die jemand mit Gewalt in Besitz genommen hatte.[423] Doch sollte darüber nicht vergessen werden, dass die Zwölf Tafeln über die Ersitzung von Häusern schwiegen. Binnen zweier Jahre Land zu ersitzen, gestatteten sie mit dem Ziel, die über Feldwege zugänglichen Flurstücke davor zu schützen, dass nachlässige oder überforderte Bauern sie verkommen ließen. Wer nach Ablauf dieser Frist einen Acker

---

*neque solvere permittit tignum furtivum aedibus vel vineis iunctum neque vindicare (quod providenter lex effecit, ne vel aedificia sub hoc praetextu diruantur vel vinearum cultura turbetur), sed in eum, qui convictus est iunxisse, in duplum dat actionem.*

[420] *Meincke*, SZ 88 (1971), 143.

[421] Cic. top. 23.

[422] *T. R. S. Broughton*, The Magistrates of the Roman Republic, Band 2, New York 1952 (ND Ann Arbor 1968), 128.

[423] Gaius inst. 2,45; Inst. Iust. 2,6,2–3. – *Liebs*, Römisches Recht, 174–175.

ersessen hatte, lief dann seinerseits Gefahr, die *auctoritas fundi* einzubüßen, wenn er sich länger als zwei Jahre nicht darum kümmerte. Darin unterschied sich der bedingte Grundbesitz, den die *auctoritas fundi* begründete, nicht unerheblich von dem vererbbaren Hofland, dem sogenannten *heredium*. Dieses Land wird sein Eigentümer kaum vernachlässigt haben. So sehr auch zu bezweifeln ist, dass der sagenumwobene „Stadtgründer" Romulus das *heredium* auf die kleinbäuerliche Betriebsgröße von zwei *iugera* oder gut zwei Preußischen Morgen begrenzte,[424] so wenig braucht in Frage gestellt zu werden, dass sich das Hofland gegenüber der weiter abliegenden, von gemeinsamen Feldwegen durchschnittenen Flur bescheiden ausnahm. Wenn die Bauern lediglich auf die Erträge des Hoflandes hätten zurückgreifen können, wäre es ihnen in der Regel schwergefallen, ihre Familien zu ernähren. Konnten sie aber neben ihrem vererbbaren Grundeigentum, dem *heredium*, Flurland ersitzen, das zu verwildern drohte, wenn sie es nicht bestellten, dann fehlte es ihnen nicht an wirtschaftlichen Anreizen, Ackerbau zu treiben. Das Bodenrecht, das die Zwölf Tafeln formten, schlug sich kurzum eher in einer Gemengelage zwischen privatem Grundeigentum – dem vererbbaren Hofland – und verwirkbarem Grundbesitz – dem ersessenen Flurland – nieder, als dass zwischen privatem Hofland und öffentlichem, gemeinsam beackertem Flurland unterschieden worden wäre.

---

[424] Soweit ist der herrschenden Meinung zuzustimmen, vgl. *E. Gabba*, Sulle strutture agrarie dell'Italia romana fra III e I sec. a. C., in: *E. Gabba / M. Pasquinucci*, Strutture agrarie e allevamento transumante nell'Italia romana (III–I sec. a. C.), Pisa 1979, 55–63, *A. Heuß*, Barthold Georg Niebuhrs wissenschaftliche Anfänge, Abhandlungen der Akademie der Wissenschaften in Göttingen, Philol.-hist. Klasse, 3. Folge, Nr. 114, Göttingen 1981, 197, und wieder *E. Gabba*, Per un'interpretazione storica della centuriazione romana, Athenaeum, N. S. 63 (1985), 266.

## VII. Beschränkungen des Begräbnisrechts und Bestattungsaufwands

Das Zwölftafelgesetz stellte es den Römern frei, ihre Toten entweder zu beerdigen oder einzuäschern, untersagte ihnen aber, sie im Stadtgebiet zu bestatten: HOMINEM MORTUUM IN URBE NE SEPELITO NEVE URITO.[425]

Cicero meinte, dieses Verbot habe vor allem bezweckt, die Gefahr eines Brandes abzuwenden.[426] Der Gefahr, dass Funken auf die Strohdächer umliegender Lehmhütten übersprangen, hätte jedoch nur vorgebeugt werden müssen, wenn ein Leichnam eingeäschert, nicht auch, wenn er beerdigt wurde,

Diesem Einwand setzte Isidor von Sevilla sich nicht aus. Er behauptete, die Vorkehrung, im Wohngebiet von Rom Erd- und Feuerbestattungen zu verbieten, sollte der Seuchengefahr wehren.[427] Seine Erklärung kann aber ebenso wenig überzeugen, da die Toten sieben Tage lang in ihrem Haus aufgebahrt werden durften.[428] Vor den Toren der Stadt sollten sie weit eher deshalb eingeäschert oder beerdigt werden, weil man Tote ebenso fürchtete wie liebte.[429] Aus Angst, er könne zurückkehren, bahrte man den Toten mit den Füßen gegen die Tür auf;[430] in dem Aberglauben, seine Überreste seien unrein, wusch man sich, sobald man ihn berührt hatte, die Hände.[431]

---

[425] Cic. leg. 2,58, ferner Serv. Verg. Aen. 11,206; dazu jedoch (*Humbert*), *Lewis*, *Crawford*, in: Roman Statutes 2,704.

[426] Cic. leg. 2,58: *‚hominem mortuum', inquit lex in duodecim, ‚in urbe ne sepelito neve urito' – credo vel propter ignis periculum.*

[427] Isid. orig. 15,11,1: *prius autem quisque in domo sua sepeliebatur. postea vetitum est legibus, ne foetore ipso corpora viventium contacta inficerentur.*

[428] Dies der römische Brauch nach: *A. Krug*, Heilkunst und Heilkult. Medizin in der Antike, München 1984, 33.

[429] *K. Latte*, Römische Religionsgeschichte, München 1960, 101.

[430] Plin. nat. 7,46.

[431] *E. Rohde*, Psyche. Seelencult und Unsterblichkeitsglaube der Griechen, Band 2, Tübingen $^{5-6}$1910, 73; *M. Nilsson*, Geschichte der griechischen Religion, Band 1, München $^{2}$1955, 91. 95–96.

Die übrigen Regelungen des Grabrechts, die Cicero aus der zehnten der Zwölf Tafeln herauszog und in ‚De legibus‘ anführte, schrieben vor, die Bestattungskosten zu begrenzen: Die Äste, die zum Scheiterhaufen aufgeschichtet wurden, sollte man nicht mit dem Beil glatthauen (Tafel 10,2),[432] die Kopftracht der Frauen, die dem Toten das letzte Geleit gaben, auf drei Kopftücher und ein Purpurband, die Zahl der Bläser auf zehn Flötenspieler beschränken (Tafel 10,3),[433] auf Umtrunk und Sklavensalbung, Blumengirlanden und Weihrauchkästchen oder Räucherwerkaltärchen verzichten (Tafel 10,6a),[434] den Frauen, die an dem Leichenbegängnis teilnahmen, weder sich die Wangen zu zerkratzen noch laut zu wehklagen gestatten (Tafel 10,4),[435] den Scheiterhaufen oder das Grab nicht mit Wein besprengen (Tafel 10,6d),[436] dem Toten kein Myrrhenwasser in den Mund gießen (Tafel 10,6b).[437]

Einige dieser Vorschriften müssen näher erläutert werden, weil Cicero sie nur in Stichworten anführte oder sich schon die antiken Gelehrten nicht darauf einigen konnten, wie sie zu verstehen seien.

Unter der *servilis unctura*, die das Zwölftafelgesetz abgeschafft haben soll, wird Cicero sich den Brauch vorgestellt haben, dass Sklaven, die ein Unternehmer, der *libitinarius*, in das Haus des Toten schickte, den Leichnam fach-

---

[432] Cic. leg. 2,59: *iam cetera in XII: minuendi sumptus sunt lamentationisque fune<b>ris translata de Solonis fere legibus. ‚hoc plus‘, inquit, ‚ne facito: rogum ascea ne polito.‘.*

[433] Cic. leg. 2,59: *extenuato igitur sumptu tribus riciniis et vincl{a} o purpurae et decem tibicinibus tollit etiam lamentationem sc. lex duodecim tabularum ...*

[434] Cic. leg. 2,60: *haec praeterea sunt in legibus de unctura <cena>que: servilis unctura tollitur omnisque circumpotatio, quae et recte tolluntur neque tollerentur, nisi fuissent. ‚ne sumptuosa respersio‘, ‚ne longae coronae‘, ‚ne{c} acerrae‘ praetereantur;* Festus, Pauli exc., s. v. *acerra*, p. 17 *Lindsay*: *acerra ara, quae ante mortuum poni solebat, in qua odores incendebant. alii dicunt arculam esse turariam, scilicet ubi tus reponebant.*

[435] Cic. leg. 2,64: *de lamentis vero expressa verbis sunt: ‚mulieres genas ne radunto neve lessum funeris ergo habento.‘* Desgleichen Cic. Tusc. 2,55; Serv. Verg. Aen. 12,606; Festus, s. v. *radere genas*, p. 338 *Lindsay*.

[436] Cic. leg. 2,60; Festus, Pauli exc., s. v. *resparsum vinum*, p. 319 *Lindsay*; Plin. nat. 14,88.

[437] Festus, s. v. *murrata potione*, p. 150. 152 *Lindsay*: *murrata potione usos antiquos indicio est, quod etiam nunc <a>ediles per supplicationes dis addunt ad pulvinaria et quod XII tabulis cavetur, ne mortuo indatur, ut ait Varro in Antiquitatum l(ibro) I.*

männisch salbten. Ob schon die Zehn Männer von einer *servilis unctura* gesprochen hatten, muss auf sich beruhen. Sicher zu erschließen ist nur, dass sie zu unzulässigem Aufwand erklärten, verstorbene Römer, die in ihrem Haus aufgebahrt waren, von gewerbsmäßigen Leichenbestattern salben zu lassen. Tote Sklaven zu salben, hätte nicht verboten zu werden brauchen, da ihre Leichen ohnehin nicht zuvor gesalbt, sondern alsbald begraben wurden. Im anderen Fall hätte Cicero eher von einer *unctura servorum* als von einer *servilis unctura* sprechen müssen, um mit seiner Wortwahl klarzustellen, dass er nicht die Salbung von Sklavenhand meinte.

Vor dem Lager, auf dem der Tote aufgebahrt wurde, sollte kein Räucherwerk in oder auf einer *acerra* angezündet und verbrannt werden. Je nachdem, ob sie *acerra* von *ara* oder von *arcula* ableiteten, verstanden die antiken Sprachwissenschaftler darunter entweder ein Altärchen oder ein Behältnis, in dem Weihrauch aufbewahrt wurde, ein Weihrauchkästchen.[438] Keine der beiden Worterklärungen ist gesichert, die Frage, von welchem Wort *acerra* abstammt, nach wie vor ungeklärt.[439]

Die Kopfbedeckung, die die trauernden Frauen im Leichenzug trugen, sollte sich auf drei *ricinia* und ein *vinculum* aus Purpur beschränken. So äußerte sich jedenfalls Cicero in ‚De legibus'. Bei den *ricinia* muss es sich um viereckige Tücher gehandelt haben, die Kopf und Schulter bedeckten. Darauf deuten die Worterklärungen der römischen Sprachwissenschaftler Festus und Nonius[440] wie auch ein Wandgemälde aus einem Grab in Ruvo (Apulien),[441] das in die

---

[438] Festus, Pauli exc., s. v. *acerra*, p. 17 *Lindsay*: *acerra ara, quae ante mortuum poni solebat, in qua odores incendebant. alii dicunt arculam esse turariam, scilicet ubi tus reponebant.*

[439] *Walde / Hofmann*, Lateinisches etymologisches Wörterbuch 1, 8.

[440] Festus, s. v. *recinium*, p. 342 *Lindsay*: *recinium omne vestimentum quadratum [h]i, qui XII interpretati sunt, esse dixerunt*; Nonius, s. v. *ricinium*, p. 869 *Lindsay*: *ricinium, quod nunc mafurtium dicitur, palliolum femineum breve. Varro Ταφὴ Μενίππου: ‚nihilo magis dicere muliebre quam de muliebri recinio, pallium simplex!' idem De vita populi Romani lib. I: ‚ex quo mulieres in adversis rebus ac luctibus cum omnem vestitum delicatiorem ac luxuriosum postea institutum ponunt ricinia sumunt.'*

[441] Museo Nazionale di Napoli, Inv.-Nr. 9352–9357.

zweite Hälfte des fünften Jahrhunderts v. Chr. gehört und den kultischen Reigentanz trauernder Frauen zeigt.[442]

Dasselbe Bildzeugnis kann die Fassung verbessern helfen, in der die Handschriften Cicero, De legibus 2,59, darbieten. Die Lesart *vincla purpurae*, die sie in ihrer Mehrzahl überliefern, stimmt auf keinen Fall. Adrien de Turnèbe schlug deshalb *tunicula purpurae* statt *vincla purpurae* zu lesen vor, und die meisten Herausgeber sind ihm darin gefolgt. Doch ist zu überlegen, ob nicht eher *vinclo purpurae* zu *vincla purpurae* verschrieben wurde. Die trauernden Frauen, die das Wandgemälde von Ruvo zeigt, tanzen mit verschlungenen Armen im Reigen und tragen wallende Gewänder in verschiedenen Farben, um den Kopf aber durchweg ein Stirnband aus Purpur. Weshalb sollte Cicero nicht von einem *vinclum purpurae* gesprochen haben, um ein Stirnband aus Purpur zu bezeichnen? Turnèbe griff jedenfalls weitaus massiver in die handschriftliche Überlieferung ein und blieb die Antwort auf die Frage schuldig, wie seine Textentscheidung abgesichert werden könnte. Weder weisen irgendwelche Zeugnisse auf einen Begräbnisbrauch mit purpurnen Tuniken hin, noch ist zu erkennen, weshalb die Zahl der Kurztuniken hätte begrenzt werden sollen. Selbst wenn etwa nachzuweisen wäre, dass die Flötenspieler im Leichenzug purpurfarbene *tuniculae* trugen, hätten sie doch nur eine und nicht mehrere übereinander getragen. Mehrere Kurztuniken hätten höchstens dem Toten mit ins Grab gegeben werden können. Doch redet Cicero an der fraglichen Stelle von dem Bestattungsaufwand für das letzte Geleit, nicht von den Grabbeigaben.

Die gesetzlichen Vorschriften, die den Begräbnisaufwand von der Aufbahrung der Leiche bis zu ihrer Einäscherung oder Beerdigung einschränken sollten, verboten einige Bräuche überhaupt, während sie andere zwar nicht abschafften, aber einschränkten, um Auswüchse zu beschneiden. Dem Toten sollte kein Myrrhenwasser in den Mund gegossen und vor der Totenbahre kein Räucherwerk in einem Weihrauchkästchen oder auf einem Altärchen verbrannt werden, weil Myrrhe und Weihrauch aus Indien, Arabien oder Afrika einge-

---

[442] *A. Maiuri*, Les grands siècles de la peinture: La peinture romaine, Genf 1953, 17–18; *F. T. Bertocchi*, La pittura funeraria Apula, Neapel 1964, 33–46; *P. Werner*, Leben und Liebe im alten Rom, übersetzt von *P. Aschner*, Gütersloh 1977, 138.

führt und teuer bezahlt werden mussten. Auf dem Erd- oder Brandgrab sollte kein Wein versprengt werden, weil Wein, der verdunstete, als vergeudet betrachtet werden mochte. Am Grab sollte kein Umtrunk veranstaltet werden, weil er hohe Kosten verursachte, da sich der Kreis der Trauergäste nicht auf die Hinterbliebenen beschränkte. Umgekehrt verwehrte das Zwölftafelgesetz nicht, statt Weihrauch und Myrrhe wohlriechende Kräuter aus heimischem Anbau zu verbrennen. Nur übertriebener Bestattungsaufwand, der im Leichenbegängnis den gesellschaftlichen Abstand zu Toten niederer Herkunft übermäßig herausstellte, wollte es unterbinden.[443] Aus dem gleichen Grund verbot es, den Blumenschmuck zu üppigen Girlanden, die Totenklage der Hinterbliebenen zu dem lauten Jammern, dem sogenannten *lessus*,[444] bezahlter Klageweiber, die häusliche Pflege des Leichnams zu einer gewerbsmäßigen Salbung, *servilis unctura*, zu übersteigern oder bei den Frauen die Zahl von drei Kopftüchern und einem Purpurstirnband und bei den Männern die Obergrenze von zehn Flötenspielern zu überschreiten.

Wie beim letzten Geleit, so sollte auch bei den Grabbeigaben Maß gehalten werden. Gegenstände des täglichen Bedarfs wie Krüge oder Schalen aus Ton durften dem Toten mit ins Grab gegeben werden, doch keine Schmuckstücke aus Gold oder andere Wertgegenstände, die nicht zu den Gebrauchsgütern zählten. Von dem Verbot ausgenommen war nur Eigentum, das dem Toten aus Pietät belassen wurde. Neben Erinnerungsstücken wie einem Siegerkranz, den er oder sein Sohn sich erworben hatte,[445] sollte er Zahngold mit ins Grab nehmen dürfen. Diese Ausnahme gestattete das Zwölftafelgesetz mit den Sätzen (Tafel 10,8): *... neve aurum addito; {u}<a>t cui auro dentes iuncti es{se}<cu>nt, ast im cum illo sepel{l}<i>et uretve, se fraude esto.*[446] Ihren Wortlaut übersetzte *Rudolf Düll* in seiner zweisprachigen Ausgabe des Zwölftafelgesetzes mit[447]: „Und er soll kein Gold beigeben, auch wenn jemandem

[443] Cic. leg. 2,59.

[444] Cic. leg. 2,59.

[445] Cic. leg. 2,60; vgl. Plin. nat. 21,7 und Serv. Verg. Aen. 11,80.

[446] Der Wortlaut wiederhergestellt nach Cic. leg. 2,60.

[447] *R. Düll*, Das Zwölftafelgesetz, München $^{4}$1971, 61.

die Zähne mit Gold befestigt sind. Lässt man ihn aber mit diesem (Zahngold) begraben oder verbrennen, so soll dies ohne Nachteil sein.“ *Anja Krug* übernahm seine deutsche Fassung, ohne den lateinischen Text mit anzuführen.[448] Bevor man sich mit ihren Folgerungen auseinandersetzt, hat man daher zu prüfen, ob er ihn richtig verstand. Nach seiner Übersetzung hätte das Zwölftafelgesetz den Hinterbliebenen zwar untersagt, einen Toten, dessen Zähne mit Golddrähten oder -bändern verklammert waren, mitsamt dem Zahngold zu beerdigen, sie aber straffrei gestellt, wenn sie gegen das Verbot verstoßen hätten. Doch wozu hätte es ihnen verbieten sollen, dem Toten das Zahngold zu belassen, wenn es ihnen ausdrücklich erlaubt hätte, sich darüber hinwegzusetzen? Hätte es so die Frage entschieden, ob Zahngold den zulässigen oder den unzulässigen Grabbeigaben zuzurechnen sei, dann müsste es diesen Sonderfall widersprüchlich geregelt haben. Widersprüchlich regelte es ihn indessen keineswegs. Bestimmt hat es vielmehr: „... noch soll man (dem Toten) Gold beigeben. Doch wenn ihm [dem Toten] die Zähne mit Gold verklammert sind, man ihn aber mit ihm [dem Zahngold] begräbt oder einäschert, soll es straffrei sein.“ Gold, so stellte es mit diesen Sätzen klar, durfte dem Toten nicht mit ins Grab gegeben werden; nur Zahngold sollte davon ausgenommen sein. Führte Cicero sie in De legibus 2,60 mit *qua in lege quom esset ‚neve aurum addito‘: quam humane, <ut> excipiat altera lex, praecipit altera lege!* ein, so bestätigte er nichts anderes mit den einleitenden Worten: „Wenngleich in diesem Gesetz ‚noch soll man Gold beigeben‘ steht – wie menschenfreundlich schreibt es [das Zwölftafelgesetz] mit einer zweiten Bestimmung vor, dass die erste der beiden davon eine Ausnahme macht!“

Starb ein Römer, in dessen Gebiss ein Goldband die locker sitzenden mit den fest sitzenden Zähnen verklammerte oder Golddraht und Goldnieten Ersatzzähne sicherten, die aus Bein oder Tierzähnen hergestellt waren,[449] so gebot es die Ehrfurcht vor dem Toten, ihn zu beerdigen, ohne ihm vorher das Zahngold herauszureißen. Aus diesem Grund nahmen die Zwölf Tafeln das Zahngold von dem Verbot aus, einem Toten Gold beizugeben. Dem Toten das

[448] *Krug*, Heilkunst und Heilkult, 32.

[449] So der Stand der Zahlheilkunde im Etrurien des sechsten Jahrhunderts v. Chr. nach den Grabbefunden; s. *Krug*, Heilkunst und Heilkult, 32–33.

Zahngold zu belassen, duldeten sie nicht bloß, sondern gestatteten sie ausdrücklich.[450]

Den Toten Schmuckstücke oder andere Wertgegenstände aus Gold mit ins Grab zu geben, verboten die Zehn Männer eher aus gesellschaftspolitischen als volkswirtschaftlichen Gründen. Wenn Goldwaren ins Grab hätten gelegt werden dürfen, hätte der Tauschhandel schwerlich darunter gelitten. Aus dem Ausland eingeführt, blieb Gold, das zu Schmuck verarbeitet war, eher in der Familie, als dass es als Währungsersatz in den Wirtschaftskreislauf zurückfloss.

Schritt aber das Gesetz vor allem aus gesellschaftspolitschen Rücksichten dagegen ein, Toten Goldschmuck mit ins Grab zu geben, schaffte es diesen Brauch aus dem gleichen Grund ab, aus dem es den Bestattungsaufwand für Aufbahrung und Leichenbegängnis zu übertreiben verbot. Alle Verbote, die darauf abzielten, die Begräbniskosten in Grenzen zu halten, sollten verhindern, dass die Hinterbliebenen darin wetteiferten, den Wohlstand des Geschlechts, aus dem der Verstorbene stammte, verschwenderisch zur Schau zu stellen. Darauf, solche Auswüchse auf gesetzlichem Wege zu unterbinden, mag am nachdrücklichsten gerade die Gesellschaftsschicht gedrungen haben, die am leichtesten die Kosten für aufwändige Bestattungen hätte aufbringen können, sich aber einem womöglich neiderregenden Wettbewerb entziehen wollte.

Später, als Rom zu einer Weltmacht aufgestiegen war, band sich seine Oberschicht immer wieder durch gesetzliche Beschränkungen, die verhindern sollten, dass das gesellschaftliche, politische und wirtschaftliche Gefälle zwischen ihren Geschlechtern ihre innere Geschlossenheit ernsthaft gefährdete.[451] Nachdem das römische Heer über Hannibal, Philipp V. von Makedonien und Antiochos III. gesiegt hatte, häufte es sich, dass Gesetze und Volksbeschlüsse verabschiedet wurden, die dieser Gefahr entgegenwirken sollten. 181 v. Chr., zwanzig Jahre nach dem Ende des Zweiten Punischen Krieges, führte der Volkstribun Gaius Orchius „nach dem Willen des Senats“, *de sententia*

[450] Anders *Krug*, Heilkunst und Heilkult, 32.

[451] *Bringmann*, FAS 12 (1986), 62–63; wieder in: Ausgewählte Schriften, 197.

*senatus*, den Volksbeschluss herbei, die Zahl der Gäste zu begrenzen, die zu Banketten eingeladen werden durften.[452] Im selben Jahr brachten die Konsuln Publius Cornelius Cethegus und Marcus Baebius Tamphilus „auf Betreiben des Senats“, *ex auctoritate senatus*, das erste Gesetz ein, das Wahlbestechung unter Strafe stellte.[453] Im Jahr darauf brachte der Volkstribun Villius den Beschlussantrag ein, die Wählbarkeit zu den senatorischen Ämtern an die Voraussetzung zu knüpfen, dass die Bewerber ein nach dem Rang des Amtes gestuftes Mindestalter erreicht hatten.[454] Frühestens 180 v. Chr. – dem Jahr, seit dem vorerst keine Kolonien mehr gegründet oder verstärkt wurden[455] – gab der römische Staat den öffentlichen Grund und Boden, über den er in Süditalien und dem *ager Picenus et Gallicus* verfügte, zur Bewirtschaftung frei, schränkte aber die Berechtigung zur Okkupation darauf ein, dass niemand mehr als 500 *iugera* Ackerland in Besitz nehmen durfte.[456] Das Gesetz, das diese Wende in der senatorischen Siedlungspolitik einleitete, wurde zu einer Zeit verabschiedet, als es in Italien nicht an Land, sondern an Menschen mangelte.[457] Da Cato in seiner Rede zur Verteidigung der Rhodier, die er 167 v. Chr. im Senat hielt, auf seinen Inhalt anspielte,[458] muss es spätestens kurz davor in Kraft getreten sein. Mit 500 *iugera* oder ungefähr 126 ha bemaß es die Obergrenze so großzügig, dass es nicht vorrangig dazu gedient haben kann, in wirtschaftliche Not geratenen Kleinbauern aufzuhelfen. Die Größenordnung von gut 500 Preußischen Morgen kam vielmehr wohlhabenden Grundbesitzern entgegen; verfügten doch nur sie über die nötigen Geld- und Betriebsmittel, um so große Flächen erschließen und nutzen zu können.[459] Aus Sorge um ihren inneren Zusammenhalt, nicht etwa aus Rücksicht auf ein vom Kriegsdienst erschöpftes

---

[452] Macr. Sat. 3,17,2; ORF 1, Nr. 8, 139–146 *Malcovati.*

[453] Liv. 40,19,11; Schol. Bob. p. 78 *Stangl.*

[454] Liv. 40,44,1.

[455] *Bringmann*, FAS 12 (1986), 61–62; wieder in: Ausgewählte Schriften, 196.

[456] App. bell. civ. 1,33.

[457] *Bringmann*, FAS 12 (1986), 60; wieder in: Ausgewählte Schriften, 195.

[458] Cato, Origines bei Gellius 6,3,37.

[459] *Bringmann*, FAS 12 (1986), 63; wieder in: Ausgewählte Schriften, 196.

Kleinbauerntum, das dem Druck eines gnadenlosen Verdrängungswettbewerbs hätte weichen müssen,[460] verstand sich die herrschende Klasse im ersten Drittel des zweiten Jahrhunderts v. Chr. dazu, sich mit gesetzgeberischen Selbstbeschränkungen zu binden.

[460] Klargestellt von *Bringmann*, ebenda.

## *Viertes Kapitel*

# Geldbußen und Leibesstrafen

## I. Geldbußen

Der ländliche Zuschnitt des frührömischen Wirtschaftslebens ist daran zu erkennen, dass Vieh, *pecus*, dem Geld, der *pecunia*, den Namen gab.[461] Römer, die real oder nominell mit Stück Vieh zahlten, rechneten in Schafen, Ziegen und Rindern. Soweit sie Vieh als Währung verwandten, setzten sie den Wert eines Rindes zehnmal so hoch an wie den eines Schafes.[462]

Nach den Quellen, aus denen Dionysios von Halikarnass, Cicero, Gellius und Festus schöpften, hatte das Rohkupfer, *aes rude*, diese Währung 454 v. Chr. noch nicht verdrängt. Wenn ihre Angaben zutreffen, wurde die „schwerste Strafe", *poena gravissima*, bzw. „höchste Buße", *multa suprema*, ursprünglich noch in Rindern und Schafen verhängt. 454 v. Chr. soll ein von Konsuln eingebrachtes Gesetz, die *lex Aternia Tarpeia*,[463] diese Strafe auf dreißig Rinder und zwei Schafe festgesetzt[464] und für den Fall vorgesehen haben, dass jemand einem römischen Hoheitsträger den Gehorsam verweigerte, seine *maiestas* verletzte.[465]

Als Konsuln hätten Spurius Tarpeius Montanus Capitolinus und Aulus Aternius Varus Fontinalis dieses Gesetz freilich nur ein- und durchbringen

---

[461] *Kaser / Knütel*, Römisches Privatrecht, 199.

[462] Festus, s. v. *ovibus duabus*, p. 220 *Lindsay*.

[463] Cic. rep. 2,60; Dion. Hal. ant. 10,50,1–2.

[464] Festus, s. v. *peculatus*, 268. 270 *Lindsay*; Gell. 11,1,2–3.

[465] Dion. Hal. ant. 10,50,1–2.

können, wenn feststünde, dass die Konsulatsverfassung schon vor den Zwölf Tafeln in Kraft war. Davon kann indessen nicht ausgegangen werden. Die neuere Geschichtsforschung hat vielmehr gute Gründe dafür vorgebracht, dass die ersten Konsuln erst 367 v. Chr. gewählt wurden.[466] Zwar stimmen die griechischen und römischen Geschichtsschreiber, die sich mit Roms Frühzeit befassten, darin überein, dass das Doppelamt bereits im Gründungsjahr der Republik eingerichtet wurde. Wie sich die Staatsform vom Ende des Königtums zum Beginn der Republik veränderte, fanden sie aber in Quellen voller Anachronismen und Dubletten überliefert.[467]

Dieser Einwand berührt freilich nur die verfassungsgeschichtliche Frage, welcher Amtsträger das Gesetz über die Höchstbuße einbrachte und welche Versammlung es verabschiedete, nicht die inhaltliche, wie es lautete. Vier Jahre vor dem Dezemvirat mag der *magister populi* als *praetor maximus* dieses Gesetz durchgebracht, könnte die Gemeinde auf einer von ihm einberufenen und geleiteten Vollversammlung, dem *comitiatus maximus*, den Beschluss gefasst haben, die Höhe der *poena gravissima* oder *multa suprema* nach Stück Vieh zu bemessen.

Die Echtheit des Gesetzes anzuzweifeln, das Spurius Tarpeius Montanus Capitolinus und Aulus Aternius Varus Fontinalis 454 v. Chr. als Konsuln eingebracht haben sollen, rechtfertigt aber die Höhe des Betrags, der zur Strafe habe entrichtet werden müssen; soll doch die „höchste Buße“ sich auf dreißig Rinder und zwei Schafe belaufen haben. Dieses Zahlenverhältnis zwischen Groß- und Kleinvieh haben schon Dionysios von Halikarnass und Gellius als merkwürdig empfunden: Dionysios kehrte es kurzerhand um, ohne dem Leser darüber Rechenschaft abzulegen;[468] Gellius vermutete, in Italien habe damals einem Überschuss an Rindern ein Mangel an Schafen gegenübergestanden.[469]

---

[466] So *Bleicken*, NAWG 1981, 280–287 = Gesammelte Schriften 1, 324–331, bis hin zu *Bringmann*, Geschichte der römischen Republik, 9–12. 34.

[467] *Elster*, Studien zur Gesetzgebung, *passim*; Mehl, Römische Geschichtsschreibung, 33. 43.

[468] Dion. Hal. ant. 10,50,2.

[469] Gell. 11,1,2.

Beide Wege führen nicht zum Ziel. Gellius blendete aus, dass die Römer, als sie 430 v. Chr. durch Gesetz, die sogenannte *lex Iulia Papiria de multarum aestimatione*,[470] die Bußen von Vieh auf Kupferroherz, *aes rude*, umstellten,[471] das Rind zum zehnfachen Wert eines Schafes in Brockengeld umrechneten.[472] Dionysios griff in die spätrepublikanische Geschichtsüberlieferung ein, ohne sie wirklich zu verbessern. Wäre die „schwerste Strafe“ oder „höchste Buße“ so bemessen gewesen, wie er es unterstellt, hätte man sie kaum auf dreißig Schafe und zwei Rinder, sondern entweder auf fünfzig Schafe oder auf fünf Rinder beziffert.

Nach Auswegen suchten Gellius und Dionysios, weil das Zahlenverhältnis, das sie überliefert fanden, tatsächlich seltsam wirken musste. Nicht genug damit, wäre die unrunde Stückzahl von umgerechnet 302 Schafen auffällig von der Übung abgewichen, griffige Zahlen als Strafmaß zu wählen. Zumindest in der Fassung, in der römische Schüler es im Unterricht auswendig lernten, sah das Zwölftafelgesetz, soweit wir über seine Bußsätze Bescheid wissen, nur durch 25 teilbare Beträge vor.[473]

Diesen Einwänden setzte sich Festus nicht aus. Für geringfügigere Rechtsverstöße, so behauptete er vielmehr, seien zwei Schafe, für schwerere dreißig Rinder angefallen,[474] doch habe die höchste Buße die Stückzahl von dreißig Rindern nicht überschritten: *nec hunc ultra numerum excedebat multatio.*

Mit 30 Stück Großvieh büßen zu müssen, hätte sich in der bäuerlichen Welt des fünften Jahrhunderts als schwerer Schlag ausgewirkt. Das Strafmaß, das davon abschrecken sollte, Anordnungen von Hoheitsträgern zu missachten, wäre zehnmal so hoch angesetzt gewesen wie die Buße, die das wenige Jahre

---

[470] Cic. rep. 2,60; Liv. 4,30,1–3; Festus, s. v. *duabus ovibus*, p. 220 *Lindsay*.

[471] Cic. rep. 2,60; Liv. 4,30,3.

[472] Festus, s. v. *ovibus duabus*, p. 220 *Lindsay*: ... *facta <est> aestimatio pecoralis multae et boves centenis assibus, oves denis aestimatae*.

[473] Gaius inst. 3,223–224; Paul. coll. Mos. 2,5,5; Festus, s. v. *viginti quinque poenae*, p. 508 *Lindsay*; Plin. nat. 17,7.

[474] Festus, s. v. *ovibus duabus*, p. 220 *Lindsay*: *ovibus duabus multabantur apud antiquos <in> minoribus delictis, ut in maioribus {am}<XXX> b(ovibus).*

später verabschiedete Zwölftafelgesetz vorsah, um eine schwere Körperverletzung wie den Knochenbruch zu ahnden.[475] Selbst vermögendere Bauern hätte eine Buße, die so lange, wie das Rind zu 100 Pfund Brockengeld gerechnet wurde, den zehnfachen Wert von 300 Pfund Rohkupfer ausmachte, hart getroffen. Ärmere, deren Jahreserträge gerade einmal den Eigenbedarf deckten, hätten sie gar nicht oder höchstens im Verlauf großzügig bemessener Zahlungsfristen entrichten können. Noch leichter aber hätte die „höchste Buße" einen Bürger, der einem Hoheitsträger den Gehorsam verweigerte, in den wirtschaftlichen Ruin treiben können, wenn mit Gellius anzunehmen wäre, dass er sie „von Tag zu Tag", *in dies singulos*, hätte leisten müssen.[476] Wenn jeder Tag gezählt hätte, hätten selbst wohlhabende Bauern, die nach den Maßstäben des fünften Jahrhunderts über einen überdurchschnittlich großen Viehbestand verfügten, ihren Widerstand rasch aufgeben müssen.

Gewiss musste der Staat darauf achten, dass gerade die vermögendsten und mächtigsten Grundbesitzer, die der Staatsgewalt am ehesten trotzen konnten, in die Knie gezwungen wurden, wenn sie den Befehlen oder Anweisungen eines seiner Hoheitsträger zuwiderhandelten. Ob aber die Höchstbuße einmalig oder so lange Tag um Tag erhoben wurde, bis der Widerstand gebrochen war, ist schwer zu entscheiden. Vielleicht ist die Frage nur falsch gestellt. Gellius, der als einziger Gewährsmann behauptet, dass die *poena gravissima* „von Tag zu Tag", *in dies singulos*, zu entrichten gewesen sei, verwechselte unter Umständen die Höhe der *poena gravissima* mit der Höhe der Teilbeträge, in denen sie gezahlt werden konnte. Denkbar wäre etwa, dass die Höchstbuße in 150 oder – zum Ausgleich für die gestreckte Zahlungsweise – in 151 Tagesraten zu je zwei Schafen entrichtet werden konnte. Der Widerspruch zwischen den Angaben des Festus und des Gellius könnte so wenigstens zum Teil aufgelöst werden. Doch ist in dieser Frage über Vermutungen nicht hinauszukommen.

---

[475] Gaius inst. 3,223: *poena autem iniuriarum ex leg{um}<e> XII tabula{s}<rum propter membrum quidem ruptum talio erat; propter os vero fractum aut conlisum trecentorum assium poena erat {uu}, si libero os fractum erat, at si servo, CL.* – Paul. coll. Mos. 2,5,5: ‚*<si> man{i}u f{e}<u>st<i> os fregit, libero CCC, servo CL poenam subito {r}<s>e{x}<s>tertiorum.*'

[476] Gell. 11,1,3.

24 Jahre später soll ein Gesetz die Neuerung eingeführt haben, die Viehbußen nach einheitlichen Normen in Geldbußen umzuwandeln. Sollte dieses Gesetz, die sogenannte *lex Iulia Papiria de multarum aestimatione*,[477] tatsächlich erst im Jahr 430 v. Chr. in Kraft getreten sein, müsste das zwei Jahrzehnte zuvor verabschiedete Zwölftafelgesetz die Bußen ursprünglich nach Stück Vieh bemessen haben. Wurden sie nun erst auf Brockengeld, *aes rude*, umgestellt, dann stammen die überkommenen Zahlenangaben über ihre Höhe aus überarbeiteten Fassungen, die dem Währungswandel Rechnung trugen.

Seitdem eine Rechtsgrundlage dafür geschaffen war, Rinder zu hundert und Schafe zu zehn Pfund *aes rude* zu rechnen,[478] konnten die Bußen in handlicherer Währung normiert werden. Die sogenannte *multarum aestimatio* zeichnete vor, dass sie Zug um Zug an die Fortschritte der römischen Geldwirtschaft angeglichen wurden. Als im späten vierten oder eher frühen dritten Jahrhundert das *aes rude* abkam,[479] wurden sie auf gegossenes Rundgeld, *aes grave*, oder Reliefbarrengeld, *aes signatum*, umgestellt. An dem Strafmaß änderten diese neuen Währungen jedoch nichts. Das Schwergeld, *aes grave*, wurde wie das Brockengeld, *aes rude*, in römischen Pfund gewogen, und soweit das Barrengeld mit Stierreliefs als „gekennzeichnete Bronze", *aes signatum*, umlief, erinnerte es nicht nur sinnbildlich, sondern auch rechnerisch daran, dass anfänglich Rinder als Großgeld gedient hatten.

Die Lage änderte sich erst, seitdem gegen Ende des dritten Jahrhunderts Silber- und Kupfermünzen das pfundschwere Rundgeld verdrängten. Mit sinkendem Münzgewicht verlor das gestempelte Prägegeld so sehr an Wert und Kaufkraft, dass die Sätze hätten erhöht werden müssen, wenn die Bußen ihre

---

[477] Cic. rep. 2,60; Liv. 4,30,1–3; Festus, s. v. *duabus ovibus*, p. 220 *Lindsay*.

[478] Liv. 4,30,1–3; vgl. Cic. rep. 2,60 und Festus, s. v. *ovibus duabus*, p. 220 *Lindsay*.

[479] Zu dem früheren Zeitansatz s. *De Martino*, Wirtschaftsgeschichte des alten Rom, 63–65; zu dem späteren vgl. *T. L. Comparette*, Aes Signatum, American Journal of Numismatics 52 (1918); Sonderdruck Chicago 1978, 10–11, *R. Thomsen*, Early Roman Coinage. A Study of the Chronology, Band 3, Aarhus 1961, 259–261, *J. P. C. Kent / B. Overbeck / A. U. Stylow*, Die römische Münze, München 1973, 11–13, *M. H. Crawford*, Roman Republican Coinage, Band 1, Cambridge 1974, 41–42. 44–45, sowie: The Early Roman Economy, 753–280 B. C., in: L'Italie préromaine et la Rome républicaine. Mélanges offerts à Jacques Heurgon, Band 1, Rom 1976, 197. 201, und *R. Göbl*, Antike Numismatik, Band 1, München 1978, 70.

abschreckende Wirkung behalten sollten. Doch beharrten die Römer zunächst auf dem Herkommen, statt wie die Griechen den Geldwertverfall durch eine fortlaufende Anhebung der Sätze auszugleichen. In ihrer dem *mos maiorum* verpflichteten Grundgesinnung nahmen sie lieber in Kauf, dass einstmals fühlbare Geldbußen zu Strafgroschen verkümmerten.

Dieses Versäumnis, so wird berichtet, nutzte Lucius Veratius, ein unverschämter, jähzorniger Mann, hemmungslos aus. Menschen, die ihm unterwegs begegneten, soll er gegen Zahlung der mittlerweile lächerlichen Buße von 25 As reihenweise geohrfeigt haben.[480] Mit 25 römischen Pfund Rohkupfererz war sie einmal hoch genug angesetzt, um davon abzuschrecken, Mitbürger in Wort oder Tat zu beleidigen. Seitdem aber der As als gestempelte Münze geprägt wurde, sank sein Wert im Laufe der Zeit so sehr, dass seine Kaufkraft mit der des pfundschweren Rundasses von einst nicht mehr zu vergleichen war. Während zehn Asse Schwergeld noch dem Wert eines Schafes entsprochen hatten, wogen zehn Asse Prägegeld nur mehr einen Bruchteil davon auf. Der fortschreitende Verfall des gemünzten Geldes zog ein so krasses Missverhältnis zwischen Viehbuße und Geldstrafe nach sich, dass die Nachwelt den Sinn der *multarum aestimatio* schließlich nicht mehr durchschaute. Cicero nahm gar an, dass das römische Volk empfindliche Viehbußen in harmlose Geldstrafen verwandelt habe, um seine Rinderherden vor dem Zugriff einer rücksichtslos zupackenden Staatsgewalt zu bewahren.[481]

---

[480] Gell. 20,1,13.

[481] Cic. rep. 2,60: *gratamque etiam illam legem quarto circiter et quinquagesimo anno post primos consules de multa et sacramento Sp. Tarpeius et A. Aternius consules comitiis centuriatis tulerunt. annis postea XX ex eo quod L. Papirius P. Pinarius censores multis dicendis vim armentorum a privatis in publicum averterant, levis aestimatio pecudum in multa lege C. Iuli P. Papiri consulum constituta est.* – Festus, s. v. *ovibus duabus*, p. 220 *Lindsay: ... pecoraque mul{c}<ta>ti{t}<c>ia incuria corrumpebantur, unde etiam peculatus crimen usurpari coeptum est ...*

## II. Leibesstrafen

Bei den Strafmaßen scheint das Zwölftafelgesetz gleichsam zwei verschiedene Gesichter zu zeigen. Während die Geldbußen, die es androhte, gemeinhin als angemessen betrachtet wurden, trugen ihm die leiblichen Strafen, die es vorsah, den Ruf grausamer Strenge ein. Viele von ihnen wurden später als zu hart empfunden und deswegen abgemildert. Gleichwohl fragt es sich, ob sie einem zeitbedingten Mangel an Menschlichkeit entsprangen.

Wenn sich an drei Markttagen kein Mitbürger bereit fand, einen leiblich haftenden Römer auszulösen, sah das Zwölftafelgesetz zwar vor, ihn ins Ausland zu verkaufen. Wie im zweiten Abschnitt des zweiten Kapitels ausgeführt, durften aber die Gläubiger einen gemeinsamen Schuldner nicht etwa zerstückeln, sondern sollten sie den Rohkupfererlös stückeln, den sie mit seiner Veräußerung erzielten.[482] Das Los, in der Fremde das Dasein eines Sklaven fristen zu müssen, traf einen römischen Bürger hart genug, um ihn davon abzuschrecken, die Frist zu überschreiten, bis zu der er seinen gerichtlich festgestellten Zahlungsverpflichtungen nachzukommen hatte. Die Nachwelt muss schon diese Strafe als zu hart empfunden haben. Jedenfalls kam sie in klassischer Zeit ab. Doch ginge es zu weit, sie den grausamen Strafen zuzurechnen. Dazu sind eher die verschiedenen Formen der Todesstrafe zu zählen, die das Zwölftafelgesetz für schwerere Verbrechen androhte.

Selbst die strengsten Strafen, die es vorsah, stellten indessen das Gemeinwohl über die Vergeltung. Richtig einzuschätzen sind sie nur, wenn gewichtet wird, wie tief der Götterglaube im Denken der frührömischen Bevölkerung verwurzelt war, wie stark der Aberglauben in der Vorstellungswelt der frührömischen Gesellschaft durchschlug und wie ernst nächtliche Getreidediebstähle die wirtschaftliche Grundlage des frührömischen Ackerbaus bedrohten.

---

[482] *Adam*, Handbuch der römischen Altertümer 1, 65; *Muirhead*, Historical Introduction, $^{3}$1916, 191; *Johnson / Coleman-Norton / Bourne* [Hrsg.], Ancient Roman Statutes, 14 Anm. 25; *Flach / v. d. Lahr*, Gesetze der frühen römischen Republik, 126–127; *Kaser / Hackl*, Römisches Zivilprozeßrecht, 144.

Wer als Erwachsener Bodenerträge, die ein Bauer mit dem Pflug erzielt hatte, in der Nacht heimlich absichelte oder von seinem Vieh abfressen ließ, verübte nach dem Recht der Zwölf Tafeln ein todeswürdiges Verbrechen, das noch strenger als Totschlag geahndet werden sollte.[483] Nach dem Grundsatz der Wiedervergeltung verwirkte zwar jemand, der einen Mitmenschen getötet hatte, gleichfalls sein Leben. Schimpflicher wurde aber der nächtliche Getreidedieb hingerichtet. Sein Verbrechen sollte dadurch gesühnt werden, dass er an einem Baum aufgehängt wurde.[484] Sein schmählicher Tod sollte die Göttin Ceres als Beschützerin der Feldwirtschaft versöhnen. Die Todesstrafe sollte aber wohl nicht nur deswegen verhängt werden, weil er gegen die Schutzgöttin des Ackerbaus gefrevelt hatte, sondern auch ahnden, dass er einen Bauer auf hinterhältige Art um die Früchte seiner Feldarbeit gebracht hatte.

Nur Minderjährige sollten glimpflicher davonkommen. Ihnen drohte das Zwölftafelgesetz lediglich an, nach dem Ermessen des Gerichtsherrn entweder gezüchtigt zu werden oder einfachen bzw. doppelten Schadensersatz zahlen zu müssen.[485] In diesem Rahmen konnte der zu Gericht sitzende Hoheitsträger Art und Höhe der Strafe nach der Schwere des Vergehens und dem Alter des Täters bestimmen.

Daran knüpfte die *lex Laetoria de circumscriptione adolescentium*[486] Jahrhunderte später an. Im Jahr 191 v. Chr. verabschiedet, bestimmte sie, Jugendliche, *adulescentes*, milder als junge Männer, *iuvenes*, zu bestrafen, die das 25. Lebensjahr überschritten hatten.[487] Die gröberen Zwölf Tafeln, die nur zwi-

---

[483] Plin. nat. 18,12: *frugem quidem aratro quaesitam furtim noctu pavisse ac secuisse puberi XII tabulis capital erat, suspensumque Cereri necari iubebant gravius quam in homicidio convictum, inpubem praetoris arbitratu verberari noxiamve duplionemve decerni.*

[484] *K. Latte*, Religiöse Begriffe im frührömischen Recht, Zeitschrift der Savigny-Stiftung für Rechtsgeschichte, Rom. Abt. 67 (1950), 52; wieder in: Kleine Schriften, München 1968, 333.

[485] Plin. nat. 18,12.

[486] Cic. off. 3,61 und nat. 3,74; Plaut. Pseud. 303–305; Plaut. Rud. 1380–1382; Prisc. inst. 8,21 und 18,149; Lex Iul. munic. (CIL $^{2}$I 593), 108–112; Gaius. inst. 2,163 und 4,57; Gaius epit. 1,1,7; Hist. Aug. Aur. 10,12; Ulp. dig. 4,4,1 pr.–1; Paul. dig. 44,1,7,1.

[487] *J.-P. Neraudau*, La jeunesse dans la littérature et les institutions de la Rome républicaine, Paris 1979, 106–107.

schen geschlechtsreifen und nicht geschlechtsreifen Tätern unterschieden hatten, hatten Heranwachsenden lediglich bis zur Geschlechtsreife ein milderes Strafmaß zugebilligt.[488] Wenn ein geschlechtsreifer Halbwüchsiger nachts auf frischer Tat beim Getreidediebstahl ertappt wurde, sollte er uneingeschränkt zur Verantwortung gezogen werden.

Sein Leben verwirkte ebenso, wer ein Haus vorsätzlich niederbrannte,[489] mit Zaubergesängen Feldfrüchte zu sich herüberhexte[490] oder als Zeuge wider besseres Wissen falsch aussagte.[491] Wer Mitbürger so hinterhältig und gefährlich schädigte, sollte als Schwerverbrecher, der den Rechtsfrieden heillos gestört hatte, zum Tode verurteilt und hingerichtet werden.

Welche Hinrichtungsart das Zwölftafelgesetz jeweils vorsah, hing von der Art des Verbrechens ab, das der Täter verübt hatte. Wer als Zeuge wissentlich falsch aussagte, sollte vom Tarpeischen Fels gestürzt,[492] wer der vorsätzlichen Brandstiftung überführt wurde, bei lebendigem Leibe verbrannt,[493] wer ein „böses Lied“, ein *malum carmen*, anstimmte, mit Knüppeln totgeschlagen werden.[494]

---

[488] Gell. 11,18,8: *ex ceteris autem manifestis furibus liberos verberari addicique iusserunt* – sc. *decemviri – ei, cui furtum factum esset, si modo id luci fecissent neque se telo defendissent; servos item furti manifesti prensos verberibus adfici et e saxo praecipitari, sed pueros inpuberes praetoris arbitratu verberari voluerunt noxiamque ab his factam sarciri.*

[489] Gaius dig. 47,9,9: *qui aedes acervumve frumenti iuxta domum positum combusserit, vi<n>ctus verberatus igni necari iubetur, si modo sciens prudensque id commiserit; si vero casu, id est neglegentia, aut nox<i>am sarcire iubetur, aut, si minus idoneus sit, levius castigatur. – appellatione autem aedium omnes species aedificii continentur.*

[490] Porph. Hor. epist. 2,1,154; Schol. Pers. 1,123; Aug. civ. 2,12.

[491] Gell. 20,1,53: *an putas, Favorine, si non illa etiam ex duodecim tabulis de testimoniis falsis poena abolevisset et si nunc quoque, ut antea, qui falsum testimonium dixisse convictus esset, e saxo Tarpeio deiceretur, mentituros fuisse pro testimonio tam multos, quam videmus?*

[492] Gell. 20,1,53.

[493] Gaius dig. 47,9,9.

[494] Plin. nat. 28,17–18: *quid? non et legum ipsarum in XII tabulis verba sunt: ‚qui fruges excantass{e}<i>t‘...?* – Serv. ecl. 8,99 zu *‚atque satas alio vidi traducere messes‘* sc. *Moerim: magicis quibusdam artibus hoc fiebat; unde est in XII tabulis ‚neve alienam*

Über den Brandstifter konnte eine spiegelnde Strafe verhängt werden. Wenn aber jemand ein „böses Lied“ anstimmte, schloss die Art des Vergehens es aus, den Rechtsverstoß mit einer Todesart zu ahnden, die den Gedanken der *talio* ähnlich sinnfällig umsetzte. Wofür er so grausam und schmachvoll hingerichtet werden sollte, kann darum weder unmittelbar noch mittelbar aus dem Rechtsgrundatz „Auge um Auge, Zahn um Zahn“ gefolgert werden.

Cicero,[495] der Dichter Horaz, [496] die Grammatiker Festus,[497] Porphyrio[498] und Cornutus,[499] der Rhetor Arnobius[500] und der Kirchenvater Augustinus[501]

---

*segetem pellexeris'*. – Sen. nat. 4,7,2–3: *et apud nos in XII tabulis cavetur, ne quis alienos fructus excantass{e}<i>t. rudis adhuc antiquitas credebat et attrahi cantibus imbres et repelli, quorum nihil posse fieri tam palam est, ut huius rei causa nullius philosophi sc<h>ola intranda sit.* – Aug. civ. 8,19: *illud etiam, quod alio loco de his artibus dicit, ‚atque satas alio vidi traducere messes', eo quod hac pestifera scelerataque doctrina fructus alieni in alias terras transferri perhibentur – nonne in XII tabulis, id est Romanorum antiquissimis legibus, Cicero commemorat esse conscriptum et ei, qui hoc fecerit, supplicium constitutum?* – Apul. apol. 47,3: *magia ista, quantum ego audio, res est legibus delegata, iam inde antiquitus XII tabulis propter incredundas frugum inlecebras interdicta ...*

[495] Cic. rep. 4,12 bei Augustinus, De civitate dei 2,9: *nostrae ... duodecim tabulae cum perpaucas res capite sanxissent, in his hanc quoque sanciendam putaverunt, si quis occentavisset sive carmen condidisset, quod infamiam faceret flagitiumve alteri.* Ferner Cic. Tusc. 4,4: *quamquam id quidem etiam duodecim tabulae declarant condi iam tum solitum esse carmen, quod ne liceret fieri ad alterius iniuriam lege sanxerunt.*

[496] Hor. epist. 2,1,152–155: ... *quin etiam lex poenaque lata malo quae nollet carmine quemquam describi. vertere modum, formidine fustis ad bene dicendum delectandumque redacti.* Ferner Hor. sat. 2,1,82–83: *si mala condiderit in quem quis carmina, ius et iudicium.*

[497] Festus, s. v. *occentassint*, p. 190 *Lindsay*: *‚occentassint‘ antiqui dicebant, quod nunc ‚convicium fecerint' dicimus, quod id clare et cum quodam canore fit, ut procul exaudiri possit; quod turpe habetur, quia non sine causa fieri putatur.*

[498] Porph. Hor. epist. 2,1,154: ... *fustuarium supplicium constitutum erat in auctorem carminum infamium.* Ferner Porph. Hor. sat. 2,1,81 (zu *incutiat tibi*): *quia lege cautum erat, ne quis in quemquam maledic{t}um carmen scribere.*

[499] Cornutus zu Pers. 1,123: ... *lege duodecim tabularum cautum est, ut fustibus feriretur qui publice invehebatur.*

[500] Arnob. nat. 4,34: *carmen malum conscribere, quo fama alterius coinquinetur et vita, decemviralibus scitis evadere noluistis impune ac ne vestras aures convicio aliquis petulantiore pulsaret, de atrocibus formulas consituistis iniuriis.*

setzten voraus, dass ein Schmähgedicht oder ein Spottlied verfasst hatte, wer ein *malum carmen* anstimmte. Keiner von ihnen zweifelte daran, dass jemand, der dessen überführt wurde, dafür mit dem Leben zu büßen hatte. Nach den übereinstimmenden Aussagen der Grammatiker Porphyrio und Cornutus und des Kirchenvaters Augustinus hatte er sogar zu gewärtigen, zur Strafe für sein Vergehen totgeprügelt zu werden.[502]

Dafür eine so erniedrigende und qualvolle Strafe zu verhängen, hätte die Bevölkerung schon im fünften Jahrhundert nach den Maßstäben ihrer Zeit als unverhältnismäßig empfinden müssen. Wenn das Zwölftafelgesetz so gnadenlos zugeschlagen hätte, wäre damit schwer zu vereinbaren, dass es Beleidigungen in Wort oder Tat soweit bekannt mit der niedrigsten Geldbuße von 25 As belegte.[503]

*Gabriel Lepointe* meinte indessen, die Überlieferung mit einer zusätzlichen Annahme verteidigen zu können. Mit Knüppeln totgeschlagen zu werden, so vermutete er, habe nur befürchten müssen, wer einen Amtsträger mit einem Schmähgedicht oder Spottlied in seiner Ehre gekränkt habe.[504] Können so alle Einwände widerlegt oder entkräftet werden?

Hätte das Zwölftafelgesetz nur in diesem Sonderfall eine so erniedrigende und grausame Strafe angedroht, wie es Porphyrio, Cornutus und Augustinus unterstellten, wäre seine gnadenlose Härte gewiss leichter zu verstehen. Doch belegt kein antikes Zeugnis, dass sie nur verhängt werden sollte, wenn ein Amtsträger mit einem Spottlied oder einem Schmähgedicht verunglimpft wurde. Wer einen Hoheitsträger beschimpfte, hatte schon einmal keineswegs zu befürchten, dafür härter bestraft zu werden, als wenn er einen amtlosen

---

501 Aug. civ. 2,12: *at Romani, sicut in illa de re publica disputatione Scipio gloriatur, probris et iniuriis poetarum subiectam vitam famamque habere noluerunt, capite etiam plectendam sancientes, tale carmen condere si quis auderet* ....

502 Porph. Hor. epist. 2,1,154; Schol. Pers. 1,123; Aug. civ. 2,12.

503 Festus, s. v. *viginti quinque poenae*, p. 508 *Lindsay*; Gaius inst. 3,223; Paul. coll. Mos. 2,5,5.

504 *G. Lepointe*, L'*occentatio* de la Loi des Douze Tables d'après Saint Augustin et Cicéron, Revue internationale des droits de l'antiquité, 3e sér. 2 (1955), 297.

Mitbürger beleidigte. Übergriffe dieser Fallgruppe sollten vielmehr mit einer Einheitsbuße, dem festen Betrag von 25 As, gesühnt werden. Wie Lepointe die Aussagen zu verteidigen suchte, nach denen totgeprügelt werden sollte, wer einen Römer mit einem Spottlied oder Schmähgedicht in seiner Ehre kränkte, kann aus diesen Gründen schwerlich überzeugen. Der Gedanke, den er verfolgte, verwischt den Unterschied zwischen dem Straftatbestand der *occentatio* und dem der *laesa maiestas*. Die Gewährsleute, die behaupteten, Mitbürger mit einem Spottlied oder Schmähgedicht zu verhöhnen, habe das Zwölftafelgesetz mit dem Tod geahndet, müssen sich geirrt haben. Von einem so krassen Missverhältnis zwischen Strafmaß und Straftat scheinen sie nur deshalb ausgegangen zu sein, weil sie *malum carmen* von „Schadenszaubergesang" zu „Spottlied" oder „Schmähgedicht" umdeuteten.

Die Forschung ist in dieser Frage gespalten. Die Mehrheit sieht sich durch Plinius darin bestärkt, *malum carmen* als Schadenszaubergesang aufzufassen,[505] die Minderheit durch Cicero, Horaz, Festus, Porphyrio, Cornutus, Arnobius, Augustinus und Pseudo-Paulus[506] darin bestätigt, unter „bösartigem Gesang" Spottlieder oder Schmähgedichte zu verstehen.[507] Die Minderheit kann sich zwar auf die Mehrheit der antiken Gewährsleute, nicht aber auf den

---

[505] So etwa *F. Beckmann*, Zauberei und Recht in Roms Frühzeit. Ein Beitrag zur Geschichte und Interpretation des Zwölftafelrechtes, Diss. Münster, Osnabrück 1928, 18. 44–50, *E. Bickel*, Vates bei Varro und Vergil. Die Kult- und Ahnenlieder, Seher-, Zauber- und Heilverse des *vates*, Rheinisches Museum für Philologie, Neue Folge 94 (1951), 287–290, *G. Dumézil*, Triades de calamités et triades de délits à valeur trifonctionelle chez divers peuples indo-européens, Latomus 14 (1955), 183, *F. Wieacker*, Zwölftafelprobleme, Revue internationale des droits de l'antiquité, 3e sér. 3 (1956), 462–464, *E. Pólay*, Iniuria-Tatbestände im archaischen Zeitalter des antiken Rom, Zeitschrift der Savigny-Stiftung für Rechtsgeschichte, Rom. Abt. 101 (1984), 170–171, *U. v. Lübtow*, Recht und Rechtswissenschaft im Rom der Frühzeit, in: Beiträge zur altitalischen Geistesgeschichte. Festschrift Gerhard Radke zum 18. Februar 1984, hrsg. von *R. Altheim-Stiehl* und *M. Rosenbach*, Münster 1986, 169, und *E. Pólay*, Der Schutz der Ehre und des guten Rufes im römischen Recht, Zeitschrift der Savigny-Stiftung für Rechtsgeschichte, Rom. Abt. 106 (1989), 509.

[506] Cic. rep. 4,12 und Tusc. 4,4; Hor. 2,1,152–154; Festus, s. v. *occentassint*, p. 190 *Lindsay*; Porph. Hor. epist. 2,1,154; Cornutus zu Pers. 1,123; Arnob. nat. 4,34; Aug. civ. 2,12; Paul. sent. 5,4,6.

[507] *Lepointe*, RIDA 3.2 (1955), 287–302, und *V. L. da Nóbrega*, L'*iniuria* dans la Loi des XII Tables, Romanitas 8 (1967), 264–267.

wichtigsten Gewährsmann berufen. Den Ausschlag gibt, dass Plinius der Ältere die beiden Strafbestimmungen über die *excantatio* von Feldfrüchten und die *incantatio* eines „bösartigen Lieds" in ein und demselben Gedankengang aus dem Zwölftafelgesetz anführt: *quid? non et legum ipsarum in XII tabulis verba sunt: ‚qui fruges excantass{e}<i>t' et alibi: ‚qui malum carmen incantassit'?*[508] Wenn jemand, der einen „bösartigen Gesang" anstimmte, zu gewärtigen hatte, totgeprügelt zu werden,[509] muss der Gesetzgeber das Vergehen, das er so grausam gesühnt sehen wollte, als besonders gemein eingestuft haben. Dazu berechtigte ihn seine Schwere, wenn es darin bestand, Feldfrüchte mit bösartigem Zaubergesang wegzuhexen.

Demütigende und qualvolle Todesarten sahen die Zwölf Tafeln grundsätzlich nur bei schweren Verbrechen vor. Den Rechtsgrundsatz „Auge um Auge, Zahn um Zahn" überall anzuwenden, verpflichtete das Gesetz weder den Hoheitsträger, der auf dem Marktplatz Gericht hielt, noch den Richter, den er bei Bedarf bestellte. Hätte der Gesetzgeber keinerlei Ausnahmen von der Talion zugelassen, dann wären Bauern, die Tätlichkeiten mit einer Geldstrafe hätten abbüßen können, zum Schaden der Wehr- und Wirtschaftskraft des römischen Gemeinwesens verstümmelt worden. Wenn der Täter kein gemeines Schwerverbrechen verübt hatte, das nur mit der Todesstrafe gesühnt werden zu können schien, gestatteten sie ihm, sich mit dem Opfer auf eine materielle Sühneleistung zu einigen. Doch haben sie den Deliktstatbestand der Körperverletzung nicht grundsätzlich von der Talion ausgenommen. Wenn das Opfer eine höhere Buße verlangte, als sie ihm der Täter, der ihn tätlich angegriffen und körperlich verletzt hatte, entrichten konnte oder wollte, blieb es dabei, dass nach dem Grundsatz „Auge um Auge, Zahn um Zahn" Gleiches mit Gleichem vergolten wurde.[510]

Zuweilen legten die Zwölf Tafeln die Höhe der Entschädigung, die als Sühne zu leisten war, immerhin fest. Soweit einheitliche Bußen sachlich gerechtfertigt zu sein schienen, bezifferten sie, mit welchem Betrag der Täter dem

---

[508] Plin. nat. 28,17–18.

[509] Porph. Hor. epist. 2,1,154; Schol. Pers. 1,123; Aug. civ. 2,12.

[510] Festus, s. v. *talionis*, p. 496 *Lindsay*; Gell. 20,1,14.

Opfer Genugtuung zu geben hatte. In diesen Fällen musste das Opfer auf die Talion verzichten, wenn der Täter sich bereit erklärte, ihn zu zahlen. Feste, nach der Schwere der Straftat gestaffelte Bußen sahen sie indessen nur für solche *iniuriae* vor, die im Allgemeinen keine bleibenden körperlichen Schäden hinterließen:

(1) Wer einen anderen in Wort oder Tat kränkte, sei es, dass er ihm ein Schimpfwort entgegenschleuderte, sei es, dass er ihm eine Ohrfeige, einen Fausthieb oder einen Tritt versetzte, sollte dafür mit 25 römischen Pfund Rohkupfererz büßen: SI INIURIAM ALTERI FAXSIT, VIGINTI QUINQUE AERIS POENAE SUNTO.[511] Dieser Übergriff hieß in der Sprache des Zwölftafelgesetzes „Unbill zufügen", „einen Tort antun", *iniuriam facere*. Der umfassendere Sinn von „Unrecht tun" kann dem Ausdruck im vorliegenden Fall nicht beigelegt werden; für einen so weiten Begriff wie „Unrecht" hätte keine einheitliche Sanktion festgesetzt werden können. In der frührömischen Rechtswelt der Zwölf Tafeln deckte das Wort *iniuria* zwar ein ebenso breites Bedeutungsfeld ab wie im griechischen Sprachraum das Wort *ύβρις*.[512] Im Verbund mit *facere* muss es sich aber von „Übergriff" auf „Unbill" im Sinne einer Kränkung verengt haben.

*Dietrich V. Simon* meinte den Geltungsbereich, den der Begriff *iniuria* zur Zeit der Zwölf Tafeln abdeckte, auf den Tatbestand der Beleidigung in Wort oder Tat eingrenzen zu müssen, da die Zwölf Tafeln den Ausdruck *iniuriam facere* nur dafür gebrauchten.[513] Doch hat er die Bandbreite des Wortes *iniuria* unterschätzt.[514] Schon die *iniuria*, die mit 25 römischen Pfund Kupferroherz zu büßen war, verkörperte nur eine von mehreren strafbaren Handlungen. Mit

---

[511] Gell. 20,1,12; vgl. Gaius inst. 3,223 und Paul. coll. Mos. 2,5,5.

[512] Zur Spannweite des lateinischen Begriffs vgl. *Kaser*, Altrömisches Ius, 207–213; zu der seines griechischen Gegenstücks s. *K. Latte*, Beiträge zum griechischen Strafrecht. II. Die Strafen, Hermes 66 (1931), 146, und wieder in: Kleine Schriften, 282–283.

[513] *Simon*, SZ 82 (1965), 132–137. 162–163. 169.

[514] Bereits klargestellt von *P. B. H. Birks*, The Early History of *iniuria*, Tijdschrift voor Rechtsgeschiedenis. Revue d'histoire du droit 37 (1969), 166–172.

dieser Einheitsbuße wurden Übergriffe wie Fußtritte, Ohrfeigen, Fausthiebe oder Beschimpfungen geahndet.[515]

(2) Die Buße verzwölffachte sich auf 300 römische Pfund Brockengeld, wenn jemand einem Mitbürger einen Knochen brach.[516] Zwar konnte ein Arm- oder Beinbruch völlig verheilen, wenn der Arm oder das Bein sachgerecht geschient wurde. Nach dem Stand, den die ärztliche Kunst zur Zeit der Zwölf Tafeln erreicht hatte, war es aber zweifelhaft, ob dieser günstigste Fall eintrat. Bei Brüchen lief das Opfer grundsätzlich Gefahr, für den Rest seines Lebens behindert zu sein; zumindest hatte es zu befürchten, die Feldarbeit für einige Wochen unterbrechen zu müssen. So sehr auch Dauer, Art und Grad der Arbeitsunfähigkeit voneinander abweichen mochten, das Zwölftafelgesetz unterschied nicht zwischen schwerer und leichter zu behandelnden Knochenbrüchen; die Buße belief sich stets auf 300 Pfund Rohkupfererz. Alle Körperverletzungen dieser Fallgruppe mit einer einheitlichen Buße zu ahnden, sah es offenbar deshalb vor, weil gebrochene oder zertrümmerte Knochen in der Regel wieder zusammenwuchsen, der Schaden, den es wiedergutzumachen galt, beim *os fractum* oder *os conlisum* nur vorübergehend eintrat. Fiel aber die Körperverletzung unter den Sammelbegriff *membrum ruptum*, dann durfte das Opfer, wenn der Täter sich mit ihm nicht auf einen Schadensausgleich einigte,

[515] Gaius inst. 3,220: *iniuria autem committit<ur> non solum, cum quis pugno puta aut fuste percussus vel etiam {i}v<er>beratus erit, sed et<iam>, si cui convicium factum fuerit ...*

[516] Paul. coll. Mos. 2,5,5: *iniuriarum actio aut legitima est aut honoraria. legitima ex lege duodecim tabularum: ‚qui iniuriam alteri facit, quinque e{x}<t> viginti sestertiorum poenam subit.' quae lex generalis fuit; fuerunt et speciales velut: ‚<si> man{i}u f{e}<u>st<i> os fregit, libero CCC, servo CL poenam subito {r}<s>e{x}<s>tertiorum.'* – Gell. 20,1,31–32: *iniurias factas quinque et viginti assibus sanxerunt. non omnino omnes ... iniurias aere isto pauco diluerunt, tametsi haec ipsa paucitas assium grave pondus aeris fuit; nam librariis assibus in ea tempestate populus usus est. sed iniurias atrociores, ut de osse fracto, non liberis modo, verum etiam servis factas inpensiore damno vindicaverunt, quibusdam autem iniuriis talionem quoque adposuerunt.* – Gaius inst. 3,223: *poena autem iniuriarum ex leg{um}<e> XII tabula{s}<rum> propter membrum quidem ruptum talio erat; propter os vero fractum aut conlisum trecentorum assium poena erat {uu}, si libero os fractum erat ...*

nach dem Grundsatz „Auge um Auge, Zahn um Zahn“ verfahren: SI MEMBRUM R{A}<U>PIT, NI CUM EO PACIT, TALIO ESTO.[517]

(3) Die Sanktion für schuldhaft herbeigeführte Knochenbrüche stuften die Zwölf Tafeln nach dem Stand des Opfers ab. Brach jemand einem Sklaven einen Knochen, so brauchte er nur die Hälfte der Buße zu entrichten, die er hätte zahlen müssen, wenn es sich um einen Freien gehandelt hätte.[518] Wie scharf das eine Unrecht von dem anderen abgehoben wurde, obwohl es den gleichen Tatbestand erfüllte, wirft ein Schlaglicht auf die römische Gesellschaftsordnung um die Mitte des fünften Jahrhunderts v. Chr. Die Staffelung der Bußsätze spiegelt eher den gesellschaftlichen Abstand zwischen Herrn und Sklaven als das standes- oder berufsbedingte Gefälle ihrer wirtschaftlichen Leistungskraft wider. Nach den Leibesstrafen zu urteilen, die das Zwölftafelgesetz für handhaften Diebstahl vorsah, trennte den Sklaven vielmehr eine tiefe Kluft vom Herrn: Während ein freigeborener Römer, der bei einem Diebstahl auf frischer Tat ertappt wurde, gezüchtigt und dem Bestohlenen zugesprochen werden sollte, sollte ein Sklave, der der gleichen Straftat überführt wurde, zwar ebenfalls ausgepeitscht, dann aber vom Tarpeischen Fels gestürzt werden.[519] Dabei blieb es, bis das prätorische Edikt die Todesstrafe zu einer Geldbuße in der vierfachen Höhe des Werts der gestohlenen Sache abmilderte, dem Herrn es aber freistellte, sich ihr durch Auslieferung des Sklaven zu entziehen.[520]

---

[517] Festus, s. v. *talio*, p. 496 *Lindsay*: *talionis mentionem fieri in XII ait Verrius hoc modo: ‚si membrum r{a}<u>pit, ni cum eo pacit, talio esto.‘* – Gell. 20,1,14: *nonnulla autem in istis legibus ne consistere quidem, sicuti dixi, visa sunt, velut illa lex talionis, cuius verba, nisi memoria me fallit, haec sunt: ‚si membrum rupit, ni cum e<o> pac<i>t{o}, talio esto.‘* – Gaius inst. 3,223: *poena autem iniuriarum ex leg{um}<e> XII tabula{s}<rum> propter membrum quidem ruptum talio erat.* – Cato nach Prisc. gramm. 6,13,69: *quidam tamen veterum et ‚hoc ossu‘ et ‚hoc ossum‘ proferebant ... Cato tamen ‚os‘ protulit in IIII Originum: ‚si quis membrum rupit aut os fregit, talione proximus cognatus ulciscitur.‘*

[518] Gaius inst. 3,223: *poena autem iniuriarum ex leg{um}<e> XII tabula{s}<rum> propter membrum quidem ruptum talio erat; propter os vero fractum aut conlisum trecentorum assium poena erat {uu}, si libero os fractum erat, at si servo, CL ...*; Paul. coll. Mos. 2,5,5: *... fuerunt et speciales* – sc. *leges* – *velut: ‚<si> man{i}u f{e}<u>st<i> os fregit, libero CCC, servo CL poenam subito {r}<s>e{x}<s>tertiorum.‘*

[519] Gaius inst. 3,189; Gell. 11,18,8.

[520] Gaius inst. 3,189; Gell. 11,18,10.

Soweit das Zwölftafelgesetz davon absah, nach festen Sätzen zu regeln, mit welcher Geldbuße die Talion abzuwenden war, konnte es vorkommen, dass das Opfer vom Täter ein überhöhtes Sühnegeld als Buße forderte. Die Talion als Druckmittel einzusetzen, um aus der Körperverletzung Gewinn zu ziehen, ließ das Gesetz mit diesem Freiraum zu. Nur in einigermaßen einheitlichen Fallgruppen, in denen grundsätzlich davon auszugehen war, dass die Tat keine bleibende Schäden hinterließ, legte es die Höhe der Wiedergutmachtung fest. Versehrte jemand ein anderes Körperglied als einen Knochen, dann konnte der Täter die Wiedervergeltung nur vermeiden, wenn es ihm gelang, sich mit dem Opfer auf einen Sühnebetrag zu einigen. In all den Fällen, die unter den Sammelbegriff *membrum ruptum* fielen, schützte das Gesetz den Täter nicht so berechenbar vor der Talion. Zwischen Talion und Schadensersatz konnte das Opfer wählen, bis der Prätor das Gesetzesrecht der Zwölf Tafeln fortbildete[521] und die Talion abschaffte. Seitdem musste das Opfer eine Schadensersatzklage anstrengen, wenn sich der Täter einer gütlichen Einigung widersetzte. Die Talion schwand, Schadensersatzklagen drängten sie zurück, bis sie ganz abkam; spätestens in der Hohen Kaiserzeit hatte sie sich vollends überlebt.[522]

Im Laufe der Rechtsentwicklung vom fünften Jahrhundert v. Chr. bis zum ersten Jahrhundert n. Chr. ging vor allem die Todesstrafe zurück. Soweit man sie als unverhältnismäßig oder unzweckmäßig empfand, schaffte man sie ab oder verhängte sie zumindest nicht mehr. Schon vor dem zweiten Jahrhundert n. Chr. wurden wissentlich falsche Aussagen nicht mehr damit geahndet, dass der des Meineids überführte Zeuge vom Tarpeischen Fels gestürzt wurde.[523] Seit der späten Republik konnte mit Freispruch rechnen, wer beschuldigt

---

[521] *Honsell*, in: *Honsell / Mayer-Maly / Selb*, Römisches Recht, 369.

[522] Dass davon auszugehen ist, bezeugt Gellius – 16,10,8 – mit den Worten: *sed enim cum ‚proletarii' et ‚adsidui' et ‚sanates' et ‚vades' et ‚subvades' et ‚viginti quinque asses' et ‚taliones' furtorumque quaestio cum lance et licio evanuerint omnisque illa duodecim tabularum antiquitas nisi in legis actionibus centumviralium causarum lege Aebutia lata consopita sit, studium scientiamque ego praestare debeo iuris et legum vocumque earum, quibus utimur.*

[523] Gell. 20,1,53: *an putas, Favorine, si non illa etiam ex duodecim tabulis de testimoniis falsis poena abolevisset et si nunc quoque, ut antea, qui falsum testimonium dixisse convictus esset, e saxo Tarpeio deiceretur, mentituros fuisse pro testimonio tam multos, quam videmus?*

wurde, Zaubergesänge angestimmt zu haben, die dazu dienen sollten, Feldfrüchte von einem fremden auf das eigene Feld herüberzuhexen.[524] Die Strafbestimmung der Zwölf Tafeln, wonach darauf der Tod stand, wurde zwar nie außer Kraft gesetzt. Doch scheint der Mangel an Beweisen den „Glaube(n) an den alten Zaubereitatbestand erschüttert“ zu haben.[525] Dieser Entwicklung könnte durchaus Vorschub geleistet haben, dass der Freigelassene Gaius Furius Chresimus obsiegte, als ihn – vermutlich 191 v. Chr. – der Ädil Spurius Postumius Albinus wegen diebischer Zauberei vor die Volksversammlung lud.[526] Gaius Furius Chresimus musste sich des Verdachts neidischer Nachbarn erwehren, er habe mit Zauberkünsten fremde Feldfrüchte zu sich herübergehext.[527] Nach Darstellung des römischen Geschichtsschreibers Lucius Calpurnius Piso[528] wurde er einstimmig freigesprochen, nachdem er sein kräftiges, gepflegtes und gut gekleidetes Gesinde, seine hervorragenden Werkzeuge, seine wuchtigen Blatthacken, seine schweren Pflugscharen sowie seine wohlgenährten Rinder vorgeführt und sich mit den Worten verteidigt hatte: „Meine Zaubermittel, Mitbürger, sind die, die ihr hier seht, und dabei kann ich euch nicht einmal zeigen und aufs Forum mitbringen meine Nachtarbeiten, Wachen und Schweißtropfen.“

Kein noch so eindrucksvoller Freispruch vermochte freilich den Volksglauben auszurotten, mit Beschwörungs- oder Verfluchungsformeln könnten in der

---

[524] *D. Liebs*, Strafprozesse wegen Zauberei. Magie und politisches Kalkül in der römischen Geschichte, in: *U. Manthe / J. von Ungern-Sternberg* [Hrsg], Große Prozesse der römischen Antike, München 1997, 158.

[525] *Liebs*, in: *Manthe / von Ungern-Sternberg*, Große Prozesse, ebenda.

[526] *Liebs*, in: *Manthe / von Ungern-Sternberg*, Große Prozesse, 149.

[527] Plin. nat. 18,41–42 (nach Lucius Calpurnius Piso): *C. Furius C<h>resimus e servitute liberatus cum in parvo admodum agello largiores multo fructus perciperet quam ex amplissimis vicinitas, in invidia erat magna, ceu fruges alienas perliceret veneficiis. quamobrem ab Sp. Albino curuli <aedile> die dicta metuens damnationem, cum in suffragium tribus oporteret ire, instrumentum rusticum omne in forum attulit et adduxit f<am>iliam suam validam atque, ut ait Piso, bene curatam ac vestitam, ferramenta egregie facta, graves ligones, vomeres ponderosos, boves saturos. postea dixit: ‚veneficia mea, Quirites, haec sunt, nec possum vobis ostendere aut in forum adducere lucubrationes meas vigiliasque et sudores'. omnium sententiis absolutus itaque est.*

[528] Piso bei Plin. nat. 18,42–43.

Landwirtschaft segensreiche oder zerstörerische Kräfte geweckt werden. Zu der Zeit, in der Vergil und Tibull lebten, bewahrte ihn zumindest noch der einfache Bauer.[529] Erst Seneca und Apuleius taten ihn als Aberglauben ab, den niemand mehr ernst nehme.[530]

Wenn Cicero, Horaz, Festus, Porphyrio, Cornutus, Arnobius, Augustinus und Pseudo-Paulus den Schadenszaubergesang zu Spottliedern oder Schmähgedichten missdeuteten, fragt es sich, ob das Zwölftafelgesetz Menschen mit bösartigen Versen zu verletzen eigens verbot oder ob es sie unter dem Dach eines allgemeineren Oberbegriffes vor dieser Form des Rufmordes schützte. Straffrei kann gewiss nicht geblieben sein, wer ein böses Lied anstimmte, um einen Mitbürger zu verunglimpfen. Sonst wäre er glimpflicher davongekommen als jemand, der einen anderen in einem Wutanfall beschimpfte. Doch wird er, wenn er einen Mitbürger mit bösartigen Versen vorsätzlich in seiner Ehre kränkte, eher wegen Verleumdung, *calumnia*, als wegen Beleidigung, *iniuria*, belangt worden sein.

Verprügelt oder gar mit Knüppeln totgeschlagen zu werden drohte jedenfalls kein Römer, der einen Mitbürger in Versen verspottet oder angefeindet hatte. Berichtet wird nur, dass die mächtigen Meteller im ausgehenden dritten Jahrhundert v. Chr. den Bühnendichter Gnaeus Naevius einkerkern ließen, weil er sie mit einem bissigen Vers verhöhnt hatte.[531] *Harold B. Mattingly* meinte, diese Anekdote als Fabelei entlarven zu können.[532] Doch erlaubt sie immerhin den Schluss, dass ein Dichter von der gesellschaftlichen Stellung eines Naevius nach allgemeiner Meinung verfolgt werden konnte, wenn er Angehörige des bedeutendsten Zweigs eines alten Adelsgeschlechts scharfzüngig zu verspotten wagte.

---

529 Tib. 1,8,19; Verg. ecl. 8,99.

530 Sen. nat. 4,7,2–3; Apul. apol. 47,3.

531 Gell. 3,3,15; Pseudo-Asconius zu Verr. 1,29, p. 215 *Stangl*; Caesius Bassus, De metris, Gramm. Lat. 6, p. 266.

532 *H. B. Mattingly*, Naevius and the Metelli, Historia 9 (1960), 414–439; vorsichtiger *M. von Albrecht*, Geschichte der römischen Literatur, Band 1, München – New Providence – London – Paris 1994, 98, mit weiterer Lit.

Gesellschaftliche Herkunft und wirtschaftlicher Hintergrund sollten in der Folgezeit mit zunehmendem Gewicht darüber entscheiden, welche Freiräume einem Dichter offenstanden, der mit beißendem Spott Missstände geißelte und Zeitgenossen anprangerte, die sie zu verantworten hatten. Seit dem letzten Drittel des zweiten Jahrhunderts v. Chr. entfaltete sich die Satire im gleichen Maße, wie sich die Machtkämpfe zu hitzigen Redegefechten und Wahlschlachten zuspitzten. Auf diesem Nährboden gediehen die Spott- und Schmähgedichte des Lucilius auf seine und Scipios Gegner. Der gesellschaftliche Rang, den er als vermögender und geachteter Bürger aus dem Ritterstand genoss, verschaffte ihm die Freiheit, Zeitgenossen, mit denen er verfeindet war, unverblümt zu befehden. Doch sollte die politische Satire von der Beschneidung der *libertas*, mit der das Kaisertum das Staats- und Geistesleben „von Grund auf" befriedete,[533] ebenso wenig verschont bleiben wie die politische Rede, die politische Geschichtsschreibung oder die politische Tragödie. Die Mächtigen der Gegenwart zu verhöhnen oder anzuprangern zog – je nachdem, wieweit ein Herrscher die Freiheit der Meinungsäußerung einengte – Verbannung oder gar Tod, zumindest aber gesellschaftliche Ächtung oder Entzug der kaiserlichen Gunst nach sich.[534] Diesem Wandel war es zuzuschreiben, dass sich die politische Satire ebenso wie die politische Geschichtsschreibung darauf verlegte, mit verstorbenen Machthabern abzurechnen, sobald zu erkennen war, wie weit der Nachfolger das Urteil über den Vorgänger freigab.[535]

---

[533] So Tac. dial. 38,2: ... *longa temporum quies et continuum populi otium et assidua senatus tranquillitas et maxima principis disciplina ipsam quoque eloquentiam sicut omnia depacaverat.*

[534] Sen. benef. 3,27,1: *sub divo Augusto nondum hominibus verba sua periculosa erant, iam molesta.*

[535] Darüber ausführlicher *K. Bringmann*, Senecas Apocolocyntosis und die politische Satire in Rom, Antike und Abendland 17 (1970), 60–68.

# Zusammenfassung und Ausblick

In seiner Verteidigungsrede für Murena verspottete Cicero die umständliche Formelsprache und abgezirkelte Schrittfolge, die zwei römische Bürger noch zu seiner Zeit einzuhalten hatten, wenn sie vor Gericht darüber stritten, wem von beiden ein Grundstück gehöre[536]:

> *cum hoc fieri bellissime posset: ‚fundus Sabinus meus est' – ‚immo meus', deinde iudicium noluerunt. ‚fundus', inquit, ‚qui est in agro qui Sabinus vocatur'. satis verbose; cedo, quid postea? ‚eum ego ex iure Qu{e}<iritium> meum esse aio'. quid tum? ‚inde ibi ego te ex iure manu<m> consertum voco'. quid huic tam loquaciter litigioso responderet ille unde petebatur non habebat. transit idem iuris consultus tibicinis Latini modo, ‚unde tu me' inquit ‚ex iure manum consertum vocasti, inde ibi ego te revoco'. praetor interea ne pulchrum se ac beatum putaret atque aliquid ipse sua sponte loqueretur, ei quoque carmen compositum est cum ceteris rebus absurdum, tum vero in illo ‚suis utrisque superstitibus praesentibus istam viam dico; {in}ite viam'. praesto aderat sapiens ille, qui inire viam doceret. ‚redite viam'. eodem duce redibant.*

Nur ein Prozesshansel, so verulkt Cicero das gestelzte Rollenspiel vor den Augen des Gerichtsherrn, weiß noch, was er in der Verhandlung zu tun und zu sagen hat. Ein unerfahrener Beklagter kennt sich darin so wenig aus, dass ihm ein in Rechtshändeln bewanderter Kläger die zählebigen Formeln vorsprechen und die vorgeschriebenen Schritte zeigen muss. Der Prätor, dem es widerstrebt, an dem Althergebrachten zu rütteln, verwendet keine Kraft darauf, das Verfahren zu straffen und die Wortwahl zu vereinfachen.

---

[536] Cic. Mur. 26. Eingehender über diese Stelle *A. Bürge*, Die Juristenkomik in Ciceros Rede Pro Murena, Diss. Zürich 1974, 112–118, und *M. Fuhrmann*, Marcus Tullius Cicero – Sämtliche Reden, Band 2, Zürich – Stuttgart ³1985, 380 Anm. 24. 381 Anm. 25–26; zu dem Gerichtsverfahren, das Cicero zum Spott reizte, vgl. *M. Kaser*, Grundlinien des römischen Zivilprozesses zur Zeit Ciceros, in: *G. Radke* [Hrsg.], Cicero ein Mensch seiner Zeit, Berlin 1968, 21–37.

So beharrlich an dem Herkommen festzuhalten, machte einen Grundzug römischen Rechts- und Staatsdenkens aus. Der Gesinnung, sich dem *mos maiorum* verpflichtet zu fühlen, blieben die Römer im Recht wie im Kult treu. Wie sie althergebrachte Kultbräuche und Kultformeln etruskischen Ursprungs bewahrten, obwohl ihre aufgeklärte Bildungsschicht über die fragwürdige Weissagekunst der Auguren und Haruspizes witzelte oder hinwegsah,[537] so hielten sie an überkommenen Rechtsbräuchen und Rechtsformeln fest, obwohl sie die Altertümeleien in Sprache und Symbolik des Rechtsalltags belächelten.

Das Klageverfahren musste der Entwicklung angepasst werden, dass Rom von einer Klein- zu einer Großstadt aufstieg. Dieser Einsicht verschloss sich die Nachwelt nicht, verzichtete aber auf gesetzliche Neuregelungen, wenn sie meinte, dass eine stillschweigende Übereinkunft ausreichte. Je weiter Rom über eine bäuerliche Siedlung der kurzen Wege hinauswuchs, desto weniger konnte dem Gerichtsherrn zugemutet werden, Rechtsstreitigkeiten *ex iure* zu verhandeln. Um ihm die zeitraubende Mühe zu ersparen, sich persönlich am Standort des jeweiligen Streitgegenstands einzufinden, kam man überein, dass es genügte, wenn beide Parteien sich dort trafen, von dem Grund und Boden, um den sie stritten, zum Beispiel eine Erdscholle auf den Markt- oder den Versammlungsplatz, das Forum oder Komitium, mitnahmen und zur sinnbildhaften Bekräftigung ihres Anspruchs gleichzeitig die Hand darauf legten.[538] Während der Gerichtsherr den Fall *in iure* verhandelte, brauchten sie sich nur kurz vom Gerichtsort zu entfernen, um sogleich wieder dorthin zurückzukehren.[539]

Wie der Kläger vorzugehen hatte, wenn er den Beklagten „vor Gericht“, *in ius*, lud, regelte das Zwölftafelgesetz in einer schlichten, allgemeinverständlichen Sprache. Den Wortlaut der Bestimmungen, die über Rechte und Pflichten in der vorgerichtlichen Selbsthilfe aufklärten, missdeuteten erst römische Sprach- und Rechtswissenschaftler, die nicht mehr aus eigener Anschauung wussten, welche Handlungsabläufe es vorsah. Hätten sie die Schritte des

---

[537] Cic. div. 2,51; Varro rust. 1,40,5; Suet. Tib. 2,2.

[538] Gell. 20,10,7–9.

[539] Cic. Mur. 26.

Klageverfahrens noch gekannt, dann hätten sie wissen müssen, dass der Kläger Hand auf den Beklagten legen sollte, wenn er, statt der Ladung Folge zu leisten, den Fuß wie eine Mauer auf den Boden setzte, und dass er ihm ein Lasttier zu stellen hatte, wenn sein Alter oder ein Gebrechen ihn daran hinderte, den Weg zum Gerichtsort zu Fuß zurückzulegen. So aber verkannten sie, wie der nicht mehr gebräuchliche Ausdruck *pedem struere* und das nach wie vor gängige Wort *iumentum* in den Bestimmungen der ersten Tafel, die das Vorladungsverfahren regelten, zu verstehen sind.

Die Hand auf den Beklagten legen sollte der Kläger nicht etwa, wenn der Beklagte seinen Schritt beschleunigte, um ihm zu entkommen, oder verlangsamte, um ihm hinhaltenden Widerstand zu leisten,[540] sondern wenn er den Fuß querstellte oder entgegenstemmte, das heißt stehenblieb. Zwischen den Gegensätzen „trödeln" und „enteilen" schwankten die antiken Deutungen des bildhaften Ausdrucks *pedem struere*, weil die Erklärer sich darauf verwiesen sahen, seinen Sinn aus dem Zusammenhang zu erschließen. Der Sprachgebrauch rechtfertigt es nicht, *pes* mit „Schritt" oder genauer gesagt „Schrittlänge" und *struere* mit „vergrößern" oder „verkleinern" zu übersetzen [siehe oben die Seiten 23 bis 27].

Das geläufige Wort *iumentum* wurde falsch ausgelegt, obwohl es weder veraltete noch einen Bedeutungswandel durchlief. Wie Gellius berichtet, las der römische Rechtsgelehrte Sextus Caecilius Africanus aus den Worten SI MORBUS AEVITASUE VITIUM ESCIT, QUI IN IUS VOCABIT, IUMENTUM DATO; SI NOLET, ARCERAM NE STERNITO heraus, dass der Kläger, wenn er einen altersschwachen oder gebrechlichen Mitbürger vor Gericht lade, ihm ein Fuhrwerk stellen müsse, aber keine gedeckte Kutsche herzurichten brauche.[541] Zwar räumte er ein, dass mit *iumentum* nach gängigem Wortgebrauch ein Lasttier bezeichnet werde. Doch meinte er, von *iungere*, dem Stammwort, ableiten zu dürfen, dass es im Zwölftafelgesetz für „Gespann" gestanden haben könne. Darauf kam er, weil ihm das unbequeme Fuhrwerk den natürlichsten Gegen-

---

[540] So jedoch Festus, s. v. *struere*, p. 408. 410 *Lindsay*.

[541] Sextus Caecilius nach Gell. 20,1,34.

satz zu einer bequemen Kutsche, der gepolsterten *arcera*, zu verkörpern schien [siehe oben die Seite 25].

Missverstanden wurde auch der aus der Gerichtssprache vertraute Ausdruck *antestari* in der Bestimmung NI <I>T, ANTESTAMIN<O>, doch nicht so, dass der Irrtum die Vorstellungen von den Handlungsabläufen in der vorgerichtlichen Selbsthilfe nennenswert berührte. In der Sprachwelt der Zwölf Tafeln hieß *antestari* „sich ringsum nach einem Zeugen umtun", nicht „vorher", das heißt, vor Einleitung der Klage, „zum Zeugen anrufen".[542] Von einem aus *an* und *testari* zusammengesetzten Wort deutete man es zu einem aus *ante* und *testari* zusammengezogenen Wort um,[543] nachdem *circum* das veraltende *an* als Präposition und Vorsilbe weithin verdrängt hatte. In der gerichtssprachlichen Frage *licet (te) antestari?* drang die Bedeutung der Vorsilbe *an-* schon nicht mehr durch. Seitdem es nicht mehr genügte, dass der Kläger den Beklagten ohne Einschaltung eines Beamten und ohne obrigkeitliche Ermächtigung vor Gericht lud, sondern die Litisdenuntiation den ordentlichen Zivilprozess einleitete, hieß *antestari* vielmehr „zum Zeugen nehmen" [siehe oben die Seite 27].

Im Spruchformelverfahren fasste der Kläger die geraffte Darlegung des Klagegrunds, die *causae coniectio*, in einer Klagformel zusammen und nahm der Beklagte förmelnd dazu Stellung. Strenggenommen umriss zwar nur der Kläger den Fall, der vor Gericht entschieden werden sollte.[544] Doch hatte der Beklagte nicht zu befürchten, übervorteilt zu werden, da ihm der Gerichtsherr Gelegenheit zu einer förmelnden Erwiderung gab.[545] Sobald die Streitsache vor

---

[542] So jedoch *W. Freund*, Wörterbuch der lateinischen Sprache, Band 1, Leipzig 1834, 300, und *K. E. Georges / H. Georges*, Ausführliches lateinisch-deutsches Handwörterbuch, Band 1, Hannover [11]1962, 465.

[543] Aelius bei Prisc. gramm. 8,16 (= Gramm. Lat. 2, p. 382), Porph. Hor. sat. 1,9,74–78 und Glossae Latinograecae et Graecolatinae, in: Corpus Glossariorum Latinorum 2, p. 419,7; so auch wieder *A. Ernout / A. Meillet*, Dictionnaire étymologique de la langue latine, Band 2, Paris [4]1960, 619, und – wenngleich vorsichtiger – *P. G. W. Glare* [Hrsg.], Oxford Latin Dictionary, Fascicle I, Oxford 1968, 140.

[544] Rhet. Her. 2,20.

[545] Afranius bei Non., s. v. *coicere = agere*, p. 409 *Lindsay*.

dem Gerichtsherrn verhandelt zu werden begann, waren die Rollen ohnehin so verteilt, dass weder der Kläger noch der Beklagte benachteiligt war. Vielmehr konnten beide nach der *causae coniectio* ihren Standpunkt ausführlich vor ihm darlegen und begründen.[546] Dabei blieb es im Wesentlichen, als das starre Spruchformelverfahren dem beweglicheren Schriftformelverfahren wich. Nur kam die *causae coniectio* nunmehr im strengen Sinne des Wortes auch dem Beklagten zu, während ihn der Gerichtsherr bisher nur dazu aufgefordert hatte, die Klagformel, in die der Kläger sie zusammenfasste, förmelnd zu erwidern.[547] Der Widerspruch zwischen der älteren Lesart *conicito*,[548] nach der „er", der Kläger, und der jüngeren Lesart *coniciunto*,[549] nach der „sie", Kläger und Beklagter, den Fall umreißen sollten, löst sich so auf [siehe oben die Seiten 28 bis 29].

Dem Herkommen verhaftet, reinigten die Römer das Zwölftafelgesetz nicht von Begriffen und Wendungen wie *sanas*, *subvades*, *talio* oder *lanx et licium*, als sie aus dem Rechtsleben verschwunden waren. Seitdem das Aebutische Gesetz in Kraft getreten war, war zwar die „Zwölftafelaltertümlichkeit", um mit Gellius zu reden, bis auf die Rechtsformelklagen in Zentumviralgerichtssachen „eingeschläfert".[550] Aus der Rechtsüberlieferung verbannt wurde sie aber nicht.

Doch je weiter die Entwicklung voranschritt, dass Rom und seine Bevölkerung verstädterten, desto leichter liefen die römischen Rechts- und Sprachwissenschaftler Gefahr, Sinn und Inhalt veralteter Regelungen zu missdeuten.

Wozu *lanx* und *licium* bei der Haussuchung dienten, verkannten die Gelehrten und Schriftsteller des Altertums, die sich mit dieser Frage auseinandersetzten, weil die alte Form der vorgerichtlichen Selbsthilfe des Klägers mitt-

---

[546] Gell. 17,2,10.

[547] Afranius bei Non., s. v. *coicere = agere*, p. 409 *Lindsay*.

[548] Rhet. Her. 2,20.

[549] Gell. 17,2,10; Gaius inst. 4,15.

[550] Gell. 16,10,8.

lerweile aus dem römischen Rechtsalltag verschwunden war.[551] Wer bestohlen wurde, sollte nicht das Haus des Diebes oder Hehlers mit „Schüssel und Schurz" betreten,[552] sondern „Schüssel und Schnur" mitbringen, um mit diesen Hilfsmitteln das „Diebesgut", *furtum*, zu „erfassen", *concipere*.[553] Belege, die erhärten könnten, dass *licium* die Bedeutung von „Lendenschurz" oder „Gurt" hätte annehmen können, fehlen. Die Sprache der Zwölf Tafeln, so bestätigt sich vielmehr, stand dem klassischen Latein nicht so fern, wie es die vom allgemeinen Sprachgebrauch abführenden Versuche ihrer Auslegung unterstellen. Je nachdem, ob der Bestohlene Schüssel und Schnur als Symbole einer Waage oder als Hohl- und Bandmaß mitführen sollte, versinnbildlichte die Haussuchung mit *lanx* und *licium*, dass er sich im Rahmen der vorgerichtlichen Selbsthilfe bemühen werde, Gewicht, Menge und Umfang des Diebesguts, das er im Hause des Täters zu finden hoffte, so genau wie möglich zu ermitteln [siehe oben die Seiten 76 bis 78].

Mit der noch schwerer wiegenden Folge, dass der Irrtum ein Fehlurteil über den Geist der Zwölf Tafeln nach sich zog, verkannte die römische Nachwelt, wie eine Gläubigermehrheit mit einem gemeinsamen Schuldner verfahren sollte, den sie an drei Markttagen vergeblich auszulösen angeboten hatte. In der Kaiserzeit hatte sich die leibliche Haftung des Schuldners bereits so sehr gewandelt,[554] dass Quintilian, Gellius, Tertullian und Cassius Dio den Sinn der Regelung TERTIIS NUNDINIS PARTIS SECANTO verfehlten.[555] Falls jemand mehreren Gläubigern Geld schuldete und weder er seinen Zahlungsverpflichtungen fristgerecht nachkam noch ein Mitbürger sich an drei aufeinanderfolgenden Markttagen bereit fand, für die Verbindlichkeiten des Verschuldeten

---

[551] Gell. 16,10,8.

[552] So jedoch Festus, Pauli exc., s. v. *lance et licio*, p. 104 *Lindsay*, Gaius inst. 3,192–193 und Gloss. Taurin. zu Inst. Iust. 4,1,4 (*Krüger*, Zeitschrift für Rechtsgeschichte 7, 1868, p. 78, Nr. 466 = *Alberti*, „Glossa Torinese", p. 201, Nr. 936).

[553] Zu dieser Wortverbindung s. Gell. 11,18,9: *ea quoque furta, quae per lancem liciumque concepta essent, proinde ac si manifesta forent, vindicaverunt* sc. *decemviri nostri*.

[554] Zu der Frage, wie weit sie noch fortgalt, s. *Hackl* in *Kaser / Hackl*, Römisches Zivilprozeßrecht, 387–388. 511–514. 625.

[555] Quint. inst. 3,6,84; Gell. 20,1,47–53; Tert. apol. 4,9; Dio 4, frg. 17,8 *Boissevain*.

aufzukommen, sollten seine Gläubiger nicht etwa seinen Körper, sondern den Erlös stückeln, den sie erzielten, wenn sie ihn meistbietend ins Ausland verkauften.[556] Die Vorschrift, den Erlös aufzuteilen, wenn es einen gemeinsamen Anspruch zu befriedigen galt, steht nicht vereinzelt da, sondern deckt sich dem Grundsatz nach mit der aus dem alttestamentarischen Rechtsbrauchtum bekannten Regelung (2. Mose 21,35): „Wenn eines Mannes Rind das Rind seines Nächsten stößt, so dass es verendet, soll man das lebende Rind verkaufen und den Erlös aufteilen, und das verendete Tier soll man ebenfalls teilen." Zu Leichenteilen missdeuteten Quintilian, Gellius, Tertullian und Cassius Dio die Teile oder Stücke, die nach dem Wortlaut der Zwölf Tafeln geschnitten werden sollten, nicht zuletzt deshalb, weil sie das ungeformte Brockengeld, das *aes rude* oder *aes infectum*, das nach der Höhe der Ansprüche gestückelt und zugewogen werden musste, nur noch vom Hörensagen kannten [siehe oben die Seite 92].

Im schlimmsten Fall wurde mit anderen Worten jeder zahlungsunfähige Schuldner, den kein Mitbürger auslöste, ins Ausland verkauft – ganz gleich, ob ihm mehrere oder nur ein Gläubiger gegenüberstanden. Um das Los von sich abzuwenden, in der Fremde das Dasein eines Sklaven fristen zu müssen, würde sich ein freigeborener Römer nach Kräften bemühen, seinen Zahlungsverpflichtungen nachzukommen. Die Strafe, die das Zwölftafelgesetz dem zahlungsunfähigen Schuldner im äußersten Fall androhte, konnte ihre Wirkung kaum verfehlen. Von der Rechtsentwicklung wurde der Verkauf in die Sklaverei ja gerade deshalb überholt, weil eine *addictio* mit dieser Rechtsfolge unverhältnismäßig tief in das Leben eines römischen Bürgers einzuschneiden schien. Als eine zu harte Strafe mag er in der Zeit abgekommen sein, von der an der auf frischer Tat ertappte Dieb nicht mehr dem Bestohlenen zugesprochen wurde [siehe oben die Seiten 94 bis 97].

Von Fehldeutungen blieb auch eine noch in der Kaiserzeit geläufige Rechtsformel wie *ercto non cito* nicht verschont. Gaius wusste zwar, dass die Nachkommen damit das Gegenteil einer Erbteilung ausdrückten, schlüsselte diesen

---

[556] So der Stand der Forschung nach *Kaser / Hackl*, Römisches Zivilprozeßrecht, 144, und *W. Nippel*, Besprechung zu: *D. Flach / St. v. d. Lahr*, Die Gesetze der frühen römischen Republik (Darmstadt 1994), Zeitschrift für Geschichtswissenschaft 44 (1996), 157.

Ablativus absolutus aber falsch auf. Von *erus*, dem gehobeneren Synonym von *dominus*, „Herr“, stammte *erctum* so wenig ab, wie *ciere* gegen *dividere* ausgetauscht werden kann.[557] Seine beiden Fehlannahmen führten aber trotzdem zum richtigen Gesamtergebnis, weil der Gesamtsinn der noch immer gebräuchlichen Rechtsformel *ercto non cito* feststand und ihm als Anhalt für die Deutung ihrer Bestandteile diente. „Ohne dass eine Einhegung in Gang gesetzt wurde“ besagte ursprünglich, dass die Nachkommen davon absahen, die väterlichen Weidegründe oder Ackerflächen in Parzellen aufzuteilen, die sie Hausstand für Hausstand einzäunten. Wenn einer von ihnen das Erbe aufzuteilen verlangte, dann konnte er eine Klage auf Einhegung des Hausstands, die *actio familiae erciscundae*, anstrengen.[558] Zur Zeit der Zwölf Tafeln fiel unter den Hausstand, die *familia*, vor allem das Eigentum an Grund und Boden, später aber, als Rom in wachsendem Maße verstädterte, mehr und mehr die wichtiger gewordene bewegliche Habe. So geriet der bäuerliche Hintergrund der Rechtsformel *ercto non cito* allmählich in Vergessenheit [siehe oben die Seiten 100 bis 101].

Das Bewusstsein dafür, dass das *sacramentum* einen religiösen Kern enthielt, ging nicht verloren. Im Spruchformelverfahren diente es als „Weihemittel“, mit dem die Partei, die wahrheitswidrig geschworen hatte, Eigentümerin des Streitgegenstands zu sein, die Götter versöhnen sollte. Zu einem Wetteinsatz hat auch Varro die Meineidsbuße nicht umgedeutet, ihren Inhalt auch er nicht verweltlicht. Ganz im Gegenteil wusste er noch, dass der Betrag, mit dem beide Seiten hafteten, bei dem Pontifex maximus oder genauer gesagt an der seiner Aufsicht unterstehenden Pfahlbaubrücke, dem über den Tiber führenden *pons sublicius*, hinterlegt werden musste.[559] Um den Betrag, der als Meineidsbuße zu entrichten war, wurde nach seinen Worten nicht gewettet, sondern gestritten [siehe oben die Seiten 46 bis 47].[560] Später erst wich das *sacramen-*

---

557 So jedoch Gaius inst. 3,154a. Zu seinem Kenntnisstand vgl. Donat bei Serv. Aen. 8,642 und Non., s. v. *citum*, p. 405–406 *Lindsay*.

558 Gaius dig. 10,2,1 pr.

559 Varro ling. 5,180.

560 Varro ling. 5,180 (mit der Verbesserung, dass *certo* zu *certato* berichtigt ist): *si is ea pecunia, quae in i{n}<u>dicium venit in litibus, sacramentum a sacro; qui{s} petebat et qui*

*tum* einer Vertragsstrafe, der *sponsionis et restipulationis poena*, welche die vor Gericht unterlegene Partei an die Gegenpartei zu zahlen hatte [siehe oben die Seiten 47 bis 48].

Die Form der *provocatio*, die Cicero im Zwölftafelgesetz verankert fand, muss sich von der späteren, die dem Schutz vor magistratischer Willkür diente, wesentlich unterschieden haben. Ursprünglich enthielt sie das Recht, einen Mitbürger vor die Öffentlichkeit, die Vollversammlung der Gemeinde, zu laden. Cicero[561] fand es in mehreren Bestimmungen des Zwölftafelgesetzes verankert. Wenn er mit den nachdrücklichen Worten *ab omni iudicio poenaque provocari licere indicant XII tabulae conpluribus legibus* nicht übertrieben hat, stand es jedem Kläger oder Beklagten zu, den der Ausgang eines Rechtsstreits enttäuscht hatte. Doch könnte er verallgemeinert und dieser Rechtsweg in Wirklichkeit nur offengestanden haben, wenn über Leib und Leben eines römischen Bürgers entschieden werden musste. Darüber, so bestätigen seine Angaben eindeutig, befand das zu dem sogenannten *comitiatus maximus* zusammentretende Gesamtvolk.[562]

Vor Willkür des Gerichtsherrn brauchte die *provocatio* den Bürger zur Zeit der Zwölf Tafeln noch nicht zu schützen. Solange der Oberbefehlshaber des Heeres auf dem Marktplatz von Rom Gericht hielt, hatten die Rechtsuchenden nicht zu befürchten, von ihm aus eigennützigen Beweggründen hintergangen zu werden; erschöpfte sich doch seine Aufgabe darin, die Verhandlung als Schlichter zu überwachen. Die Todesstrafe drohte das Zwölftafelgesetz denn auch nicht einem bestechlichen Hoheitsträger, sondern dem bestechlichen Geschworenenrichter an.[563] Der Oberbefehlshaber des Heeres brauchte nur das Ergebnis zu verkünden, auf das sich die Parteien geeinigt hatten: REM UBI PAGUNT, ORAT{I}O.[564] Darum hatte er nicht zu gewärtigen, von einer Partei

---

*infi{c}<t>iabatur, de aliis rebus uterque quingenos aeris ad pontem deponebant, de aliis rebus item cert<at>o alio legitimo numero assum; qui iudicio vicerat, suum sacramentum e sacro auferebat, victi ad aerarium redibat.*

561 Cic. rep. 2,54.

562 Cic. leg. 3,11.

563 Gell. 20,1,7.

564 Rhet. Her. 2,20; Prisc. gramm. 10,32 = Gramm. Lat. 2, p. 523–524.

etwa deswegen für befangen erklärt zu werden, weil er die Vollversammlung, die über Leib und Leben römischer Bürger zu entscheiden habe, von Amts wegen einberufe und leite. Zu einem Grundrecht, das den römischen Staatsbürger vor dem Machtmissbrauch von Hoheitsträgern schützte, wandelte sich die *provocatio* erst, nachdem die Konsulatsverfassung in Kraft getreten war [siehe oben die Seite 53].

Die Straffreiheit, die das Zwölftafelgesetz zusicherte, wenn jemand einen Dieb in der Nacht auf frischer Tat ertappte und in Notwehr erschlug, wurde später strengeren Auflagen unterworfen. Während nach dem Recht, das es um die Mitte des fünften Jahrhunderts setzte, einer nur dann laut um Hilfe rufen musste, wenn er den Dieb bei Tage ergriff,[565] wurde das „Gerüft", die *endoploratio*, später auch verlangt, wenn er ihn bei Nacht stellte und erschlug.[566] Der Nachweis, dass der Dieb in Notwehr getötet wurde, wurde so erschwert [siehe oben die Seite 79].

Von ihrem Amtsrecht machten die Prätoren meist in den Bahnen Gebrauch, die sie im Zwölftafelgesetz vorgezeichnet fanden; an seinen Grundlagen rüttelten sie nicht. Das Recht des Grundeigentümers, herabgefallene Früchte von Bäumen, deren Zweige überhingen, auf dem Nachbargrundstück aufzulesen, schränkten sie nur so weit ein, dass er es nicht dazu missbrauchen konnte, Anrainer öfter als nötig zu behelligen. Seinen Anspruch auf den Gesamtertrag seines Baumbestands tasteten sie nicht an, sondern stutzten lediglich sein Zutrittsrecht. Nur „einen um den anderen Tag", *tertio quoque die*, so verfügten sie, durfte er seinen Fuß auf fremden Grund und Boden setzen, um dort das Fallobst seiner Bäume einzusammeln.[567]

Mit Neuerungen, die das Gesetzesrecht zum einen Teil ergänzten, zum anderen veränderten, entwickelte der Prätor die Diebstahlsklagen, die das Zwölftafelgesetz vorsah, im Rahmen seiner Amtsgewalt fort. Den auf frischer Tat ertappten Dieb, den *fur manifestus*, sprach es dem Bestohlenen ebenso zu wie

---

[565] Cic. Tull. 47. 50; Macr. Sat. 1,4,19.

[566] Gaius dig. 9,2,4,1.

[567] Ulp. dig. 43,28,1.

den Menschen, in dessen Haus eine gestohlene Sache *per lancem liciumque* „erfasst" wurde. Gestohlene Sachen, die mit diesen Hilfsmitteln im Hause des Diebes sichergestellt wurden, stufte es damit als „handhafte Diebesgüter", *furta manifesta*, ein. Danach richtete sich der Prätor, als er die *addictio* abschaffte. Während die Zwölf Tafeln den auf frischer Tat ertappten und den durch förmliche Haussuchung überführten Dieb dem Bestohlenen zugesprochen hatten, ahndete er die „handhaften Diebstähle", die *furta manifesta*, und die „mit Schüssel und Schnur erfassten Diebstähle", die *furta per lancem liciumque concepta*, mit vierfachem Wertersatz.[568] Ferner erweiterte er die Diebstahlstatbestände, die wie handhafte Diebstähle eingestuft werden sollten. Das Vierfache des Werts der gestohlenen Sache, so verfügte er, sollte auch zu zahlen haben, wer die Nachforschung nach Diebesgut verwehrte.[569] Während die Zehn Männer nur Diebstähle, die mit „Schüssel und Schnur" erfasst wurden, wie „handhafte Diebstähle" im eigentlichen Sinne des Wortes gewertet hatten,[570] stellte er einem *furtum manifestum* auch den Fall gleich, dass dem Bestohlenen der Zutritt zu dem Haus verweigert wurde, in dem er das Diebesgut sicherstellen wollte.[571] Mit der Klage wegen verwehrten Diebesguts, der *actio prohibiti furti*, hat er dem Bestohlenen nicht nur ein wirksames Druckmittel zur Durchsetzung seines Anspruchs verschafft, sondern auch eine Gesetzeslücke geschlossen: Widersetzte sich der Dieb oder Hehler der förmlichen Haussuchung, sollte er von nun an nicht mehr darauf vertrauen dürfen, lediglich zu zweifacher Entschädigung verurteilt zu werden, weil sein Prozessgegner das gestohlene Gut nicht mit *lanx* und *licium* sicherstellen konnte [siehe oben die Seite 78].

Lücken, die es erlaubten, einer gerechten Strafe zu entgehen, schlossen nicht nur Edikte des Prätors, sondern auch Gesetze oder Volksbeschlüsse wie die *lex Aquilia de damno*. Das Zwölftafelgesetz sah vor, dass der Herr haftete, wenn einer seiner Sklaven sich an fremdem Eigentum vergriff, fragte aber noch nicht

---

[568] Gell. 11,18,9; Gaius inst. 3,189.

[569] Gaius inst. 3,188 und 3,191–192.

[570] Gell. 11,18,9; Gaius inst. 3,192.

[571] Gaius inst. 3,188–189. 192.

danach, ob der Sklave mit Wissen oder gar Willen seines Herrn einen Dritten geschädigt hatte. Auch wenn er ihn zu der Tat angestiftet hatte, brauchte er höchstens sein Werkzeug, den Sklaven, an den Kläger auszuliefern, mochte der Marktwert dieses Menschen den Schaden auch nur zu einem Teil oder gar nicht ausgleichen. Erst die *lex Aquilia de damno* eröffnete dem Geschädigten den Weg, eine *actio directa* gegen den Herrn anzustrengen, der den Sklaven zu der Straftat angestiftet oder ermutigt hatte.[572] Wenn sie so geahndet wurde, als habe der Herr sie selbst verübt, schien er von solchen Plänen eher abgeschreckt zu werden. Die Höhe des Schadens zu bemessen, war Sache des vom Gericht bestellten Gutachters, des *arbiter*. Das Aquilische Gesetz gab ihm dafür nur die Richtschnur an die Hand, dass er seiner Schätzung zugrunde legen sollte, wieviel die Sache, für die Schadensersatz zu leisten war, in den letzten dreißig Tagen kostete.[573]

Misshandlungen, durch die fremde Sklaven körperliche Schäden erlitten und an Wert verloren, schloss die *lex Aquilia* zwar in den Kreis der Sachverluste, der *damna*, ein. Weiter zog sie ihn aber nicht. Nach demselben Gesetz die Misshandlung von Menschen freier Geburt zu ahnden, bürgerte sich erst später ein. Darauf dehnte erst die Rechtswissenschaft seinen Geltungsbereich aus. Die Brücke, die dahin führte, scheint sie geschlagen zu haben, als sie einem Vater, dessen minderjähriger Sohn durch eine Tätlichkeit seines Lehrherrn ein Auge eingebüßt hatte, das Recht einräumte, ihn, einen Schuster, mit einer der aquilischen analogen Klage, einer *utilis actio*, wegen Körperverletzung auf Schadensersatz zu verklagen.[574] Der Schusterjunge war als minderjähriger Sohn genauso der Hausgewalt des *pater familias* unterworfen wie ein Sklave; so konnte leichter darüber hinweggesehen werden, dass das Opfer kein *servus*, sondern ein *ingenuus* war.

Je dichter Rom besiedelt und bebaut wurde, desto öfter musste der *ambitus*, wie die Römer den zweieinhalb Fuß breiten „Umgang" zwischen Hauswand und Grundstücksgrenze nannten, geopfert werden. Dieser natürlichen Folge der

---

[572] Ulp. dig. 9,2,4,1.

[573] So Ulp. dig. 9,2,27,5, falls *erit* zu *fuerit* zu berichtigen ist.

[574] Ulp. dig. 9,2,5,3 und 19,2,13,4.

fortschreitenden Verstädterung des bäuerlichen Gemeinwesens von einst trug der Rechtsgelehrte Publius Mucius Scaevola dadurch Rechnung, dass er das über die gemeinsame Hauswand, den *paries communis*, vorspringende Stück Dach zu dem *ambitus* der Haushälfte umdeutete, von der aus es vorkragte.[575] Das Grundstück, in das es hineinragte, gehörte zwar dem Eigentümer der anderen Haushälfte. Doch wurde der Rechtsgrundsatz *superficies solo cedit* nicht so streng befolgt, dass Scaevola nicht davon hätte geringfügig abweichen können. In seiner Rechtsauskunft von dieser Grundregel abzugehen, erleichterte ihm der Umstand, dass nicht der Eigentümer des Grundstücks, in das die *superficies* hineinragte, sondern sein Nachbar die Baukosten für das vorspringende Dachstück getragen hatte [siehe oben die Seite 107].

Den Willen des Zwölftafelgesetzes, dem *pater familias* eine nahezu unumschränkte Hausgewalt über seine Kinder zu belassen, achteten die Römer in demselben Geist, in dem sie den *mos maiorum* hochhielten. An dem Rechtssatz „Wenn ein Vater einen Sohn dreimal zum Verkauf gegeben hat, soll der Sohn von dem Vater unabhängig sein“[576] hielten sie noch in der Hohen Kaiserzeit fest. Jedenfalls befolgten sie ihn in den äußeren Formen, die in dem Recht der Zwölf Tafeln begründet waren.[577] Nach wie vor wohnen fünf Zeugen dem Rechtsgeschäft bei und wirkt neben dem Prätor ein „Wieger“, der *libripens*, dabei mit, obwohl der Sohn nicht mehr gegen formloses Brockengeld, sondern gegen ein symbolisches Stück Kupfer den Besitzer wechselt. Noch immer muss der leibliche Vater ihn dreimal „zum Verkauf gegeben“ haben, ehe seine Verfügungsgewalt über ihn ein für allemal erlischt. Nur waren die Rechtsgeschäfte, die nach diesem Muster abgewickelt wurden, zu „Scheinverkäufen“, *imaginariae venditiones*, verblasst und zu einer Kette dicht aufeinanderfolgender Rechtshandlungen verknüpft: „Verkaufte“ ein Vater einen Sohn zu einem symbolischen Preis dreimal, dann wurde der Handel in der Regel mit ein und

[575] Cic. top. 24.

[576] Gaius inst. 1,132; Ulp. reg. 10,1.

[577] Darüber ausführlich Gaius inst. 1,132.

demselben „Käufer“ abgeschlossen und an ein und demselben Tag als Scheingeschäft mit ihm abgewickelt.[578]

Die Scheinverkäufe, die Gaius in dem Handel sah, dass ein Vater seinen leiblichen Sohn nach Absprache zu einem symbolischen Preis an einen „Vater auf Treu und Glauben“, den *fiduciarius pater*, verkaufte, haben als nachgeformte Rechtsgeschäfte zu gelten. Ein *pater familias*, der einen Sohn im ursprünglichen Sinne des Wortes „zum Verkauf gab“, veräußerte ihn zu einem Preis, der sich nach seinem Marktwert richtete und in Pfund Rohkupfer gezahlt wurde. Zweimal konnte er ihn zurückkaufen, wenn der Käufer einwilligte und einen für ihn erschwinglichen Rückkaufpreis forderte. Verweigerte der Erwerber den Rückkauf oder verlangte er einen Rückkaufpreis, den der Veräußerer nicht zu zahlen vermochte, so verblieb ihm das Recht an dem Sohn, den er dem Vater abgekauft hatte. Sobald er ihn aber ein drittes Mal „zum Verkauf gab“, hatte er die Möglichkeit, die väterliche Hausgewalt zurückzuerlangen, verloren. Nach drei Verkäufen erlosch sie auch dann, wenn der Käufer sich bereit gefunden hätte, den Sohn zu einem erschwinglichen Preis an ihn zurückzuverkaufen.

Nach den Beweggründen, aus denen ein Vater sich veranlasst sehen mochte, einen Sohn dreimal zu verkaufen, ob ihn Gewinnsucht oder Not dazu trieb, fragte das Zwölftafelgesetz nicht. Wenn es aber nicht nach eigenem Verschulden oder eigener Mitverantwortung fragte, wollte es mit dem Entzug der väterlichen Gewalt eher den Sohn absichern als den Vater strafen. Wurde ein Sohn dreimal verkauft, so konnte davon ausgegangen werden, dass er in dem Haushalt des Käufers besser aufgehoben war. Von dieser *ratio legis* aus ließ sich der Bogen zu dem Sinn des nachgeformten Rechtsgeschäfts spannen, das der leibliche Vater eines Sohnes mit einem Vertragspartner absprach, der den Sohn bloß zum Schein kaufte. Wenn ein Vater einen seiner Söhne für ein Stück Kupfer „verkaufte“ und der „Käufer“ ihn zu diesem symbolischen Preis erwarb, wurde der Rechtssatz, durch den das Zwölftafelgesetz die *patria potestas* zum Wohle des Sohnes einschränkte, auf einen ideellen Handel übertragen [siehe oben die Seiten 114 bis 116].

---

578 Epit. Gai 1,6,3.

In Rechtsprechung und Gesetzgebung blieben die Römer dem Grundverständnis treu, dass eine Frau zu heiraten ebenso Privatsache sei wie eine zu verstoßen. Davon hätten sich die Zwölf Tafeln entfernt, wenn sie plebejisch-patrizische Ehen untersagt hätten.[579] Daran zu glauben, fällt nicht nur aus diesem Grund, sondern auch deswegen schwer, weil sie mit dem Grundsatz der Rechtsgleichheit unvereinbare Schranken aufgerichtet hätten, wenn sie den Plebejern in patrizische Familien einzuheiraten verboten hätten. Schon gar nicht aber könnte die versammelte Plebs vier Jahre später, 445 v. Chr., das fragliche Verbot aufgehoben haben,[580] da Beschlüsse, die das *concilium plebis* fasste, erst seit 287, als die *lex Hortensia* in Kraft trat, das gesamte Volk zu binden begannen.[581] Solche Vorstellungen verbreiteten Geschichtsschreiber der späten Republik und frühen Kaiserzeit, die das Zwölftafelgesetz als Zwischenergebnis eines Klassenkampfes ausgaben, den Ständekampf zu einem verbissen geführten Machtkampf zweier sich schroff abschottender Klassen übersteigerten und dazu neigten, den Aufstieg der Plebs zu einer Kette gesetzgeberischer Erfolge zu verrechtlichen [siehe oben die Seite 122]. Mit Ehe und Scheidung befasste sich das Zwölftafelgesetz in Wahrheit nur, soweit erb- und vermögensrechtliche Fragen davon berührt wurden. Aus diesem Grund forderte es, die Absicht, die Ehefrau zu verstoßen, mit eindeutigen Formeln und Handlungen zu bekunden.[582] Deshalb erkannte es einem nachgeborenen Sohn nur dann die Rechte eines *postumus* zu, wenn seine Mutter ihn nicht später als zehn Monate nach dem Tod ihres Mannes zur Welt gebracht hatte.[583]

Keine der beiden Regelungen haben die Römer je aufgehoben. Später konnte ein Mann, der die Ehe mit seiner Frau aufzukündigen wünschte, wählen, ob er ihr einen Scheidebrief schickte[584] oder ihr die Hausschlüssel abnahm und mit eindeutigen Worten die Tür wies. Im zweiten Fall war es ihm freige-

---

[579] So jedoch Cic. rep. 2,61. 63; Dion. Hal. ant. 10,60,5; Liv. 4,4,5.

[580] Cic. rep. 2,63; Liv. 4,1,1–4,6,4; Flor. epit. 1,17 (1,25); Ampel. 25,3.

[581] Plin. nat. 16,37; Gell. 15,27,4; Gaius inst. 1,3; Dig. 1,2,2,8.

[582] Cic. Phil. 2,69; Nonius, s. v. *baetere*, p. 108 *Lindsay*.

[583] Ulp. dig. 38,16,11.

[584] Gaius dig. 48,5,43.

stellt, sich der älteren oder der jüngeren Formelsprache zu bedienen. Je nachdem, wofür er sich entschied, konnte er die Frau, die er verstieß, mit den Worten *baete foras, vade foras,*[585] *i foras,*[586] *tuas res tibi habeto*[587] oder *tuas res tibi agito*[588] ihre Sachen zu packen und das Haus zu verlassen auffordern.

Sogar über die Spätantike hinaus wirkte fort, dass der nachgeborene Sohn nach dem Recht der Zwölf Tafeln als unehelich galt und seinen Erbanspruch verlor, wenn er später als zehn Monate nach dem Tod seines leiblichen Vaters zur Welt kam. Über Jahrhunderte hinweg blieb ein Sohn, den seine Mutter später als 300 Tage nach dem Ableben ihres Mannes austrug, von der gesetzlichen Erbfolge ausgeschlossen, bis eine Dame von untadeligem Ruf und Lebenswandel, die im elften Monat nach dem Tod ihres Gatten einen Sohn gebar, das Kaisergericht anrief und durchfocht, dass Hadrian in ihrem Fall eine Ausnahme zuließ.[589] Hadrian konnte sich auf keinen Präzedenzfall berufen, sondern musste die Schriften „alter Philosophen und Mediziner“ zu Rate ziehen, um sich über die Höchstdauer von Schwangerschaften zu unterrichten [siehe oben die Seite 125].

Obwohl er der Klägerin Recht gab, hoben weder er noch sein Nachfolger Antoninus Pius die Frist von zehn Monaten, die das Zwölftafelgesetz setzte, grundsätzlich auf. Die Rechtsentwicklung zeigt vielmehr, wie zählebig gesetzliche Fristen sein können. In Deutschland hat es bis zum 1. Juli 1998 gedauert, ehe der Gesetzgeber die seit der Einführung wissenschaftlicher Vaterschaftsbestimmungen überholte Regelung abgeändert hat, wonach die Ehelichkeit des Kindes nur bis zum 302. Tag nach der Scheidung der Eltern oder dem Tod des Vaters vermutet wurde [siehe oben die Seiten 117–118]. Die Frist von 302 Tagen floss zwar von einer Glosse des mittelalterlichen Sachsenspiegels in das deutsche Bürgerliche Gesetzbuch ein, ging aber letztlich darauf zurück, dass Pseudo-Hippokrates ein Kind vom zweiten Tag des siebten Monats an für

---

[585] Mart. 11,104,1.

[586] Plaut. Cas. 210–211.

[587] Plaut. Amph. 928. Trin. 266; Dig. 24,2,2,1.

[588] Dig. 24,2,2,1.

[589] Gell. 3,16,12.

lebensfähig erklärt hatte und der Gesetzgeber den 182 Tagen, die Pseudo-Hippokrates dafür angesetzt hatte, die restlichen vier Monate zu je 30 Tagen nach der Zehnmonatsfrist des Zwölftafelgesetzes zuschlug [siehe oben die Seite 126].

Der Rechtssatz USUS AUCTORITAS FUNDI BIENNIUM <ESTO>[590] zielte auf das volkswirtschaftliche Gemeinwohl; barg er doch den Anreiz, zum Ackerbau taugliches Land zu nutzen, das sonst verwahrlost wäre. Nach zwei Jahren wurde es ersessen, da erst dann ausgeschlossen werden konnte, dass es nur brachgelegen hatte, um sich erholen zu können. Mit Ablauf dieser Frist erlosch die Besitzstandsgewähr der Zwölf Tafeln, weil landwirtschaftliche Nutzflächen nicht verkommen sollten. Das gleiche Ziel verfolgten die Zensoren mit den Geldstrafen, die sie nach Aussage der „alten Schriftstücke", auf die Gellius sich berief,[591] über römische Bürger verhängten, die einen Acker, einen Baumbestand oder ein Rebfeld hatten verwildern lassen.

Die Zweijahresfrist wirkte über den italischen Rechtsraum hinaus fort. In der Hohen Kaiserzeit wurde sie noch den Kolonen gesetzt, die zu den Bedingungen einer Mustersatzung, der sogenannten *lex Manciana*, auf den kaiserlichen Ländereien in Nordafrika arbeiteten. Vernachlässigten sie Land, das sie gepachtet hatten, zwei Jahre lang, so verwirkten sie das Recht, es zu bestellen, das *ius colendi*.[592] Dieses Recht verliehen ihnen die Prokuratoren, die die Staatsgüter am mittleren Bagradas verwalteten, nur mit Auflagen. Der Vorbehalt, dem der Besitz anbaufähigen Grund und Bodens unterworfen wurde, sollte verhindern, dass Land verkam, weil es länger als nötig brachlag [siehe oben die Seiten 131 bis 133].

Im italischen Bodenrecht hinterließ die Zweijahresfrist keine Spuren, die sich in vergleichbaren Zeugnissen erhalten hätten. Durch Gesetz aufgehoben wurde sie aber nicht. Das römische Volk dehnte sein Staatsgebiet, den *ager Romanus*, so rasch und stark aus, dass sie an Bedeutung verlieren musste. In

---

[590] Cic. off. 1,37; ferner Cic. Caecin. 54.

[591] Gell. 4,12,1.

[592] CIL VIII 25902, col. IV 9–15.

größerem Stil konnten ohnehin nur Großgrundbesitzer, die mit einem Heer von Sklaven wirtschafteten, von dem Recht der *occupatio* Gebrauch machen. Als die Vorherrschaft im westlichen Mittelmeerraum errungen war, mangelte es dem römischen Volk eher an Menschen als an Land.[593] Noch am Vorabend des Zweiten Makedonischen Krieges verfügte der Staat in solchem Umfang über Grundeigentum, dass er die Zeichner einer Kriegsanleihe mit Flurstücken abfinden konnte, von denen keines weiter als 50 Meilen von der Hauptstadt entfernt lag.[594] Knapp zu werden begann öffentliches Land, das er in Erbpacht an wehrfähige Haussöhne von Kleinbauern hätte verteilen können, vielmehr seit etwa 150 v. Chr. Jetzt stellte es sich als Fehler heraus, dass die Volksversammlung im ersten Drittel des zweiten Jahrhunderts einen beträchtlichen Teil des süditalischen *ager publicus* mit großzügig bemessenen Obergrenzen zur Okkupation freigegeben hatte. Die Folgen dieser Fehlentscheidung konnte Tiberius Gracchus mit dem Ackergesetz, das er 133 v. Chr. als Volkstribun durchbrachte, nur einzudämmen versuchen, nicht beheben.[595] Die durch den Mangel an verfügbarem Siedlungsland ausgelöste Krise hätte er höchstens mit dem Zwangsmittel der Enteignung bewältigen können. Die Gesetzeslage steckte seinem Vorstoß aus zwei Gründen einen engen Rahmen. 500 *iugera* musste er den Altbesitzern[596] nicht nur deswegen als Grundeigentum belassen, weil ein Gesetz, das spätestens 167 v. Chr. in Kraft getreten zu sein scheint,[597] ihnen gestattet hatte, soviel Staatsland in Besitz zu nehmen. Auf den Altbesitz zuzugreifen, der die Freigrenze von 500 *iugera* nicht überstieg, verwehrte ihm auch das Rechtshindernis, dass sie ihn so weit guten Glaubens ersessen hatten. Ohne gegen dieses und das Zwölftafelgesetz zu verstoßen, konnte er das zur

---

[593] *Bringmann*, FAS 12 (1986), 58–62.

[594] Liv. 31,13,2–9.

[595] *K. Bringmann*, Die Agrarreform des Tiberius Gracchus: Legende und Wirklichkeit, Frankfurter Historische Vorträge, Heft 10, Stuttgart 1985, 23–26.

[596] *Riccobono*, FIRA 1, $^{2}$1941, Nr. 8, Z. 13 = (*Lintott*), (*Mattingly*), *Crawford*, in: Roman Statutes 1, Nr. 2, Z. 13.

[597] *B. Niese*, Das sogenannte sextisch-licinische Ackergesetz, Hermes 23 (1888), 421–422, bis hin zu *B. Forsén*, Lex Licinia Sextia de modo agrorum – fiction or reality?, Helsinki 1991, 77–80, nach Cato bei Gell. 6,3,37.

Okkupation freigegebene Staatsland nur so weit zurückfordern, wie die Obergrenze von 500 *iugera* widerrechtlich überschritten worden war.

Die grausamsten Strafen, die das Zwölftafelgesetz vorsah, wurden zum größeren Teil im Verlauf der Rechtsentwicklung abgemildert; die spiegelnde Strafe, über Brandstifter den Feuertod zu verhängen, gehörte zu den wenigen, die überdauerten.[598] Empfand die Nachwelt die Todesstrafe als unverhältnismäßig oder unzweckmäßig, so schaffte sie sie entweder ab oder verhängte sie zumindest nicht mehr. Schon vor dem zweiten Jahrhundert n. Chr. wurden wissentlich falsche Aussagen nicht mehr dadurch geahndet, dass der meineidige Zeuge vom Tarpeischen Fels gestürzt wurde.[599] Spätestens seit dem zweiten Jahrhundert v. Chr. konnte mit Freispruch rechnen, wer beschuldigt wurde, Zaubergesänge angestimmt zu haben, um Feldfrüchte von einem fremden auf das eigene Feld herüberzuhexen.[600] Die Strafbestimmung der Zwölf Tafeln, nach der darauf der Tod stand, wurde zwar nie außer Kraft gesetzt. Je öfter aber Angeklagte, die der *occentatio* bezichtigt wurden, aus Mangel an Beweisen freigesprochen wurden, desto weniger konnten Kläger hoffen, dass ein Gericht an Schadenszauber glaubte. Dass der Freigelassene Gaius Furius Chresimus 191 v. Chr. obsiegte, als ihn der Ädil Spurius Postumius Albinus wegen diebischer Zauberei vor die Volksversammlung lud,[601] hat diese Entwicklung sicherlich begünstigt [siehe oben die Seiten 161 bis 162].

Wer aber ein Schmähgedicht verfasste oder ein Spottlied sang, um einen Mitmenschen zu verunglimpfen, hatte zu keiner Zeit zu gewärtigen, deswegen zum Tode verurteilt zu werden. Dass das Zwölfgesetz dafür die Todesstrafe angedroht habe, lasen Cicero, Porphyrio, Cornutus und Augustinus fälschlich

---

598 *Mommsen*, Römisches Strafrecht, 923.

599 Gell. 20,1,53: *an putas, Favorine, si non illa etiam ex duodecim tabulis de testimoniis falsis poena abolevisset et si nunc quoque, ut antea, qui falsum testimonium dixisse convictus esset, e saxo Tarpeio deiceretur, mentituros fuisse pro testimonio tam multos, quam videmus?*

600 *Liebs*, in: *Manthe / von Ungern-Sternberg*, Große Prozesse, 158.

601 Plin. nat. 18,41–42.

aus seinem Wortlaut heraus.[602] Mit dem Leben büßen sollte nicht, wer ein Spottlied, sondern wer einen bösen Zaubergesang, ein *malum carmen*, anstimmte. Verleumdete jemand einen Mitmenschen mit einem Schmähgedicht oder Spottlied, so drohte er nicht wegen *occentatio*, sondern höchstens wegen *calumnia* vor Gericht gestellt und zur Rechenschaft gezogen zu werden [siehe oben die Seiten 155 bis 157 und die Seite 163].

Wie die Todesstrafe, so hatte sich auch die Talion den Wandlungen des Zeitgeistes und den Geboten der Vernunft zu beugen. Körperverletzungen nach dem Grundsatz „Auge um Auge, Zahn um Zahn" zu ahnden, kam später ab.[603] Bei harmloseren Körperverletzungen wie Knochenbrüchen, die, wenn der Heilungsprozess normal verlief, keine bleibenden Schäden hinterließen, hatte das Zwölftafelrecht zur Wahl gestellt, die Talion durch feste Bußsätze abzulösen. Einheitlichen Bußen nahm jedoch ein spürbarer Währungsverfall ihre abschreckende Wirkung, weil der Gesetzgeber es versäumte, ihre Höhe an die Kaufkraft des Geldes anzugleichen. Die Zukunft gehörte darum anderen Wegen, die das Zwölftafelgesetz auch schon aufgezeigt hatte: Verhandlungen über die Höhe des Wertersatzes bei Körperverletzung und gestaffelte Genugtuungsforderungen bei Einbruch, Diebstahl oder Hehlerei. Nach der einen wie nach der anderen Seite hin bildete der Prätor das Recht fort, das er vorfand: Seitdem die Talion abgeschafft war, konnte jemand, der von einem anderen verletzt wurde, nicht mehr zwischen Vergeltung und Schadensersatz wählen, sondern musste ihn, wenn sie sich nicht gütlich einigten, auf Entschädigung verklagen. Und seitdem ein auf frischer Tat ertappter Dieb die Persönlichkeitsrechte des römischen Staatsbürgers behielt, konnte das Opfer nicht mehr darauf bestehen, dass der Täter gezüchtigt und ihm zugesprochen wurde, sondern nur noch fordern, mit dem vierfachen Sachwert entschädigt zu werden [siehe oben die Seite 77 und die Seite 175].[604]

---

[602] Cic. rep. 4,12 und Tusc. 4,4; Cornutus zu Pers. 1,123; Porph. Hor. epist. 2,1,154; Paul. sent. 5,4,6; Arnob. nat. 4,34.

[603] Gell. 16,10,8.

[604] Gaius inst. 3,189.

So streng und beharrlich der Prätor darüber wachte, dass Form und Formeln des Zwölftafelprozesses eingehalten wurden, so beweglich und schöpferisch zeigte er sich, wenn es darauf ankam, den Inhalt des Zwölftafelrechts dem Wandel des Zeitgeists und der Lebensverhältnisse anzupassen. Dazu hat er, von sachkundigen Beratern umgeben,[605] sein Amtsrecht mit gesundem Menschenverstand genutzt.[606]

---

[605] Darüber genauer *W. Kunkel*, Die Funktion des Konsiliums in der magistratischen Strafjustiz und im Kaisergericht, Zeitschrift der Savigny-Stiftung für Rechtsgeschichte, Rom. Abt. 84 (1967), 219–244 = Kleine Schriften, 152–177.

[606] *Bürge*, Römisches Privatrecht, 17.

# Textausgaben

Asconius

*Clark, A. C.* [Hrsg.], Q. Asconii Pediani orationum Ciceronis quinque enarratio, Oxford 1907 (ND 1956)

Ateius Capito

*Strzelecki, W.* [Hrsg.], C. Atei Capitonis fragmenta, Leipzig 1967

Boethius, Commentarii in Ciceronis topica

*Orelli, J. K.* [Hrsg.], M. Tullii Ciceronis opera quae supersunt omnia, Band 5,1, Zürich 1833, 270–388

*Migne, J.-P.* [Hrsg.], Manlii Severini Boeti opera omnia, Band 2 (= Patrologia Latina, Band 64), Paris 1847, 1039–1174

Caesius Bassus, De metris

*Keil, H.* [Hrsg.], Scriptores artis metricae, Grammatici Latini, Band 6, Leipzig 1874, 243–272

Cassius Dio

*Boissevain, U. Ph.* [Hrsg.], Cassii Dionis Cocceiani historiarum Romanarum quae supersunt, Bände 1–3, Berlin 1895–1901

Cato, Orationum fragmenta

*Malcovati, E.* [Hrsg.], Oratorum Romanorum fragmenta, Mailand, 2. Aufl. 1955, 12–97

Cornutus

Cornuti commentum, in: *Jahn, O.* [Hrsg.], Auli Persii Flacci satirarum liber, Leipzig 1843 (ND Hildesheim 1967), 245–350

Festus

*Lindsay, W. M.* [Hrsg.], Sexti Pompei Festi de verborum significatu quae supersunt cum Pauli epitome, Leipzig 1913

Fontes iuris

*Bruns, K. G. / Gradenwitz, O.* [Hrsg.], Fontes iuris Romani antiqui, Tübingen, 7. Aufl. 1909

*Riccobono, S.* [Hrsg.], Fontes iuris Romani antejustiniani, Band 1: Leges, Florenz, 2. Aufl. 1941

Glossae Latinograecae et Graecolatinae

*Goetz, G. / Gundermann, G.*, Corpus Glossariorum Latinorum, Band 2, Leipzig 1888

Maecianus, Distributio

*Seckel, E. / Kübler, B.* [Hrsg.], Iurisprudentia Anteiustiniana, Band 1, Leipzig, 6. Aufl. 1908 (ND 1988), 409–418

Mosaicarum et legum Romanarum collatio

*Seckel, E. / Kübler, B.* [Hrsg.], Iurisprudentiae anteiustinianae reliquiae, Band 2, Leipzig 1911 (ND 1988), 325–394

*Baviera, J. / Furlani, J.* [Hrsg.], Fontes iuris Romani antejustiniani, Teil 2, Florenz, 2. Aufl. 1940 (ND 1968), 543–613

Nonius

*Lindsay, W. M.* [Hrsg.], Nonii Marcelli de conpendiosa doctrina libri XX, Leipzig 1903 (ND Hildesheim 1964)

Orationum Romanorum fragmenta (ORF)

*Malcovati, H.* [Hrsg.], Orationum Romanorum fragmenta, Mailand, 4. Aufl. 1976

Priscianus, De arte grammatica

*Hertz, M.* [Hrsg.], Prisciani grammatici Caesariensis institutionum grammaticarum libri XVIII, in: Grammatici Latini, Bände 2–3, Leipzig 1855–1859

Pseudo-Asconius, Scholia

*Stangl, Th.* [Hrsg.], Ciceronis orationum scholiastae, Band 2, Wien – Leipzig 1912, 181–264

Scholia Bobiensia

*Stangl, Th.*, [Hrsg.], Ciceronis orationum scholiastae, Band 2, Wien – Leipzig 1912, 73–179

Scholia Lugdunensia sive Gronoviana

*Stangl, Th.* [Hrsg.], Ciceronis orationum scholiastae, Band 2, Wien – Leipzig 1912, 277–351

# Literaturverzeichnis


*Abbott, F. F. / Johnson, A. Ch.*, Municipal Administration in the Roman Empire, Princeton 1926 (ND New York 1968)

*Adam, A.*, Handbuch der römischen Altertümer. Zur vollständigen Kenntnis der Sitten und Gewohnheiten der Römer, Band 1, Erlangen 1832

*Albanese, B.*, La successione ereditaria in diritto romano antico, Annali del Seminario giuridico della Università di Palermo 20 (1949), 127–489

*Alberti, A.*, La „Glossa Torinese“ e le altre glosse del ms. D. III. 13, Turin 1933

*Albrecht, M. von*, Geschichte der römischen Literatur, Band 1, München – New Providence – London – Paris 1994

*Alexander, M. C.*, Trials in the Late Roman Republic 149 BC to 50 BC, Toronto – Buffalo – London 1990

*Alföldy, G.*, Römische Sozialgeschichte, Wiesbaden, 3. Aufl. 1984

*Amirante, L.*, Sulla *provocatio ad populum* fino al 300, Iura 34 (1983), 1–27

*Ampolo, C.*, Le condizioni materiali della produzione. Agricoltura e paesaggio agrario, Dialoghi di archeologia, N. S. 2, 1980, 15–46

*Ankum, H.*, L'*actio de pauperie* et l'*actio legis Aquiliae* dans le droit romain classique, in: Studi in onore di Cesare Sanfilippo, Band 2, Mailand 1982, 13–59

*Ankum, H.*, „Quanti ea res erit in diebus XXX proximis“ dans le troisième chapitre de la lex Aquilia: un fantasme florentin, in: Religion, societé et politique. Mélanges en hommage à Jacques Ellul, Paris 1983, 171–183

*Arangio-Ruiz, V.*, La compravendita in diritto romano, Band 1, Neapel 1956

*Arangio-Ruiz, V.*, Di nuovo sul frammento di Ulpiano in PSI. 1449 R., Bullettino dell'Istituto di Diritto romano 63 (1960), 281–293

*Badian, E.*, Q. Mucius Scaevola and the Province of Asia, Athenaeum, N. S. 34 (1956), 104–123

*Badian, E.*, Zöllner und Sünder. Unternehmer im Dienst der römischen Republik, Darmstadt 1997

*Balogh, E.*, Zur Frage der Verzugszinsen, in : Mémoires de l'Académie internationale de Droit comparé, Berlin – London – Paris 1928

*Bechmann, A.*, Der Kauf nach gemeinem Recht, Band 1, Erlangen 1876 (ND Aalen 1965)

*Beckmann, F.*, Zauberei und Recht in Roms Frühzeit. Ein Beitrag zur Geschichte und Interpretation des Zwölftafelrechtes, Diss. Münster, Osnabrück 1928

*Behrends, O.*, Das *nexum* im Manzipationsrecht oder die Ungeschichtlichkeit des Libraldarlehens, Revue internationale des droits de l'antiquité, 3e sér. 21 (1974), 137–184

*Behrends, O.*, Der Zwölftafelprozeß. Zur Geschichte des römischen Obligationenrechts, Göttinger Rechtswissenschaftliche Studien, Band 92, Göttingen 1974

*Behrends, O.*, Die Causae coniectio der Zwölftafeln und die Tatbestandsdisposition der Gerichtsrhetorik, Zeitschrift der Savigny-Stiftung für Rechtsgeschichte, Rom. Abt. 92 (1975), 162–185

*Behrends, O.*, Das Vindikationsmodell als „grundrechtliches“ System der ältesten römischen Siedlungsorganisation. Zugleich ein Beitrag zu den ältesten Grundlagen des römischen Personen-, Sachen- und Obligationenrechts, in: Libertas. Grundrechtliche und rechtsstaatliche Gewährungen in Antike und Gegenwart, Symposion aus Anlaß des 80. Geburtstages von Franz Wieacker, hrsg. von *O. Behrends* und *M. Dießelhorst*, Ebelsbach 1991, 1–59

*Bekker, E. J.*, Ueber die leges locationis bei Cato de re rustica, Zeitschrift für Rechtsgeschichte 3 (1864), 416–445

*Beloch, K. J.*, Römische Geschichte bis zum Beginn der Punischen Kriege, Berlin – Leipzig 1926

*Berger, A.*, Dig. IX 2, 4, 1 und das ‚endoplorato‘ der Zwölftafeln, in: Studi in memoria di Aldo Albertoni, Band 1, Padua 1935, 379–397

*Bertocchi, F. T.*, La pittura funeraria Apula, Neapel 1964

*Beseler, G. v.*, Romanistische Studien, Zeitschrift der Savigny-Stiftung für Rechtsgeschichte, Rom. Abt. 46 (1926), 83–143

*Betti, E.*, Wesen des altrömischen Familienverbandes [Hausgemeinschaft und Agnatengenossenschaft], Zeitschrift der Savigny-Stiftung für Rechtsgeschichte, Rom. Abt. 71 (1954), 1–24

*Bianchini, M.*, Sui rapporti fra „provocatio“ ed „intercessio“, in: Studi in onore di Gaetano Scherillo, Band 1, Mailand 1972, 93–110

*Bickel, E.*, Vates bei Varro und Vergil. Die Kult- und Ahnenlieder, Seher-, Zauber- und Heilverse des *vates*, Rheinisches Museum für Philologie, N. F. 94 (1951), 257–314

*Binder, J.*, Die Plebs. Studien zur römischen Rechtsgeschichte, Leipzig 1909

*Biondi, B.*, Les actiones noxiales nel diritto romano classico, Cortona 1925

*Birks, P. B. H.*, The Early History of *iniuria,* Tijdschrift voor Rechtsgeschiedenis. Revue d'histoire du droit 37 (1969), 163–208

*Blair, W.*, An Inquiry into the State of Slavery amongst the Romans. From the Earliest Period till the Establishment of the Lombards in Italy, London 1833

*Bleicken, J.*, Ursprung und Bedeutung der Provocation, Zeitschrift der Savigny-Stiftung für Rechtsgeschichte, Rom. Abt. 76 (1959), 324–377; wieder in: Gesammelte Schriften, Band 1, Stuttgart 1998, 345–377

*Bleicken, J.*, Senatsgericht und Kaisergericht. Eine Studie zur Entwicklung des Prozeßrechtes im frühen Prinzipat, Göttingen 1962

*Bleicken, J.*, Lex publica. Gesetz und Recht in der römischen Republik, Berlin – New York 1975

*Bleicken, J.*, Zum Begriff der römischen Amtsgewalt: auspicium – potestas – imperium, Nachrichten der Akademie der Wissenschaften in Göttingen, Philologisch-historische Klasse 1981, 257–300

*Bleicken, J.*, Gesammelte Schriften, Band 1, Stuttgart 1998

*Bradley, K. R.*, Discovering the Roman Family. Studies in Roman Social History, New York – Oxford 1991

*Bringmann, K.*, Senecas Apocolocyntosis und die politische Satire in Rom, Antike und Abendland 17 (1970), 56–69

*Bringmann, K.*, Zur Gerichtsreform des Kaisers Augustus, Chiron 3 (1973), 235–244

*Bringmann, K.*, Die Agrarreform des Tiberius Gracchus: Legende und Wirklichkeit, Frankfurter Historische Vorträge, Heft 10, Stuttgart 1985

*Bringmann, K.*, Das ‚Licinisch-Sextische' Ackergesetz und die gracchische Agrarreform, in: Symposion für Alfred Heuß. Frankfurter Althistorische Studien, Heft 12, Kallmünz 1986, 51–66 (wieder in: Ausgewählte Schriften, hrsg. von *J. Kobes* und *P. Scholz*, Frankfurt am Main 2001, 187–200)

*Bringmann, K.*, *Imperium* und *Sacerdotium*. Bemerkungen zu ihrem Verhältnis in der Spätantike, in: Imperium Romanum. Studien zu Geschichte und Rezeption. Festschrift für Karl Christ zum 75. Geburtstag, hrsg. von *P. Kneißl* und *V. Losemann*, Stuttgart 1998, 61–72

*Bringmann, K.*, Geschichte der römischen Republik. Von den Anfängen bis Augustus, München 2002

*Broggini, G.*, Iudex arbiterve. Prolegomena zum Officium des römischen Privatrichters, Köln – Graz 1957

*Broggini, G.*, Vindex und Iudex. Zum Ursprung des römischen Zivilprozesses, Zeitschrift der Savigny-Stiftung für Rechtsgeschichte, Rom. Abt. 76 (1959), 113–148

*Broughton, T. R.*, The Magistrates of the Roman Republic, Band 1, Cleveland 1951 (ND Ann Arbor 1968); Band 2, Cleveland 1952 (ND Ann Arbor 1968)

*Brunt, P. A.*, Social Conflicts in the Roman Republic, London 1971

*Bürge, A.*, Die Juristenkomik in Ciceros Rede Pro Murena, Diss. Zürich 1974

*Bürge, A.*, ‚Si nolet arceram ne sternito' ‚Ne minore aut si volet maiore vincito': Positives zu zwei Negationen in den Zwölf Tafeln, in: Mélanges Felix

Wubbe offerts par ses collègues et ses amis à l'occasion de son soixante-dixième anniversaire, Fribourg 1993, 61–81

*Bürge, A.*, Römisches Privatrecht. Rechtsdenken und gesellschaftliche Verankerung. Eine Einführung, Darmstadt 1999

*Bürge, A.*, Rechtsvereinheitlichung im Laufe der Jahrhunderte: Die gesetzliche Empfängniszeit von 302 Tagen – Fast ein Nachruf, Juristische Schulung 2003, 425–429

*Cancelli, F.*, Leggenda e storia delle Dodici Tavole, Rom 1959

*Cardilli, R.*, Designazione e scelta del *iudex unus* alla luce della *lex Irnitana*, Atti della Accademia Nazionale dei Lincei, Classe di scienze morali, storiche e filologiche 389, 1992, Rendiconti, Serie 9, Volume 3, 37–73

*Cels-Saint-Hilaire, J.*, Virginie, la clientèle et la liberté plébéienne: le sens d'un procès, Revue des études anciennes 93 (1991), 27–37

*Ciulei, G.*, Die XII Tafeln und die römische Gesandtschaft nach Griechenland, Zeitschrift der Savigny-Stiftung für Rechtsgeschichte, Rom. Abt. 64 (1944), 350–354

*Clauss, M.*, „Gebet dem Kaiser, was des Kaisers ist!" Bemerkungen zur Rolle der Christen im römischen Heer, in: Imperium Romanum. Studien zu Geschichte und Rezeption. Festschrift für Karl Christ zum 75. Geburtstag, hrsg. von *P. Kneißl* und *V. Losemann*, Stuttgart 1998, 93–104

*Comparette, T. L.*, Aes Signatum, American Journal of Numismatics 52 (1918), 1–61; Sonderdruck Chicago 1978

*Cornell, T. J.*, The Beginnings of Rome. Italy and Rome from the Bronze Age to the Punic Wars (c. 1000–264 BC), London 1995

*Cracco Ruggini, L.*, Juridical Status und Historical Role of Women in Roman Patriarchal Society, Klio 71 (1989), 604–619

*Crawford, M. H.*, Roman Republican Coinage, Band 1, Cambridge 1974

*Crawford, M. H.*, The Early Roman Economy, 753–280 B. C., in: L'Italie préromaine et la Rome républicaine. Mélanges offerts à Jacques Heurgon, Band 1, Rom 1976, 197–207

*Crawford, M. H.* [Hrsg.], Roman Statutes, 2 Bände, London 1996

*Crook, J. A.*, Law and Life of Rome, London – Southampton 1967

*Crook, J. A.*, Lex Aquilia, Athenaeum, N. S. 62 (1984), 67–77

*Cujas, J.*, Opera, Band 1, Prato 1836

*Daube, D.*, On the Third Chapter of the *lex Aquilia*, Law Quarterly Review 52 (1936), 253–268; wieder in: Collected Studies in Roman Law, hrsg. von *D. Cohen* und *D. Simon*, Frankfurt am Main 1991, 3–18

*Daube, D.*, *Nocere* and *noxa*, Cambridge Law Journal 7 (1939/41), 23–55

*Daube, D.*, Studies in Biblical Law, Cambridge 1947

*Daube, D.*, On the Use of the Term *damnum*, in: Studi in onore di Siro Solazzi nel cinquantesimo anniversario del suo insegnamento universitario (1899–1948), Neapel 1948, 93–156; wieder in: Collected Studies in Roman Law, hrsg. von *D. Cohen* und *D. Simon*, Frankfurt am Main 1991, 279–339

*Deißmann-Merten, M.*, Verginia, Der Kleine Pauly, Band 5, München 1975, 1204–1206

*De Martino, F.*, Wirtschaftsgeschichte des alten Rom, München 1985

*Develin, R.*, *Provocatio* and Plebiscites. Early Roman Legislation and the Historical Tradition, Mnemosyne, 4. Ser. 31 (1978), 45–60

*Diósdi, G.*, Ownership in Ancient and Preclassical Roman Law, Budapest 1970

*Drews, R.*, Pontiffs, Prodigies, and the Disappearance of the *Annales maximi*, Classical Philology 83 (1988), 289–299

*Drummond, A.*, Rome in the Fifth Century I.: The Social and Economic Framework, in: The Cambridge Ancient History, Band 7,2, Cambridge, 2. Aufl. 1989, 113–171

*Ducos, M.*, L'influence grècque sur la Loi des Douze Tables, Paris 1978

*Düll, R.*, Vom vindex zum iudex, Zeitschrift der Savigny-Stiftung für Rechtsgeschichte, Rom. Abt. 54 (1934), 98–136

*Düll, R.*, Besprechung zu: *H. Lévy-Bruhl*, Quelques problèmes du très ancient droit romain (Paris 1934), Zeitschrift der Savigny-Stiftung für Rechtsgeschichte, Rom. Abt. 56 (1936), 282–291

*Düll, R.*, Das Zwölftafelgesetz, München, 4. Aufl. 1971

*Dumézil, G.*, Triades de calamités et triades de délits à valeur trifonctionelle chez divers peuples indo-européens, Latomus 14 (1955), 173–185

*Dyson, S. L.*, Community and Society in Roman Italy, Baltimore – London 1992

*Eder, W.*, The Political Significance of the Codification of Law in Archaic Societies: An Unconventional Hypothesis, in: *K. A. Raaflaub* [Hrsg.], Social Struggles in Archaic Rome. New Perspectives on the Conflict of the Orders, Berkeley – Los Angeles – London 1986, 262–300

*Eder, W.*, Zwischen Monarchie und Republik. Das Volkstribunat in der frühen römischen Republik, in: Bilancio critico su Roma arcaica fra monarchia e repubblica, Atti dei Convegni Lincei 100, Rom 1993, 97–127

*Eder, W.*, Strafsachen in Geschworenengerichten. Die Prozesse wegen Erpressung römischer Untertanen und Verbündeter (Repetundenprozesse), in: *U. Manthe / J. von Ungern-Sternberg* [Hrsg.], Große Prozesse der römischen Antike, München 1997, 13–27

*Ehrenberg, V. / Jones, A. H. M.*, Documents Illustrating the Reigns of Augustus & Tiberius, Oxford, 2. Aufl. 1955

*Ehrhardt, A.*, Rechtsvergleichende Studien zum antiken Sklavenrecht I, Wergeld und Schadenersatz, Zeitschrift der Savigny-Stiftung für Rechtsgeschichte, Rom. Abt. 68 (1951), 74–130

*Elster, M.*, Studien zur Gesetzgebung der frühen römischen Republik – Gesetzesanhäufungen und -wiederholungen, Frankfurt am Main – Bern 1976

*Elster, M.*, Die Gesetze der mittleren römischen Republik. Text und Kommentar, Darmstadt 2003

*Ernout, A. / Meillet, A.*, Dictionnaire étymologique de la langue latine, 2 Bände, Paris, 4. Aufl. 1959–1960

*Ferenczy, E.*, Eherecht und Gesellschaft in der Zeit der Zwölftafeln, Oikumene 2 (1978), 153–161

*Ferenczy, E.*, Römische Gesandtschaft im Perikleischen Athen, Oikumene 4 (1983), 37–41

*Ferrini, C.*, Le origini del contratto di società in Roma, Archivio giuridico 38 (1887), 3–32; wieder in: Opere di Contardo Ferrini, Band 3. Studi vari di diritto romano e moderno (sulle obbligazioni, sul negozio giuridico, sulle presunzioni), Mailand 1929, 17–48

*Finley, M. I.*, Between Slavery and Freedom, Comparative Studies in Society and History 6 (1964), 233–249

*Finley, M. I.*, The Ancient Economy, Berkeley – Los Angeles 1973

*Flach, A.*, Das iudicium quinquevirale im Werdegang senatorischer Strafgerichtsbarkeit, Zeitschrift der Savigny-Stiftung für Rechtsgeschichte, Rom. Abt. 113 (1996), 358–376

*Flach, D.*, Römische Agrargeschichte, Handbuch der Altertumswissenschaft, Band 3,9, München 1990

*Flach, D. / Lahr, St. von der* [Hrsg.], Die Gesetze der frühen römischen Republik. Text und Kommentar, Darmstadt 1994

*Forsén, B.*, Lex Licinia Sextia de modo agrorum – Fiction or Reality?, Societas Scientarum Fennica, Commentationes Humanarum Litterarum 96, Helsinki 1991

*Fraenkel, E.*, Zum Texte römischer Juristen, Hermes 60 (1925), 415–443

*Franciosi, G.*, „Partes secanto“ tra magia e diritto, Labeo 24 (1978), 263–275

*Freund, W.*, Wörterbuch der Lateinischen Sprache, Band 2, Leipzig 1844

*Fritz, K. von*, The Reorganisation of the Roman Government in 366 B. C. and the so-called Licinio-Sextian Laws, Historia 1 (1950), 3–44; wieder in: Schriften zur griechischen und römischen Verfassungsgeschichte und Verfassungstheorie, Berlin – New York 1976, 374–387

*Fuhrmann, M.*, Marcus Tullius Cicero – Sämtliche Reden, Band 2, Zürich – Stuttgart, 3. Aufl. 1985

*Fuhrmann, M. / Liebs, D.*, Exempla Iuris Romani. Römische Rechtstexte lateinisch – deutsch, München 1988

*Gabba, E.*, Ricerche sull'esercito professionale romano da Mario ad Augusto, Athenaeum, N. S. 29 (1951), 171–272

*Gabba, E.*, Il ceto equestre et il senato di Silla, Athenaeum, N. S. 34 (1956), 124–138

*Gabba, E.*, Republican Rome, the Army and the Allies, Oxford 1976

*Gabba, E.*, Sulle strutture agrarie dell'Italia romana fra III e I sec. a. C., in: *E. Gabba / M. Pasquinucci*, Strutture agrarie e allevamento transumante nell'Italia romana (III–I sec. a. C.), Pisa 1979, 13–73

*Gabba, E.*, Per un'interpretazione storica della centuriazione romana, Athenaeum, N. S. 63 (1985), 265–284

*Georges, K. E. / Georges, H.*, Ausführliches lateinisch-deutsches Handwörterbuch, 2 Bände, Hannover, 11. Aufl. 1962

*Georgescu, V.-A.*, Partes secanto, Revue internationale des droits de l'antiquité 2 (1949), 367–384

*Gioffredi, C.*, Diritto e processo nelle antiche forme giuridiche romane, Rom 1955

*Giovannini, A.*, Les origines des magistratures romaines, Museum Helveticum 41 (1984), 15–30

*Glare, P. G. W.* [Hrsg.], Oxford Latin Dictionary, Oxford 1968–1982

*Göbl, R.*, Antike Numismatik, Band 1, München 1978

*Gordon, W. M. / Robinson, O. F.*, The Institutes of Gaius, Ithaca 1989

*Goujard, R.*, Caton de l'agriculture, Paris 1975

*Greenidge, A. H. J. / Clay, A. M. / Gray, E. M.*, Sources for Roman History (133–70 B. C.), Oxford, 2. Aufl. 1960

*Grimm, J.*, Deutsche Rechtsalterthümer, Band 2, Leipzig, 4. Aufl. 1899

*Gruen, E. S.*, Roman Politics and the Criminal Courts, 149–78 B. C., Cambridge (Massachusetts) 1968

*Hammerich, L.*, Clamor. Eine rechtsgeschichtliche Studie, Kopenhagen 1941

*Heuß, A.*, Barthold Georg Niebuhrs wissenschaftliche Anfänge, Abhandlungen der Akademie der Wissenschaften in Göttingen, Philologisch-historische Klasse, 3. Folge, Nr. 114, Göttingen 1981

*Heuß, A.*, Gedanken und Vermutungen zur frühen römischen Regierungsgewalt, Nachrichten der Akademie der Wissenschaften in Göttingen, Philologisch-historische Klasse 1982, 377–454

*Homo, L.*, Rome impériale et l'urbanisme dans l'antiquité, Paris 1951

*Honsell, H. / Mayer-Maly, Th. / Selb, W.*, Römisches Recht, Berlin – Heidelberg – New York, 4. Aufl. 1987

*Horak, F.*, Quaestio lance et licio, Paulys Realencyclopädie der classischen Altertumswissenschaft, Band 24, Stuttgart 1963, 788–801

*Horak, F.*, Kreditvertrag und Kreditprozeß in den Zwölftafeln, Zeitschrift der Savigny-Stiftung für Rechtsgeschichte, Rom. Abt. 93 (1976), 261–286

*Huchthausen, L. / Härtel, G.*, Römisches Recht, Berlin – Weimar, 3. Aufl. 1989

*Johne, K.-P. / Köhn, J. / Weber, V.*, Die Kolonen in Italien und den westlichen Provinzen des Römischen Reiches, Berlin 1983

*Johnson, A. Ch. / Coleman-Norton, P. R. / Bourne, F. C.* [Hrsg.], Ancient Roman Statutes, Austin 1961

*Jörs, P. / Kunkel, W.*, Römisches Privatrecht, Heidelberg, 3. Aufl. 1949

*Kahn, O.*, Die Personalexekution der 12 Tafeln in den Volkserzählungen. Der Nothilfevertrag im römischen Recht. Der Vertrag zur Lebensrettung in den Volkserzählungen, Botha's Hill, Natal o.J.

*Kaser, M.*, Die natürlichen Eigentumserwerbsarten im altrömischen Recht, Zeitschrift der Savigny-Stiftung für Rechtsgeschichte, Rom. Abt. 65 (1947), 219–260

*Kaser, M.*, Das altrömische ius, Göttingen 1949

*Kaser, M.*, Besprechung zu: *Gioffredi*, Diritto e processo nelle antiche forme giuridiche romane (Rom 1955), Labeo 1 (1955), 313–320

*Kaser, M.*, Eigentum und Besitz im älteren römischen Recht, Köln – Graz, 2. Aufl. 1956

*Kaser, M.*, Das römische Zivilprozeßrecht, Rechtsgeschichte des Altertums im Rahmen des Handbuchs der Altertumswissenschaft, Band 3,4, München 1966

*Kaser, M.*, Grundlinien des römischen Zivilprozesses zur Zeit Ciceros, in: *G. Radke* [Hrsg.], Cicero ein Mensch seiner Zeit, Berlin 1968, 21–37

*Kaser, M.*, Das römische Privatrecht, 2 Bände, Handbuch der Altertumswissenschaft, Band 10,3,3, München, 2. Aufl. 1971

*Kaser, M.*, Zur „legis actio sacramento in rem", Zeitschrift der Savigny-Stiftung für Rechtsgeschichte, Rom. Abt. 104 (1987), 53–84

*Kaser, M.*, Altrömisches Eigentum und „usucapio", Zeitschrift der Savigny-Stiftung für Rechtsgeschichte, Rom. Abt. 105 (1988), 127–129

*Kaser, M. / Hackl, K.*, Das römische Zivilprozeßrecht. Rechtsgeschichte des Altertums im Rahmen des Handbuchs der Altertumswissenschaft, Band 3,4, München, 2. Aufl. 1996

*Kaser, M. / Knütel, R.*, Römisches Privatrecht, München, 17. Aufl. 2003

*Kehoe, D. P.*, The Economics of Agriculture on Roman Imperial Estates in North Africa, Hypomnemata 89, Göttingen 1988

*Kelly, J. M.*, A Note on ‚Threefold Mancipation', in: Daube noster. Essays in Legal History for David Daube, hrsg. von *A. Watson*, Edinburg – London 1974, 183–186

*Kent, J. P. C. / Overbeck, B. / Stylow, A. U.*, Die römische Münze, München 1973

*Kießling, A. / Heinze, R.*, Q. Horatius Flaccus, Satiren. Text und Kommentar, Berlin, 7. Aufl. 1959

*Klotz, R.*, Handwörterbuch der lateinischen Sprache, 2 Bände, Braunschweig 1879 (ND Graz 1963)

*Köstler, R.*, Raub- und Kaufehe bei den Römern, Zeitschrift der Savigny-Stiftung für Rechtsgeschichte, Rom. Abt. 65 (1947), 43–68

*Kolb, F.*, Die Stadt im Altertum, München 1984

*Kolendo, J.*, Le colonat en Afrique sous le Haut-Empire, Paris, 2. Aufl. 1991

*Krüger, P.*, Die Turiner Institutionenglosse, Zeitschrift für Rechtsgeschichte 7 (1868), 44–78

*Krug, A.*, Heilkunst und Heilkult. Medizin in der Antike, München 1984

*Kunkel, W.*, Untersuchungen zur Entwicklung des römischen Kriminalverfahrens in vorsullanischer Zeit, Abhandlungen der Bayerischen Akademie der Wissenschaften, Philosophisch-historische Klasse, Neue Folge, Heft 56, München 1962

*Kunkel, W.*, Quaestio, Paulys Realencyclopädie der classischen Altertumswissenschaft, Band 24, Stuttgart 1963, 720–786

*Kunkel, W.*, Besprechung zu: *J. Bleicken*, Senatsgericht und Kaisergericht (Göttingen 1962), Zeitschrift der Savigny-Stiftung für Rechtsgeschichte, Rom. Abt. 81 (1964), 360–377

*Kunkel, W.*, Die Funktion des Konsiliums in der magistratischen Strafjustiz und im Kaisergericht, Zeitschrift der Savigny-Stiftung für Rechtsgeschichte, Rom. Abt. 84 (1967), 218–244, und 85 (1968), 253–329

*Kunkel, W.*, Über die Entstehung des Senatsgerichts, Sitzungsberichte der Bayerischen Akademie der Wissenschaften, Philosophisch-historische Klasse 1969, Heft 2

*Kunkel, W.*, Römische Rechtsgeschichte. Eine Einführung, Köln – Graz, 6. Aufl. 1972

*Kunkel, W.*, Kleine Schriften. Zum römischen Strafverfahren und zur römischen Verfassungsgeschichte, Weimar 1974

*Kunkel, W. / Wittmann, R.*, Staatsordnung und Staatspraxis der römischen Republik. Rechtsgeschichte des Altertums im Rahmen des Handbuchs der Altertumswissenschaft, Band 3,2,2, München 1995

*Kupiszewski, H.*, Das Verlöbnis im altrömischen Recht, Zeitschrift der Savigny-Stiftung für Rechtsgeschichte, Rom. Abt. 77 (1960), 125–159

*Latte, K.*, Beiträge zum griechischen Strafrecht. II. Die Strafen, Hermes 66 (1931), 129–158

*Latte, K.*, Religiöse Begriffe im frührömischen Recht, Zeitschrift der Savigny-Stiftung für Rechtsgeschichte, Rom. Abt. 67 (1950), 47–61

*Latte, K.*, Römische Religionsgeschichte, Handbuch der Altertumswissenschaft, Band 5,4, München 1960

*Lawson, F. H.*, Negligence in the Civil Law, Oxford, 4. Aufl. 1968

*Leifer, F.*, Zum römischen vindex-Problem, Zeitschrift für vergleichende Rechtswissenschaft 50 (1936), 5–62

*Leifer, F.*, Altrömische Studien IV. Mancipium und auctoritas. Mit Beiträgen zum römischen Schuld- und Haftungsrecht. Teil II, Zeitschrift der Savigny-Stiftung für Rechtsgeschichte, Rom. Abt. 57 (1937), 112–232

*Leist, B. W.*, Graeco-italische Rechtsgeschichte, Jena 1884

*Lenel, O.*, Besprechung zu: *E. Lambert*, La question de l'authenticité des XII tables et les annales maximi (1902), le problème de l'origine des XII tables (1902) und l'histoire traditionelle des XII tables et les critères d'inauthenticité des traditions en usage dans l'école de Mommsen (1903), Zeitschrift der Savigny-Stiftung für Rechtsgeschichte, Rom. Abt. 26 (1905), 498–524

*Lenel, O.*, Zur Geschichte der Heredis Institutio, in: P. Vinogradoff [Hrsg.], Essays in Legal History, read before the International Congress of Historical Studies held in London in 1913, Oxford 1913, 120–142

*Lenel, O.*, Das edictum perpetuum. Ein Versuch seiner Wiederherstellung, Leipzig, 3. Aufl. 1927 (ND Aalen 1956)

*Lepointe, G.*, L'*occentatio* de la Loi des Douze Tables d'après Saint Augustin et Cicéron, Revue internationale des droits de l'antiquité, 3e sér. 2 (1955), 287–302

*Levy, E.*, Neue Bruchstücke aus den Institutionen des Gaius, Zeitschrift der Savigny-Stiftung für Rechtsgeschichte, Rom. Abt. 54 (1934), 258–311

*Lévy-Bruhl, H.*, Quelques Problèmes du Très Ancient Droit Romain (Essai de Solutions Sociologiques), Paris 1934

*Lewis, Ch. T. / Short, Ch.*, A Latin Dictionary, New York 1879 (ND Oxford 1966)

*Liebs*, D., Damnum, damnare und damnas. Zur Bedeutungsgeschichte einiger lateinischer Rechtswörter, Zeitschrift der Savigny-Stiftung für Rechtsgeschichte, Rom. Abt. 85 (1968), 173–252

*Liebs, D.*, Alexander Severus und das Strafrecht, in: Bonner Historia-Augusta-Colloquium 1977/78, Antiquitas, Reihe 4, Band 4, Bonn 1980, 115–147

*Liebs, D.*, Strafprozesse wegen Zauberei. Magie und politisches Kalkül in der römischen Geschichte, in: *U. Manthe / J. von Ungern-Sternberg* [Hrsg], Große Prozesse der römischen Antike, München 1997, 146–158

*Liebs, D.*, Lateinische Rechtsregeln und Rechtssprichwörter, München, 6. Aufl. 1998

*Liebs, D.*, Römisches Recht, Göttingen, 5. Aufl. 1999

*Linke, B.*, Von der Verwandtschaft zum Staat. Die Entstehung politischer Organisationsformen in der frührömischen Geschichte, Diss. Berlin 1993, Stuttgart 1995

*Lisowski, Z.*, Noxalis actio, Paulys Realencyclopädie der classischen Altertumswissenschaft, Supplementband 7, Stuttgart 1940, 604–663

*Lübtow, U. v.*, Studien zum altrömischen Kaufrecht, in: Festschrift Paul Koschaker, Band 2, Weimar 1939, 113–140

*Lübtow, U. v.*, Untersuchungen zur lex Aquilia de damno iniuria dato, Berlin 1971

*Lübtow, U. v.*, Recht und Rechtswissenschaft im Rom der Frühzeit, in: Beiträge zur altitalischen Geistesgeschichte. Festschrift Gerhard Radke zum 18. Februar 1984, hrsg. von *R. Altheim-Stiehl* und *M. Rosenbach*, Münster 1986, 164–185

*Luzzatto, G.*, Il verba praeire delle più antiche magistrature romano-italiche. Spunti per la valutazione dell'imperium, Eos 48,1, 1956 (Symbolae Raphaeli Taubenschlag dedicatae), 439–471

*MacCormack, G.*, *Partes secanto,* Tijdschrift voor Rechtsgeschiedenis. Revue d'histoire du droit 36 (1968), 509–518

*MacCormack, G.*, *Coemptio* and Marriage by Purchase, Bullettino dell'Istituto di Diritto romano 81 (1978), 179–199

*Magdelain, A.*, Auctoritas rerum, Revue internationale des droits de l'antiquité 5 (1950), 127–153

*Magdelain, A.*, Aspects arbitraux de la justice civile archaïque à Rome, Revue internationale des droits de l'antiquité, 3e sér. 27 (1980), 205–281

*Magdelain, A.*, Le *ius* archaïque, Mélanges de l'École Française de Rome – Antiquité 98 (1986), 265–358

*Magdelain, A.*, De la coercition capitale du magistrat supérieur au tribunal du peuple, Labeo 33 (1987), 139–166

*Maiuri, A.*, Les grands siècles de la peinture: La peinture romaine, Genf 1953

*Manthe, U.*, Das Senatusconsultum Pegasianum, Berlin 1989

*Manthe, U.*, Ein Sieg der Rhetorik über die Jurisprudenz. Der Erbschaftsstreit des Manius Curius – eine vertane Chance der Rechtspolitik, in: *U. Manthe / J. von Ungern-Sternberg* [Hrsg.], Große Prozesse der römischen Antike, München 1997, 74–84

*Marrou, H.-I. / Meyerovitch, J.*, Une inscription d'Herculanum relative au droit de „superficie", Revue des études anciennes 44 (1942), 135–138

*Martin, J.*, Die Provokation in der klassischen und späten Republik, Hermes 98 (1970), 72–96

*Mattingly, H. B.*, Naevius and the Metelli, Historia 9 (1960), 414–439

*Mayer-Maly, Th.*, Studien zur Frühgeschichte der Usucapio I, Zeitschrift der Savigny-Stiftung für Rechtsgeschichte, Rom. Abt. 77 (1960), 16–51

*Mayer-Maly, Th.*, Studien zur Frühgeschichte der Usucapio II, Zeitschrift der Savigny-Stiftung für Rechtsgeschichte, Rom. Abt. 78 (1961), 221–276

*Mayer-Maly, Th.*, familia, in: Status familiae. Festschrift für Andreas Wacke zum 65. Geburtstag, hrsg. von *H.-G. Knothe* und *J. Kohler*, München 2001, 261–265

*Mehl, A.*, Römische Geschichtsschreibung, Grundlagen und Entwicklungen. Eine Einführung, Stuttgart 2001

*Meincke, J. P.*, Superficies solo cedit, Zeitschrift der Savigny-Stiftung für Rechtsgeschichte, Rom. Abt. 88 (1971), 136–183

*Mette-Dittmann, A.*, Die Ehegesetze des Augustus. Eine Untersuchung im Rahmen der Gesellschaftspolitik des Princeps, Historia Einzelschriften, Heft 67, Stuttgart 1991

*Meyer, E.*, Römischer Staat und Staatsgedanke, Zürich – Stuttgart, 4. Aufl. 1975

*Mihailov, G.*, Inscriptiones Graecae in Bulgaria repertae, Band 4, Sofia 1966

*Molthagen, J.*, Die Durchführung der gracchischen Agrarreform, Historia 22 (1973), 423–458

*Mommsen, Th.*, Ad legem de scribis et viatoribus et de auctoritate commentationes duae, Diss. Kiel 1843

*Mommsen, Th.*, Römisches Staatsrecht, Band 3, Leipzig, 3. Aufl. 1887 (ND Basel – Stuttgart 1963)

*Mommsen, Th.*, Römisches Strafrecht, Leipzig 1899

*Mommsen, Th.*, Römische Geschichte, Band 1, Berlin, 10. Aufl. 1907

*Muirhead, J.*, Historical Introduction to the Private Law of Rome, Second Edition, revised and edited by H. Goudy, London 1899 (ND Littleton 1985)

*Muirhead, J.*, Historical Introduction to the Private Law of Rome, Third Edition, revised and edited by A. Grant, London 1916

*Neraudau, J.-P.*, La jeunesse dans la littérature et les institutions de la Rome républicaine, Paris 1979

*Niese, B.*, Das sogenannte sextisch-licinische Ackergesetz, Hermes 23 (1888), 410–423

*Nilsson, M.*, Geschichte der römischen Religion, Band 1, Handbuch der Altertumswissenschaft, Band 5,2,1, München, 2. Aufl. 1955

*Nippel, W.*, Besprechung zu: *D. Flach / St. von der Lahr*, Die Gesetze der frühen römischen Republik (Darmstadt 1994), Zeitschrift für Geschichtswissenschaft 44 (1996), 157–158

*Nóbrega, V. L. da*, Partis secanto, Zeitschrift der Savigny-Stiftung für Rechtsgeschichte, Rom. Abt. 76 (1959), 499–507

*Nóbrega, V. L. da*, L'*iniuria* dans la Loi des XII Tables, Romanitas 8 (1967), 250–270

*Nörr, D.*, Texte zur lex Aquilia, in: Iuris professio. Festgabe für Max Kaser zum 80. Geburtstag, hrsg. von *H.-P. Benöhr, K. Hackl, R. Knütel* und *A. Wacke*, Wien – Köln – Graz 1986, 211–219

*Ogilvie, R. M.*, The Maid of Ardea, Latomus 21 (1962), 477–483

*Ogilvie, R. M.*, Early Rome and the Etruscans, Hassocks 1976

*Oliver, J. H. / Palmer, R. E. A.*, Text of the Tabula Hebana, American Journal of Philology 75 (1954), 225–249

*Paratore, E.*, Ad Hor. Serm. 1.9.35–42 e 74–78, in: Synteleia Vincenzo Arangio-Ruiz, Band 2, Neapel 1964, 828–848

*Partsch, J.*, Besprechung zu: *O. Lenel*, Das Edictum perpetuum (Leipzig $^{2}$1907), Zeitschrift der Savigny-Stiftung für Rechtsgeschichte, Rom. Abt. 30 (1909), 490–503

*Pastori, F.*, La superficie nel diritto romano, Mailand 1962

*Pastori, F.*, Prospettiva storica del diritto di superficie, in: Studi in memoria di Guido Donatuti, Band 2, Mailand 1973, 871–896

*Pernice, A.*, Zur Lehre von den Sachbeschädigungen nach römischem Rechte, Weimar 1867

*Pesch, A.*, De perduellione, crimine maiestatis et memoria damnata, Diss. Trier 1993

*Petschow, H.*, Neubabylonisches Pfandrecht, Abhandlungen der Sächsischen Akademie der Wissenschaften, Philosophisch-historische Klasse 49, Heft 1, 1956

*Piro, I.*, „Usu“ in manum convenire, Università degli studi di Reggio Calabria. Pubblicazioni della Facoltà di Giurisprudenza di Catanzano 24, Catania 1994

*Polacek, A.*, Superficies (Aspectos jurídicos de una solución de la crisis de viviendas en el mundo romano), in: Estudios Jurídicos en homenaje al Profesor Ursicino Alvarez Suárez, Madrid 1978, 367–381

*Pólay, E.*, Iniuria-Tatbestände im archaischen Zeitalter des antiken Rom, Zeitschrift der Savigny-Stiftung für Rechtsgeschichte, Rom. Abt. 101 (1984), 142–189

*Pólay, E.*, Der Schutz der Ehre und des guten Rufes im römischen Recht, Zeitschrift der Savigny-Stiftung für Rechtsgeschichte, Rom. Abt. 106 (1989), 502–534

*Pomeroy, S. B.*, The Relationship of the Married Women to her Blood Relatives in Rome, Ancient Society 7 (1976), 215–227

*Prichard, A. M.*, Auctoritas in Early Roman Law, Law Quarterly Review 90 (1974), 378–395

*Raaflaub, K. A.*, The Conflict of the Orders in Archaic Rome: A Comprehensive and Comparative Approach, in: *K. A. Raaflaub* [Hrsg.], Social Struggles in Archaic Rome, Berkeley – Los Angeles – London 1986, 1–51

*Raaflaub, K. A.*, From Protection and Defense to Offense and Participation: Stages in the Conflict of the Orders, in: K. A. Raaflaub [Hrsg.], Social Struggles in Archaic Rome, Berkeley – Los Angeles – London 1986, 198–243

*Rainer, J. M.*, Bau- und nachbarrechtliche Bestimmungen im klassischen römischen Recht, Grazer rechts- und staatswissenschaftliche Studien, Band 44, Graz 1987

*Rainer, J. M.*, Einführung in das römisches Staatsrecht. Die Anfänge und die Republik, Darmstadt 1997

*Reinach, J.*, Gaius, Institutes, Paris 1950

*Robert, J.* und *L.*, Bulletin épigraphique, Revue des études grècques 74 (1961), 119–268

*Robinson, O.*, Slaves and the Criminal Law, Zeitschrift der Savigny-Stiftung für Rechtsgeschichte, Rom. Abt. 98 (1981), 213–254

*Rohde, E.*, Psyche. Seelencult und Unsterblichkeitsglaube der Griechen, Band 2, Tübingen, 5. – 6. Aufl. 1910

*Rotondi, G.*, Leges publicae populi romani, Mailand 1912 (ND Hildesheim 1966)

*Rüpke, J.*, Livius, Priesternamen und die *annales maximi*, Klio 75 (1993), 155–179

*Ruschenbusch, E.*, Die Zwölftafeln und die römische Gesandtschaft nach Athen, Historia 12 (1963), 250–253

*Santalucia, B.*, *Longius ab urbe mille passuum.* Cittadini e *provocatio* in Italia prima delle *leges Porciae*, in: *L. Capogrossi Colognesi / A. Corbino / L. Labruna / B. Santalucia* [Hrsg.], Le stade del potere, Catania 1994, 91–110

*Santalucia, B.*, Studi di diritto penale romano, Rom 1994

*Schloßmann, S.*, Altrömisches Schuldrecht und Schuldverfahren, Leipzig 1904

*Schönberger, O.*, Marcus Porcius Cato, Vom Landbau. Fragmente. Alle erhaltenen Schriften, München 1980

*Schreiber, H. L.*, Gesetz und Richter – Zur geschichtlichen Entwicklung des Satzes *nullum crimen, nulla poena sine lege*, Frankfurt am Main 1976

*Schubert, M.*, Der Schlag des Schusters, Zeitschrift der Savigny-Stiftung für Rechtsgeschichte, Rom. Abt. 92 (1975), 267–269

*Schulze, W.*, Beiträge zur Wort- und Sittengeschichte II, Sitzungsberichte der Preußischen Akademie der Wissenschaften Berlin, Philosophisch-historische Klasse 1918, 481–511; wieder in: Kleine Schriften, Göttingen 1934, 160–189

*Schwerin, Cl. Frh. von*, Die Formen der Haussuchung in indogermanischen Rechten, Mannheim – Berlin – Leipzig 1924

*Serrao, F.*, Lotte per la terra e per la casa a Roma dal 485 al 441 a. C., in: Legge e società nella repubblica romana, Neapel 1981, 51–180

*Simon, D. V.*, Begriff und Tatbestand der ‚Iniuria' im altrömischen Recht, Zeitschrift der Savigny-Stiftung für Rechtsgeschichte, Rom. Abt. 82 (1965), 132–187

*Siewert, P.*, Die angebliche Übernahme solonischer Gesetze in die Zwölftafeln. Ursprung und Ausgestaltung einer Legende, Chiron 8 (1978), 331–344

*Sitzia, F.*, Studi sulla superficie in epoca giustinianea, Mailand 1979

*Söllner, A.*, Der Erwerb vom Nichtberechtigten in romanistischer Sicht, in: Europäisches Rechtsdenken in Geschichte und Gegenwart. Festschrift Helmut Coing, Band 1, München 1982, 363–381

*Staszków, M.*, „Vim dicere“ im altrömischen Prozeß, Zeitschrift der Savigny-Stiftung für Rechtsgeschichte, Rom. Abt. 80 (1963), 83–108

*Steckner, C.*, Baurecht und Bauordnung. Architektur, Staatsmedizin und Umwelt bei Vitruv, in: Vitruv-Kolloquium 1982, Darmstadt 1984, 259–277

*Stoian, I.*, De nouveau sur la plainte des paysans du territoire d'Histria, Dacia, Nouvelle Série 3 (1959), 369–390

*Sturm, F.*, Das Absterben der manicipatio, in: Überlieferung, Bewahrung und Gestaltung in der rechtsgeschichtlichen Forschung. Ekkehard Kaufmann zum 70. Geburtstag, hrsg. von *St. Buchholz, P. Mikat und D. Werkmüller*, Paderborn 1993, 347–356

*Süle, G.*, Verurteilung eines Ehrenmannes (Der Fall des Rutilius Rufus), Seminararbeit, Freiburg 1997

*Swoboda, W.*, Beiträge zur griechischen Rechtsgeschichte, Zeitschrift der Savigny-Stiftung für Rechtsgeschichte, Rom. Abt. 26 (1905), 149–280

*Szemerényi, O.*, Etyma Latina III. Latin *vindex*, *vindicit*, *vindicta*, *provincia*, Greek *(w)anaks*, and West European *Veneti* from the point of view of semasiology, in: *H. Geckeler / B. Schlieben-Lange / J. Trabant / H. Weydt* [Hrsg.], Logos Semantikos. Studia linguistica in honorem Eugenio Coseriu (1921–1981), Band 3, Berlin 1981, 303–323

*Täubler, E.*, Untersuchungen zur Geschichte des Decemvirats und der Zwölftafeln, Historische Studien, Heft 148, Berlin 1921

*Thébert, Y.*, Der Sklave, in: *A. Giardina* [Hrsg.], Der Mensch der römischen Antike, Paris 1991, 158–199

Thesaurus Linguae Latinae, Band 7,1, Leipzig 1934–1964; Band 7,2,2, Leipzig 1970–1979; Band 9,2, Leipzig 1968–1981

*Thomas, J. A. C.*, An Aquilian Couplet, in: Studi in onore di Biondo Biondi, Band 2, Mailand 1965, 169–191

*Thomsen, R.*, Early Roman Coinage. A Study of the Chronology, Band 3, Aarhus 1961

*Thormann, K. F.*, Auctoritas (Ein Beitrag zum römischen Kaufrecht), Iura 5 (1954), 1–86

*Toher, M.*, The Tenth Table and the Conflict of the Orders, in: *K. A. Raaflaub* [Hrsg.], Social Struggles in Archaic Rome. New Perspectives on the Conflict of the Orders, Berkeley – Los Angeles – London 1986, 301–326

*Tomulescu, C. St.*, Gaius 1, 111 und die Ehe *usu*, in: Sein und Werden im Recht. Festgabe für Ulrich von Lübtow zum 70. Geburtstag, hrsg. von *W. G. Becker* und *L. Schnorr von Carolsfeld*, Berlin 1970, 401–410

*Ungern-Sternberg, J. von*, The Formation of the „Annalistic Tradition": The Example of the Decemvirate, in: K. A. Raaflaub [Hrsg.], Social Struggles in Archaic Rome, Berkeley – Los Angeles – London 1986, 77–104

*Vetters, H.*, Zu römerzeitlichen Bauvorschriften. in: Forschungen und Funde. Festschrift B. Neutsch, Innsbrucker Beiträge zur Kulturwissenschaft 21, Innsbruck 1980, 477–485

*Visscher, F. de*, Le régime romain de la noxalité. De la vengeance collective à la responsabilité individuelle, Brüssel 1947

*Vogt, H.*, Das Erbbaurecht des klassischen römischen Rechts, Marburg an der Lahn 1950

*Voigt, M.*, Die XII Tafeln. Geschichte und System des Zivil- und Kriminalrechts wie -prozesses der XII Tafeln nebst deren Fragmenten, Band 2: Das Zivil- und Kriminalrecht der XII Tafeln, Leipzig 1883 (ND Aaalen 1966)

*Völkl, A.*, Die Verfolgung der Körperverletzung im frühen Römischen Recht, Forschungen zum Römischen Recht 35, Wien – Köln 1984

*Walde, A. / Hofmann, J. B.*, Lateinisches etymologisches Wörterbuch, 2 Bände, Heidelberg, 3. Aufl. 1938–54

*Watson, A.*, Personal Injuries in the XII Tables, Tijdschrift voor Rechtsgeschiedenis. Revue d'histoire du droit 43 (1975), 213–222

*Watson, A.*, Rome of the XII Tables. Persons and Property, Princeton – London 1975

*Watson, A.*, ‚Si adorat furto', Labeo 21 (1975), 193–196

*Watson, A.*, Roman Slave Law, Baltimore – London 1987

*Watson, A.*, Slavery and the Development of Roman Private Law, Bullettino dell'Istituto di Diritto romano 90 (1987), 105–118

*Wenger, L.*, Institutionen des römischen Zivilprozeßrechts, München 1925

*Werner, P.*, Leben und Liebe im alten Rom, übersetzt von *P. Aschner*, Gütersloh 1977

*Werner, R.*, Der Beginn der römischen Republik. Historisch-chronologische Untersuchungen über die Anfangszeit der libera res publica, München 1963

*Weßel, H.*, Das Recht der Tablettes Albertini, Berlin 2003

*Westbrook, R.*, The Nature and Origins of the Twelve Tables, Zeitschrift der Savigny-Stiftung für Rechtsgeschichte, Rom. Abt. 105 (1988), 74–121

*Westrup, C. W.*, Some Notes on the Roman Slave in Early Times. A Comparative Sociological Study, Danske Videnskabernes Selskab, Historisk-filologiske Meddelelser, Band 36, Nr. 3, Kopenhagen 1956

*Wieacker, F.*, Hausgenossenschaft und Erbeinsetzung. Über die Anfänge des römischen Testaments, in: Festschrift der Leipziger Juristenfakultät für Dr. Heinrich Siber, Leipzig 1941, 1–57

*Wieacker, F.*, Endoplorare. Diebstahlsverfolgung und Gerüft im altrömischen Recht, in: Festschrift für Leopold Wenger, Band 1, Münchener Beiträge zur Papyrusforschung und antiken Rechtsgeschichte, Heft 34, München 1944, 129–179

*Wieacker, F.*, Zwölftafelprobleme, Revue internationale des droits de l'antiquité, 3e sér. 3 (1956), 459–491

*Wieacker, F.*, Besprechung zu: *Gioffredi*, Diritto e processo nelle antiche forme giuridiche romane (Rom 1955), Zeitschrift der Savigny-Stiftung für Rechtsgeschichte, Rom. Abt. 74 (1957), 420–425

*Wieacker, F.*, Die XII Tafeln in ihrem Jahrhundert, in: Les origines de la république romaine, Fondation Hardt, Entretiens sur l'antiquité classique, Band 13, Genf 1967, 293–356

*Wieacker, F.*, Römische Rechtsgeschichte, Erster Abschnitt (Einleitung – Quellenkunde – Frühzeit und Republik). Handbuch der Altertumswissenschaft, Band 3,1,1, München 1988

*Wittmann, R.*, Die Körperverletzung an Freien im klassischen römischen Recht, Münchener Beiträge zur Papyrusforschung und antiken Rechtsgeschichte, Heft 63, München 1972

*Wolf, J. G.*, Lanx und licium. Das Ritual der Haussuchung im altrömischen Recht, in: Sympotica Franz Wieacker, Göttingen 1970, 59–79

*Wolf, J. G.*, Zur legis actio sacramento in rem, in: Römisches Recht in der europäischen Tradition. Symposion aus Anlaß des 75. Geburtstages von Franz Wieacker, hrsg. von *O. Behrends, M. Dießelhorst* und *W. E. Voß*, Ebelsbach 1985, 1–39

*Wolf, J. G.*, Die *manumissio vindicta* und der Freiheitsprozeß. Ein Rekonstruktionsversuch, in: Libertas. Grundrechtliche und rechtsstaatliche Gewährungen in Antike und Gegenwart, Symposion aus Anlaß des 80. Geburtstages von Franz Wieacker, hrsg. von *O. Behrends*, Ebelsbach 1991, 61–96

*Yaron, R.*, Si adorat furto, Tijdschrift voor Rechtsgeschiedenis. Revue d'histoire du droit 34 (1966), 510–524

*Yaron, R.*, Reflections on *usucapio*, Tijdschrift voor Rechtsgeschiedenis. Revue d'histoire du droit 35 (1967), 191–229

# Stichwortverzeichnis

FSC
www.fsc.org
MIX
Papier | Fördert
gute Waldnutzung
FSC® C083411

Kolibri 360 GmbH
Ferdinand-Jühlke-Straße 7
99095 Erfurt, Deutschland
produktsicherheit@kolibri360.de

Druck:
CPI Druckdienstleistungen GmbH
im Auftrag der
Kolibri 360 GmbH
Ferdinand-Jühlke-Str. 7
99095 Erfurt